LE LENDEMAIN

DE LA VICTOIRE.

OUVRAGES DE L'AUTEUR :

Les Pèlerinages de Suisse, 2 vol.

Pierre Saintive, 1 vol.

Rome et Lorette, 2 vol.

Rosaire médité, 1 petit vol.

Agnès de Laurens, ou Mémoires de sœur Saint-Louis, 2 vol.

L'Honnête Femme, 2 vol.

Les Nattes, 1 vol.

Les Français en Algérie, 1 vol.

Les Libres Penseurs, 1 vol.

La Petite Philosophie, 1 vol.

L'Esclave Vindex, 1 petit vol.

Paris. — Typographie de Firmin Didot frères, rue Jacob, 56.

LE LENDEMAIN

DE

LA VICTOIRE,

VISION.

PAR

LOUIS VEUILLOT.

Ascendit leo de cubili suo, et prædo gentium se levavit...

Jerem., IV, 7.

Scimus quoniam diligentibus Deum omnia cooperantur in bonum.

Rom., VIII, 28.

PARIS,

JACQUES LECOFFRE ET CIE, LIBRAIRES,

RUE DU VIEUX-COLOMBIER, 29.

Ci-devant rue du Pot-de-Fer-Saint-Sulpice, 8.

1850.

A EUGÈNE VEUILLOT,

AUTEUR DE L'HISTOIRE DES GUERRES DE LA VENDÉE,

l'un des rédacteurs de l'*Univers*.

Mon frère, je te dédie ce livre, en témoignage de mon estime et de ma reconnaissance. Par tendresse fraternelle, tu m'as accompagné dans une carrière où s'épuiseront obscurément la fécondité de ton esprit et l'énergie de ta volonté. Tu te fatigueras sans gloire, tu resteras pauvre, tu n'éviteras pas l'amertume des jugements que le monde porte contre quiconque refuse de le corrompre et de l'exploiter; mais tu serviras l'Église, et mon cœur même ne te saurait souhaiter plus de bonheur ni plus de gloire.

LOUIS VEUILLOT.

1849. Fête de saint Eugène.

Cet ouvrage a déjà paru devant le public ; il n'a guère rencontré de juges favorables. On aurait peut-être admis ma pensée ; mais le langage a été trouvé trop libre, la leçon trop dure, la conclusion exorbitante. On m'a reproché d'attaquer la philosophie autant pour le moins que le socialisme ; de n'indiquer à la société qu'un remède plus effrayant que son mal même, un remède impossible, et dont elle ne voudra pas.

« S'il faut que la société, pour se sauver, retourne au confessionnal, alors, m'a-t-on dit, elle est perdue : ne voyez-vous pas qu'elle ne veut plus du catholicisme ? En voulût-elle, il est mort. Mais la société n'a pas besoin de lui. Elle se sauvera toute seule, par son génie, par son bon sens, par la magistrature, par l'armée, par un bras fort qu'elle armera un jour... » Bref, tout ce que nous lisons dans les journaux du « grand parti de l'ordre, » et que les événements confirment si bien.

Ces critiques, dont j'appelle, sont ramassées dans un article du *Semeur*, journal évangélique. Il reproche à la *Revue des Deux Mondes* d'avoir perdu de sa politesse depuis la révolution de Février, et d'employer trop souvent contre les républicains « avancés » l'injure et l'invective. Il s'en afflige « pour l'honneur de notre littérature. » Néanmoins, ajoute l'apôtre de la religion réformée, « si « préparés que nous fussions à rencontrer dans « la *Revue* des articles peu dignes de leurs aînés, « nous avouerons que notre surprise a été extrême « en lisant l'espèce de drame intitulé *le Lendemain de la Victoire*, par M. Louis Veuillot. « Il nous est vraiment impossible d'exprimer le « mécontentement, la pitié, le dégoût que nous « ont inspiré ces pages ignobles, où l'on ne sait ce « qui l'emporte du sens moral dépravé ou du goût « littéraire abâtardi. » Après cette vue d'ensemble, l'évangélique vient au détail. Il parcourt mon pauvre ouvrage du commencement à la fin. Il n'y voit que monstruosités, absurdités, grossièretés, et même lâchetés, ce qui m'étonne ; car, franchement, je ne croyais pas m'être ménagé beaucoup de circonstances atténuantes devant les futurs tribunaux de la république sociale. Résolu de me « châtier sévèrement, » mon critique ne me remet rien, ne me pardonne rien, ne m'accorde rien. Je calomnie les socialistes et tout le peuple français, j'insulte à la nature humaine, j'adule misérablement les heureux et les puissants de ce monde, qui sont les nobles et les jésuites ; enfin : « Les lec-« teurs qu'il faut à M. Veuillot sont au fond d'un « séminaire ou d'un couvent de sœurs grises ; leur « esprit est assez hébété, leur ignorance de l'his-« toire assez complète pour admettre ces énormes « sottises. » Il me paraît que ces messieurs évangéliques du *Semeur* ne m'aiment guère ; mais ce n'est pas la première preuve qu'ils m'en donnent. Du temps des clubs, deux sectateurs du pur évangile s'en allaient dans un taudis démocratique et social de la rue Mouffetard, faire sur mon compte, sans me prévenir, des tirades analogues à celle-ci, toujours fort goûtées des citoyens électeurs et chiffonniers qui formaient l'assistance. Ces deux frères en Calvin sont les citoyens Pilatte et Cabanis. Le citoyen Pilatte était l'orateur, le citoyen Cabanis était le président. Le citoyen Cabanis signe le *Semeur*, et le citoyen Pilatte y donne des feuillets ou des idées. Je n'ai jamais vu l'un ni l'autre, mais je les déclare hautement pénétrés l'un et l'autre de l'esprit évangélique réformé.

Quand le fiel huguenot s'épanche sur un catholique, ce n'est pas pour quelques gorgées. L'article du *Semeur* est long. Passé au filtre, ce vomissement ne m'a pas donné une objection vraiment solide ou contre la pensée, ou contre l'exécution de mon ouvrage, si l'on veut, bien entendu, l'accepter tel que je le présente, c'est-à-dire, comme une ébauche improvisée, et non comme un tableau. Je ne suis qu'un journaliste, j'écris sur mes genoux, au milieu des rumeurs de la place publique ; il ne faut pas me peser aux balances des académiciens.

Je persiste à croire que les sectes socialistes ont pour source commune la philosophie sceptique intronisée en France il y a un siècle, et si prodigieusement développée sous le dernier règne. Les socialistes sont la lignée directe des *libres penseurs*, qui descendent eux-mêmes de Luther, lequel était fils de Mahomet, fils d'Arius; et tout remonte à celui qui fut rebelle, envieux et homicide dès le commencement.

Je persiste à croire que le problème du temps présent n'a rien de nouveau, et que, comme tous les problèmes sociaux de tous les temps, il se pose en ces termes : *Ou le Christ et son unique Église, ou la mort!* J'ignore si les sociétés civilisées veulent décidément rompre avec l'unique Église du Christ, c'est-à-dire, avec le Christ lui-même; j'ignore si, voulant la rupture, elles pourront l'opérer; mais je sais qu'elles ne l'opéreront que comme le suicide chasse son âme de son corps. C'est pour avoir rompu partiellement avec la loi de Jésus, qui est la loi de salut et de vie, que l'Europe est dans l'angoisse et dans le délire. Elle s'est blessée, elle souffre; qu'elle poursuive, elle s'achèvera. L'Église abattue, le catholicisme de moins, je défie un esprit raisonnable de concevoir aucun essai d'organisation sociale que par la main de Proudhon; et Proudhon ne sait pas ce qu'il veut. Il y a bien le *Semeur,* lequel, deux fois par semaine, affirme que c'est la moindre chose de remplacer l'Église catholique; qu'il suffit de prendre la graine de ses églises à lui. Mais le *Semeur* ne fera point germer cela.

Je persiste à croire que ni Luther, ni Robespierre, ni Bonaparte, ni Fourier, ni Proudhon, ni l'Université de France, ni Colfavru, ni le *Semeur*, suréquipé de M. Pilatte et de M. Cabanis et du club Mouffetard, n'ont vaincu le catholicisme...

Je crois que le Christ est vivant dans son indestructible Église; je crois que par les révolutions, par les incendies, par les échafauds, par les ruines, Dieu va donner à la terre un labour d'où surgiront pour l'Église d'immenses moissons.

Voilà ma pensée première, elle est juste; j'accorde que la forme est défectueuse. Un écrivain (je ne dis pas le premier venu de Genève ou de Lausanne) aurait mieux fait. Donc, longueurs, lacunes, contrastes heurtés, style dur, tout ce que l'on voudra! Mais que mon travail soit tout à fait absurde et dégoûtant, que j'aie péché contre le bon sens, contre la justice, contre la vérité, c'est ce que je ne concède pas au *Semeur;* c'est du moins ce que sa critique ne me fait pas voir.

Je suppose un essai momentané de république sociale, ou, pour mieux parler, un triomphe momentané mais complet des républicains socialistes, accompli par une bataille de quelques jours dans les rues d'une capitale quelconque. Est-ce absurde? Est-il invraisemblable qu'il y aura division dans la bourgeoisie, défection dans l'armée, hésitation et terreur dans le gouvernement; que des incendies, des assassinats, des vols seront commis à l'ombre des drapeaux de la guerre civile? Le *Semeur* paraît ne s'attendre qu'à des pastorales. Plusieurs programmes assez connus promettent autre chose. Le *Semeur* ne veut pas que l'on croie le peuple insurgé capable d'un seul acte contraire aux lois les plus délicates de la chevalerie. Pour moi, je n'ai essayé de lire l'avenir que dans le passé et dans le présent. Je me suis souvenu de 1793, et j'ai contemplé 1848; j'ai regardé Vienne, Prague, Francfort, Rome, Paris; j'ai vu les cadavres de Rossi, de la princesse Windishgraetz, du général de Latour, du prince Licknowski, du général de Bréa, de Mgr Affre; pendant que j'écrivais, on assassinait encore les prêtres à Rome et les sentinelles à Lyon; j'ai cru qu'il se trouverait des assassins parmi les fondateurs de la république sociale. En faisant de ces assassins des voleurs, j'ai voulu, au risque de trop ménager certaines doctrines hautement prêchées, mettre de tels monstres en dehors de toute conviction et à l'écart de tout drapeau politique. Je me suis dit précisément, avec Pascal, ce que le *Semeur* me reproche d'avoir oublié : Ces doctrines n'ont d'application que par l'assassinat et le pillage, « mais la nature soutient la raison humaine, et l'empêche d'extravaguer à ce point. » Sous le drapeau socialiste se pressent les malfaiteurs, qui ne voient que leur proie dans la société prise d'assaut. Un socialiste sincère, mêlé parmi eux, les accuse et devient leur victime. Mais, dit le *Semeur*, c'est un niais ! Non, c'est un socialiste sincère, un pauvre ignorant fanatique. Instruit et de bon sens, il ne serait pas socialiste, ou il ne serait pas sincère. Venez, orateur Pilatte, et vous, président Cabanis ; dites-nous, la main sur la conscience, si, parmi vos ouailles du club Mouffetard, vous en connaissiez beaucoup qui fussent en état de professer les mathématiques et l'histoire, ou seulement d'expliquer la parole de Dieu ? A la vérité, ce même socialiste, d'ailleurs honnête garçon, tombant plus tard aux mains d'un jésuite, se convertit. Voilà sa niaiserie et mon « énorme sottise. »

Et puis, poursuit le *Semeur*, « le langage des« cend, sous prétexte de couleur locale sans doute, « à un degré de brutalité triviale que nous rougi« rions de reproduire. » Je suis fâché de blesser des oreilles si délicates. La vérité dramatique exige de chaque personnage un langage conforme à sa condition, à l'éducation qu'il a reçue, et surtout au sentiment moral qui l'anime. Quand j'aurais fait parler Simplet, Galuchet, Griffard et les autres, comme le *Semeur* lui-même, la vérité y perdrait beaucoup, l'urbanité n'y gagnerait guère.

Mais si mes socialistes parlent trop mal, mes catholiques parlent trop bien. Le *Semeur* déteste surtout ceux qu'on égorge. « Quelles gens pieux, dit-il, quelle douceur et quel style relevé! » Ce contraste l'importune. Ne peut-il comprendre que d'honnêtes gens, des chrétiens assassinés et qui acceptent la mort, doivent avoir une autre attitude, d'autres pensées, un autre langage que leurs meurtriers? Je le prie de me dire si l'œil même d'un ministre réformé ne ferait aucune différence entre madame la princesse de Lamballe et Théroigne de Méricourt? Dans les scènes révolutionnaires les contrastes ne sont pas fondus. On y voit sans cesse en présence l'extrême grandeur et l'extrême bassesse ; le comble de l'infamie s'y heurte à la sublimité de la vertu ; les révolutions sont faites pour donner à Chaumette et à Marat le plaisir d'écraser Louis XVI.

Ayant défendu les soldats de la république sociale, le *Semeur* défend leurs chefs. Non qu'il soit socialiste lui-même ; il tient aux caisses d'épargne. Mais comment n'éprouverait-il pas une certaine faiblesse de cœur pour des gens qui ont de si bonnes idées touchant le catholicisme ? Leurs dispositions envers l'Église, les réformes qu'ils y proposent le charment. Ils sont si aptes à servir le pur Évangile, qu'il aime tant! Le socialisme agirait si vertueusement contre les restes de la superstition papiste! Fions-nous à la discussion, mais n'oublions pas qu'il faut à la pauvre raison beaucoup d'encre et de patience pour obtenir incomplétement le résultat qu'un fidèle de la rue Mouffetard réaliserait en une heure, armé de quelques allumettes! Le *Semeur* donc ménage les socialistes, et me « châtie sévèrement » parce que j'ai manqué aux égards qui leur sont dus. La scène du conseil des ministres de la république sociale est, suivant lui, l'endroit où je fais mieux voir la noirceur de mon âme. Quels caractères, quelles idées, quel langage je donne à ces agneaux ! J'ose bien faire du consul un lâche, du ministre du progrès un fou ! j'ose bien mettre, dans la bouche du sergent ministre de la guerre, des propos de corps de garde ! Et l'inqualifiable attaque que je me permets contre le corps enseignant ! et les projets que je suppose au ministre de la justice ! Notre évangélique n'a plus de termes pour exprimer son « mécontentement. »

J'avoue que ces gens-là, sauf deux ou trois, à qui je prête, fort gratuitement peut-être, des lueurs de bon sens et d'humanité, sont de ridicules et hideux personnages. Je n'ai rien trouvé de mieux parmi les ministres désignés de la future république sociale. Ils seront tels, ou le pouvoir les changera beaucoup. S'il surgit de la bataille d'autres hommes d'État, d'autres orateurs, d'autres docteurs, j'en serai très-content et très-étonné. Le *Semeur* saura d'ailleurs que, dans la scène qu'il blâme si vivement, la part de mon imagination est minime. J'ai emprunté aux comptes rendus des clubs, aux journaux,

aux livres, au *Moniteur*, ces discours stupides et odieux, j'en conviens, mais historiques. Un seul était à peu près de mon invention. Je craignis d'avoir poussé trop loin la caricature, et j'allais supprimer cette folie. Pendant que je corrigeais l'épreuve, un père de l'église socialiste montait à la tribune, il y parlait trois heures ; et ce que j'avais pris pour une caricature n'était plus qu'un procès-verbal adouci.

Sur cette même scène du conseil, on m'adresse un autre reproche. Je n'ai pas, me dit-on, su descendre jusqu'à la vérité, jusqu'à ce fonds de sottise, de méchanceté, d'ignominie que le socialisme nous laisse dès à présent voir, et qu'il creusera, qu'il élargira, s'il triomphe, au delà de toute imagination. Il aurait fallu, suivant ces critiques, montrer les socialistes essayant de réaliser et de faire marcher leurs systèmes aussi contradictoires que stupides, et aussi nombreux qu'effroyables. Je m'étais proposé un moment cette tâche, j'ai reculé devant son immensité. Je ne me suis pas senti le courage de mettre aux prises le terrorisme des enfants de Robespierre, l'illuminisme des disciples de Leroux, le brutisme des sectateurs de Fourier, l'athéisme de ceux de Proudhon, et tant d'autres frénésies dont l'accord sera rompu le lendemain de la victoire, sans parler de celles qui naîtront de la victoire même. Après Février, un membre adjoint de ce gouvernement provisoire où l'on délibérait le pistolet au poing, sous la pression de l'émeute, peignait, devant moi, ses terreurs mêlées de remords. Je n'oublierai jamais cette physionomie consternée, cette voix éteinte, cette volonté abattue. — « Lutter, disait-il, contre des conspirateurs, on le pourrait; mais contre des fous?... Or, il y a là des fous. Ils sont fous!... fous!... » Si tel était le gouvernement de Février, que sera le gouvernement de la prochaine révolution? Que sortira-t-il de la cuve, après qu'elle aura bouilli plusieurs années? Que voudra, qu'exigera ce peuple pressé de tant de convoitises, enivré de tant de venins, irrité de tant de déceptions? Qu'imagineront, pour le satisfaire ou pour l'occuper, ses chefs pleins d'épouvante et de haine, d'orgueil et d'ignorance? Ce chaos à dépeindre passe mes forces. Il m'est apparu dans un brouillard de sang; je n'ai pu prendre sur moi d'y chercher le détail grotesque des déceptions réservées au Phalanstère, à la Triade, à la Banque d'échange, ou à l'Icarie.

D'ailleurs, sera-t-il seulement question de tout cela? Le monde ne croit point au paradis socialiste; rien ne prouve que ceux mêmes qui nous l'annoncent y croient. Pour commencer quelque chose, il leur faut à chacun, premièrement, table rase et de tout ce qui existe, et de tout ce que pourrait faire en particulier chacun d'eux; le terroriste ne veut point de l'icarien, l'icarien ne veut point du phalanstérien, le phalanstérien ne veut point du proudhonien, le proudhonien ne veut de personne. Tous se méprisent réciproquement autant qu'ils haïssent la société; ils n'ont qu'un sentiment commun : une révolte inepte contre la loi de travail et de soumission, qui est le poids, mais aussi la grandeur et le repos de l'espèce humaine. Leurs systèmes, leurs chimères se résumeront à détruire autour d'eux, à détruire encore, à détruire toujours, sauf à porter entre deux émeutes quelques décrets pour contraindre le monde à tourner désormais d'orient en occident. La victoire du socialisme ne sera qu'une victoire de malfaiteurs et de fous sur les gardiens de leur prison, surpris dans le sommeil. Vainqueurs de la société, ils se trouveront en présence de la nature : elle opposera à leurs essais son immuable essence, devant laquelle ils s'affaisseront, contraints de borner leur orgueil où Dieu borne leur mission, c'est-à-dire, d'être tout simplement un fléau, le plus humiliant fléau qui puisse purger le monde et abaisser la superbe humaine.

Il sera dit qu'une société existait, assez enflée de sa science, de sa force, de sa richesse, de ses splendeurs, pour avoir cru qu'elle se pourrait passer de Dieu, et que même elle en serait d'autant plus grande, plus forte et plus heureuse; qu'en effet cette société a chassé Dieu de ses lois, de ses coutumes, de ses arts, de ses écoles et du cœur des peuples; qu'elle s'est glorifiée de posséder des codes athées, d'honorer partout les docteurs de mensonge, et que, souriant à ceux qui lui criaient malheur, elle a répondu : « Voyons ce que fera ce grand Dieu! » qu'alors la nuit s'est faite, et les tonnerres ont éclaté, et les superbes ont eu peur; qu'ils se sont rassurés promptement, parce qu'ils n'ont pas vu tomber partout la foudre; qu'ils ont repris leur audace, que leur aveuglement s'est accru; qu'ils ont dit : « Nos armées sont fidèles, la rente approche du pair; décidément nous n'avons pas besoin de Dieu! » que les sourds ébranlements de la terre ne les ont pas avertis; que, se jetant sur les restes du festin interrompu par l'orage, ils se sont écriés : « Si Dieu veut revenir parmi nous, il y sera le gardien de nos richesses et de nos plaisirs; nous lui fermons nos cœurs, mais nous consentons à placer sur la limite de nos champs ce fantôme encore respecté ! » qu'enfin, de la fange des capitales, une armée s'est élevée, composée de tout ce qui faisait pitié et de tout ce qui faisait horreur, commandée par les hommes dont, après Dieu, on avait le plus ri ; et que la société, tombée presque sans coup férir au pouvoir de leur foule abjecte, n'a pas même vu les visages et connu les noms de ces ignominieux vainqueurs.

C'est pourquoi je n'ai pas accordé la moindre importance à l'imbécillité des systèmes que les diverses sectes socialistes mettent en avant. La sottise n'en sera jamais mieux démontrée qu'aujourd'hui, et ceux qui auraient besoin pour s'en désabuser d'un essai de réalisation ne profiteront point de l'épreuve. Maîtres du pouvoir, les socialistes se préoccuperont de *supprimer* les incrédules, et nullement de les convertir. Je me persuade que quiconque y voudra réfléchir un instant se convaincra que je n'ai pas tort. S'attribuant, avec sa modestie ordinaire, les paroles et la puissance de Dieu, Proudhon dit: *Destruam et ædificabo.* Il sait bien ce qu'il veut détruire, et c'est à peu près tout ce qui existe ; mais il est encore à savoir ce qu'il veut édifier. Sa logique enragée n'a bien démontré que deux choses : la parfaite impuissance, sous ce rapport, de tous les socialistes, et la sienne, aussi radicale, aussi risible que toutes les autres.

Ils viendront pour punir, pour détruire, pour être punis et détruits à leur tour ; ils viendront pour nous apprendre où vont les sociétés qui se retirent de l'Évangile, et ce que l'on rencontre dans les ténèbres dont se couvre la terre, lorsque les hommes, redressant sur le Golgotha l'arbre divin arraché des autels, y crucifient de nouveau Celui qui seul édifie et sauve.

En montrant la société au pouvoir de ces furieux, je lui fais l'honneur de croire qu'elle ne voudra pas périr. Je suppose une résistance, non pas seulement chrétienne, mais politique, non pas seulement passive, mais armée. C'est ici peut-être que mon imagination s'est trop donné carrière, et qu'on l'accusera d'avoir rompu le frein du bon sens. Il est vrai que la province est bien docile au télégraphe! Néanmoins, il me paraît difficile d'admettre que le socialisme, vainqueur par un coup de main, dominera partout, et ne verra pas se soulever presque immédiatement contre lui les adversaires qui doivent, dans un délai plus ou moins long, le dompter et le vaincre. Son règne ne peut être, à proprement parler, qu'une guerre civile.

Je donne à la résistance deux éléments: l'un, que chacun prévoit, tout politique; l'autre, auquel probablement on ne s'attend guère, tout religieux. Les politiques, débris des partis conservateurs ou se croyant tels, qui ont à diverses époques exercé le pouvoir, luttent péniblement. Ils ne savent point ce qu'ils veulent, ils sont divisés, ils ont à comprimer dans leur propre sein les semences de socialisme répandues partout. Je les tiens dans l'ombre; ce n'est pas de ce côté que j'espère. Les conservateurs défendront mal des principes qu'ils ont reniés et blessés, ils combattront mal des erreurs dont la source est en eux-mêmes.

Les catholiques n'ont qu'un plan, qu'un but, qu'une bannière, parce qu'ils n'ont qu'une foi.

L'unité religieuse les met d'accord sur tout le reste. Ils savent ce qu'ils veulent sauver, et comment ils le peuvent sauver ; ils ne perdent pas par les lois ce qu'ils ont acquis par les armes. Ils possèdent les deux forces qui ont vaincu le paganisme et fondé dans la liberté la civilisation européenne : le dévouement des martyrs et la sagesse des saints.

Je laisse rire les savants, qui ignorent comment se sont formées les sociétés modernes, et les *penseurs*, qui croient que la sagesse et la force créatrice de l'Église sont épuisées.

On me reproche d'avoir mis à la tête des catholiques un « noble, » le comte Valentin de Lavaur. Je n'y avais pas songé. Par instinct, plutôt que par réflexion, j'ai pris pour chef de la résistance religieuse un rejeton de ces familles nationales que l'orgueil bourgeois voudrait arracher du sol de la patrie. Il m'a semblé que, dans les veines du chef des nouveaux croisés, devait couler et brûler le sang des premières croisades. Je suis très-roturier; je connais peu de gentilshommes ; je fréquente peu ceux que je connais ; je n'ai de communauté d'opinion qu'avec ceux qui sont, comme moi, catholiques avant tout. Si mon héros est gentilhomme, ce n'est donc de ma part ni goût ni calcul, mais, je le répète, pur instinct. En y réfléchissant, je trouve que cet instinct ne m'a point mal servi. Il m'a fait comprendre que la noblesse, malgré des erreurs et des torts que je n'ignore pas (et dont on ne prétendra pas sans doute que la bourgeoisie soit exempte), a gardé, comparativement à son petit nombre, plus de vertus chrétiennes et civiles qu'il n'en existe dans les autres classes de la société. Chez elle se retrouvent encore des habitudes religieuses et grandes ; on se défend encore de l'âpre amour du gain, on observe encore le culte des souvenirs, on respecte encore la mémoire des aïeux, on aime encore les pauvres. Et puis, je prétends que c'est quelque chose qu'un nom ; je reconnais, à ceux qui en possèdent un, une certaine supériorité sur moi, qui n'en ai pas : « Noblesse oblige. » C'est une force, c'est un devoir. Si le gentilhomme manque au devoir de son nom, au lieu de l'honorer d'autant plus, je l'honorerai d'autant moins. En attendant, il a le signe qui le recommande à mon respect, et je salue en lui tous ses ancêtres, ne pouvant croire que Dieu fasse durer si longtemps une famille sans quelque dessein sur elle, et sans qu'elle ait acheté cette gloire par des vertus. Je voudrais savoir pourquoi je ne rendrais pas au porteur d'un nom historique l'honneur et la considération que je pourrais rendre, par exemple, au porteur d'un ruban rouge? S'il est méritoire à ce soldat d'avoir été blessé, à cet artiste d'avoir eu du talent, à ce poëte d'avoir trouvé d'agréables rimes, et à ce monsieur là-bas d'être devenu chef de bureau, le mérite n'est pas moindre au descendant d'une illustre famille qui n'abaisse pas son illustre nom. Il a reçu du ciel un don plus rare que le courage, le talent ou la faveur des ministres; le nom qu'il conserve est plus glorieux et plus utile que l'arme du soldat, que le pinceau du peintre, que la voix du poëte et que le grattoir du chef de bureau; il l'oblige à des œuvres plus hautes. On me dit que ces raisonnements sont superflus, qu'il n'y a plus de noblesse; on me montre un décret signé Flocon, contresigné Pagnerre, qui me rend l'égal des Montmorency..... J'ai, par un simple mouvement de dignité populaire, protesté contre cette basse manie des démocrates, qui, ne sentant pas en eux la force de s'illustrer, veulent tout délustrer. Je crois à la no blesse du sang; je la respecte et je l'honore, parce que le bourgeois la jalouse, parce que le démocrate la hait, parce que les révolutions se flattent de l'abolir. J'aimerais que la révolution fût battue par un gentilhomme: ce serait un soufflet de plus que recevrait l'insupportable orgueil démocratique. Je n'y tiens pas autrement. A la tête de l'insurrection chrétienne contre le paganisme socialiste, que l'on voie un paysan, un ouvrier, un bourgeois, n'importe. Pourvu qu'il ait la foi et le saint courage qu'exige une telle œuvre, les gentilshommes avec qui je sympathise l'honoreront et lui obéiront aussi pleinement et aussi joyeusement que moi-même. Est-ce que les gentilshommes vendéens ne se sont pas donné pour généralissime le paysan Cathelineau?

Le nom de Cathelineau me rappelle une des plus vives critiques du *Semeur*. Il s'amuse extrêmement du paysan Benoît, en qui j'ai peint les populations encore profondément catholiques qui se lèveront, s'il le faut, comme elles se sont levées jadis, pour défendre leur foi persécutée.

Les paysans catholiques, dit le *Semeur*, ne parlent que le bas-breton ; ce sont des chouans, des êtres grossiers, stupides et féroces. Voilà son raisonnement. Il ajoute que les chouans sont grossiers, stupides et féroces, parce qu'on ne leur laisse pas lire la Bible ni même Fénelon. Si je poussais un peu le *Semeur*, il avouerait que le modèle d'un peuple éclairé existe rue Mouffetard, et se forme aux leçons de l'ami Pilatte ; c'est là que vibrent les sentiments généreux, que les passions sont nobles, que le langage est épuré. Je renvoie le *Semeur* à l'*Histoire des guerres de la Vendée*, écrite par Eugène Veuillot, mon frère ; et s'il se défie de cette histoire-là, qu'il en lise une autre. Il saura ce que c'est qu'un paysan catholique ; il saura aussi ce que je pense de son aversion pour les *chouans*, et de sa prédilection pour les héros de la barrière Saint-Jacques.

Certaines gens préfèreront toujours les Marseillais aux Vendéens, Henriot et Santerre à Cathelineau et à Lescure, je le sais et je ne m'en étonne plus ; mais que ces certaines gens, qui affichent leurs sympathies, s'étonnent que nous en affichions d'autres, et nous reprochent d'ignorer l'histoire, que nous savons mieux qu'eux, voilà ce que j'admire.

L'idéal du cynisme, à mon avis, est de tabler assez sur l'ignorance du gros public pour nier la vérité, pour affirmer l'erreur, pour insulter l'innocence, pour honorer le mal, sans se soucier de ce qu'en pourront penser quelques honnêtes gens qui reconnaîtront par hasard la fraude. Sous ce rapport, nos *Semeurs* sont incomparables. A droite, à gauche, à poignées, ils jettent leur semence de mensonge. On les prend la main dans le sac, ils continuent. Quels déterminés !

Mais je n'ai pas dit encore ce qui choque pardessus tout ces critiques. Il y a parmi les personnages de mon drame un religieux de la Compagnie de Jésus, et ce jésuite est homme de bien. Quand le *Semeur* arrive à signaler ce fait, il se pâme. — Un jésuite, « comme M. Veuillot a soin de l'é-« crire, » — un jésuite pieux, patient, miséricordieux, plein de courage, déployant enfin un caractère sublime, conçoit-on cette aberration ? C'est là-dessus que le *Semeur* me déclare indigne d'être lu ailleurs que dans les séminaires et les couvents de sœurs grises, seuls lieux où l'on soit assez hébété pour croire à la fable, « à l'énorme sottise » d'un jésuite homme de bien.

J'avoue mon méfait; ce n'est pas par hasard cette fois, c'est volontairement que j'ai donné ce beau rôle à un membre de la Compagnie de Jésus. J'aurais pu mettre à la place du père Alexis un religieux d'un autre ordre ou un prêtre séculier. Si la persécution éclate, les jésuites ne seront pas seuls à en porter le poids ; d'autres avec eux et comme eux parcourront les campagnes dévastées, affronteront le séjour des villes, se glisseront dans les prisons, monteront jusque sur l'échafaud, pour assister, pour consoler, pour absoudre, pour placer sur les lèvres des victimes ces pardons et ces prières qui vont au ciel chercher la grâce des bourreaux. Comprenant que je ne pouvais pas, sans violer outrageusement les lois de la vraisemblance, charger d'un tel rôle un pasteur protestant, le *Semeur* m'aurait peut-être passé le personnage ; mes autres lecteurs l'auraient peut-être applaudi. Pourquoi donc ai-je donné au père Alexis ce titre choquant de jésuite? Par une raison bien simple : c'est que je voulais choquer. Il ne me déplaît pas de faire quelquefois écumer un peu tels et tels à qui je songe en écrivant. L'occasion ici était si belle ! La Revue à qui mon travail était destiné (et qui l'a, je dois le dire, accueilli avec un esprit très-large et très-bienveillant) est l'un des recueils où les jésuites ont été le plus maltraités. Qui croira que j'aurais dû, pour ne point irriter des ignorances et des passions fort peu dignes de ménagement, me refuser la gloire d'honorer hautement les jésuites, du haut de cette même tribune où leurs calomniateurs les ont à loisir et à plaisir déchirés? Ah! s'il m'arrive quelquefois, fermant les yeux sur les écueils où mènent souvent les dons de l'esprit, de désirer un grand talent, un grand renom, une grande puissance, c'est que je voudrais faire sonner plus haut que je connais et que je vénère la très-pieuse, très-sainte et très-digne Compagnie de Jésus. J'aurais cette fierté, qu'au catalogue des gens de lettres de notre époque, puisque j'y prendrai place, on écrivît après mon nom : *Celui-ci était l'ami des jésuites*. Je n'en demande pas davantage; et que le biographe ajoute ce qu'il voudra pour me vouer aux mépris de la postérité!

Je ne terminerai pas sans remercier le *Semeur* de sa critique; elle m'a fourni l'occasion de dire plusieurs choses que j'avais sur le cœur. Quoiqu'il fasse profession de douceur et d'urbanité, je le prie de ne jamais se gêner avec moi. Je le lis, et j'aime à lui répondre. S'il lui faut d'autres éclaircissements touchant ses amis et futurs acolytes de la république sociale, il les trouvera réunis, sous forme de pièces justificatives, à la fin de ce volume. Je lui offre cet appendice dont il m'a donné l'idée, et dont je crains que la couleur ne fasse un peu pâlir celle que j'ai répandue sur mon ouvrage.

PERSONNAGES :

Le père Alexis, jésuite.

Valentin de Lavaur, représentant du peuple, plus tard président de la république séparée de l'Ouest.

Le Vengeur, président de sociétés secrètes ; plus tard, général de la force révolutionnaire, et enfin dictateur de la république sociale. Quarante ans, haute taille. Son visage exprime une résolution implacable. Il parle avec lenteur, comme oppressé par l'enthousiasme de la destruction. Il est habillé en ouvrier.

Benoît, paysan de l'Ouest, robuste, simple et pacifique. Trente-cinq ans.

Galuchet, enfant trouvé, vendeur de contre-marques et de journaux ; plus tard, lieutenant du *Vengeur*. Vingt ans ; grêle, chétif et cynique. Au premier acte, en guenilles ; au second acte, vêtu avec recherche.

Le consul de la république sociale, ancien avocat, bel homme et beau parleur lorsqu'il ne craint rien ; gros. Quarante ans.

Baisemain, démagogue, ancien maître d'études, rédacteur de la *Lanterne ;* plus tard, ministre de l'instruction publique. Physionomie de renard, jalouse et fatiguée. Au premier acte, famélique ; au second, insolent et satisfait.

Rheto, démagogue, rédacteur en chef de la *Lanterne ;* plus tard, secrétaire de Galuchet.

GUYOT, conspirateur subalterne, ami de Rheto.
LE COMTE DE LAVAUR, père de Valentin.
DENIS DUPUIS, bourgeois, beau-père de Valentin.
JEAN DUPUIS, frère de Denis, magistrat.
PROTAGORAS, philosophe.
DÉMOPHILE, vieil orateur libéral.
PHÉBUS, poëte.
M. DELORME, bourgeois, ami des Dupuis.
LE MINISTRE DES AFFAIRES ÉTRANGÈRES.
LE MINISTRE DE LA GUERRE.
LE MINISTRE DU PROGRÈS.
LE MINISTRE DES FINANCES.
LE MINISTRE DE LA JUSTICE.
LE MINISTRE DE LA MARINE.
LE MINISTRE DE L'INTÉRIEUR.
LE MINISTRE DES TRAVAUX PUBLICS.
LE SECRÉTAIRE DU CONSUL.
BARNABÉ CHENU, poëte populaire, ami de Galuchet.
SIMPLET, ROBILLARD, GRIMBLOT, ouvriers.
FRITZ, domestique de Valentin.
DUCROT, portier du comte de Lavaur.
JACQUES BONHOMME, marchand fruitier.
GERVAIS, propriétaire campagnard.
GRIFFARD, REQUIN, FURON, voleurs.
UN EX-GÉNÉRAL.
UN EX-MINISTRE.

UN EX-PRÉFET.

UN EX-PROPRIÉTAIRE.

UN EX-AMBASSADEUR.

UN EX-MILLIONNAIRE.

UN JEUNE HOMME.

UN CURÉ DE VILLAGE.

UN RELIGIEUX FRANCISCAIN.

UN CHEF DE BANDE.

UN CHEF D'INSURGÉS.

UN ÉPICIER.

EULALIE, femme de Valentin, fille de Dupuis.

LA COMTESSE DE LAVAUR, mère de Valentin.

MARGUERITE, femme de Benoît.

CATHERINE, femme de Grimblot.

TÉRÉBENTHINE, maîtresse de Baisemain.

LIBERIA, chanteuse, maîtresse de Galuchet.

UNE PORTIÈRE.

UNE VIEILLE.

BOURGEOIS, HOMMES DU PEUPLE, SOLDATS, ÉMEUTIERS, PAYSANS, AGENTS DE LA FORCE PUBLIQUE.

La scène est en Europe.

LE LENDEMAIN

DE LA VICTOIRE.

PREMIÈRE PARTIE.

I.

Un Carrefour.

GALUCHET, *des journaux à la main.*

La *Lanterne sociale!* Demandez la *Lanterne!* Prenez la *Lanterne!* Éclairez-vous, échauffez-vous, allumez-vous, ça ne coûte qu'un sou! Voilà les nouvelles de Chine et d'Angleterre! voilà la grande trahison du gouvernement et l'oppression des patriotes! La *Lanterne!* Demandez, demandez, demandez la *Lanterne!*

(*Les passants se pressent autour de Galuchet.*)

CHENU.

Va, va, petit, pousse ! il n'y a pas de mouchards !

GALUCHET.

Je parie que je fonde un rassemblement.

CHENU.

Combien paries-tu ?

GALUCHET.

Du bleu, du blanc, du rouge, et trois canons de chaque.

CHENU.

C'est dit.

GALUCHET, *au public.*

Citoyens, nous sommes ici tous frères, on peut parler ; et quand même il faudrait aller en prison, ce n'est pas la présence de l'infâme police qui me ferait rentrer dans le ventre ce que j'ai à vous dire pour la cause de la patrie et de l'humanité.

(*La foule grossit.*)

M. DELORME.

Ce crieur est en contravention. Les bons citoyens ne devraient pas écouter.

SIMPLET.

Bourgeois, silence et respect, ou mets-toi en garde ! Le gamin m'a l'air de jaser gentiment.

GALUCHET.

Citoyens, quoique sans pécune, je veux faire un sacrifice en faveur du peuple. J'ai acheté ce journal pour le vendre, mais vous n'avez pas tous de quoi le payer ; je vais vous le donner. Écoutez-moi ça ; ça sort tout chaud de la plume d'un de vos défenseurs. Quand on manque de pain, l'espérance ranime et la vérité nourrit.

(*Applaudissements.*)

M. DELORME.

C'est intolérable. Je vais chercher la police.

SIMPLET.

Va la chercher. De ses os nous ferons des allumettes pour brûler ta maison.

GALUCHET. (*Il lit.*)

« Peuple, nous avons foi en ta sagesse et en ton patriotisme ; tu n'oublieras pas que tu es le premier peuple du monde, et que de ton inspiration sort tout ce qui a vie dans la raison humaine, tout ce qui se réalise dans les institutions sociales.

« Peuple, tu voteras pour la révolution, c'est-à-dire pour la république contre la monarchie, pour la liberté contre le despotisme, pour la raison contre la superstition, pour le travail contre le capital, pour la France contre les Cosaques.

« Tu délivreras le monde des rois et des bourreaux, des esclaves et des maîtres, des prêtres et des hypocrites, des usuriers et des voleurs, des peuples opprimés et des peuples oppresseurs.

« Tu voteras pour la république démocratique et sociale ! »

Voilà. Qu'en dites-vous ? Est-ce tapé ?

(*Bravos, cris. — On achète le journal.*)

UN AGENT DE POLICE.

Citoyens, dispersez-vous. (*A Galuchet.*) Ta médaille ?

GALUCHET.

Elle est tombée dans le ruisseau. Cherche.

(*Il renverse l'agent. La foule applaudit; quelques hommes se jettent sur l'agent et le frappent; d'autres accourent pour le dégager. Mêlée. Le rassemblement devient considérable. Galuchet achève de vendre ses journaux.*)

CHENU.

Tu as gagné.

GALUCHET.

Non, c'est toi. J'ai tout vendu, et je te régale avec la monnaie que j'ai oublié de rendre. A nos canons, mon vieux ! Aux armes !

VOIX DANS LA FOULE.

Aux armes ! aux armes ! (*On dépave.*)

GALUCHET.

Tiens ! est-ce que j'aurais fait une révolution? — Si je l'ai faite, j'en mangerai.

II.

Une Cellule.

Valentin de Lavaur, en uniforme, agenouillé devant le père Alexis.

LE PÈRE ALEXIS.

Gardez la grâce de Dieu, mon fils ; ne péchez plus.

VALENTIN, *se relevant.*

Maintenant, mon père, je vais aux barricades. Je ne sais comment tournera cette affaire. Songez à votre sûreté.

LE PÈRE ALEXIS.

Ma vieille résolution tient toujours, mon cher ami. J'irai demeurer dans une maison moins connue, mais je ne quitterai point la ville.

VALENTIN.

Si les socialistes triomphent, ils feront des choses affreuses. Ils vous découvriront...

LE PÈRE ALEXIS.

Je n'ai pas l'intention de me cacher beaucoup.

VALENTIN.

Ils vous tueront.

4

LE PÈRE ALEXIS, *souriant.*

C'est trop juste. Dieu m'a empêché d'aller aux missions, il me doit un dédommagement.

VALENTIN.

Quelle sera la fin de tout ceci? Je n'augure rien de bon.

LE PÈRE ALEXIS.

La fin, la grande et la vraie fin sera le juste partage de l'éternelle vie et de l'éternelle mort. Je ne vois rien là, mon enfant, qui puisse nous effrayer. Quant à la société, il ne me semble pas que la colère divine se veuille satisfaire à demi; mais les jugements de Dieu ne sont pas les nôtres : rien n'est perdu, même pour les coupables, tant que nous pouvons prier. Le maître est encore Celui qui rendit la terre habitable après le déluge : *Dominus diluvium inhabitare facit* (1). Qui connaît les trésors de la miséricorde?

VALENTIN.

Humainement, rien ne me rassure.

LE PÈRE ALEXIS.

Ni moi. Cette nation a les reins cassés. Le cœur parfois sent encore, la tête comprend encore; mais

(1) Ps. 28.

les muscles et les nerfs n'obéissent plus à la volonté, et n'agissent que dans le délire de la fièvre. Ce ne sont plus des mouvements, ce sont des convulsions, dont chacune peut être suivie de la mort.

VALENTIN.

Nous sommes perdus. Dieu seul peut nous rendre la vie par un miracle que nous ne méritons point et que je n'espère point. Nous tomberons demain peut-être, en tout cas bientôt, dans une anarchie sauvage ou dans un despotisme sauvage ; ou plutôt nous tomberons dans le despotisme et dans l'anarchie tout à la fois, comme sous deux meules tournant en sens contraire, qui achèveront de broyer, d'écraser, de pulvériser tout ce qui peut rester en nous d'éléments de vie. Dieu voudra-t-il faire ensuite quelque chose de cette pâte et de cette poussière, et tirer la vie de la mort?

LE PÈRE ALEXIS.

Je le crois. Le blé sous la meule subit un travail de purification. Nous avons grand besoin d'être purifiés, chacun de nous pour gagner le ciel, l'humanité tout entière pour mieux connaître son but, et notre nation en particulier pour remplir dans le temps sa mission si glorieuse et si déplorablement oubliée.

VALENTIN.

Ah! malgré cette espérance, qu'il est dur de vivre en des jours semblables aux nôtres!

LE PÈRE ALEXIS.

Pourquoi donc? Vous n'y pensez pas, mon ami, et vous ne vous rendez pas justice. Moi, qui vous connais, je dis que ce temps vous a été bon et qu'il est bon à beaucoup d'autres. Je vous vois plus aisément détaché des chimères humaines, plus solidement attaché aux vérités divines. Considérez-vous bien; vous sentirez que la passion obstinée du bonheur terrestre a moins de prise sur votre cœur.

VALENTIN.

Il est vrai. A quoi bon désirer aujourd'hui la fortune, la gloire, le bonheur, le repos? Nous en voyons le néant. Tout cela n'existe plus sur la terre.

LE PÈRE ALEXIS.

Tout cela n'y a jamais existé, mon enfant; mais il y a des époques où les plus sages, croyant voir ici-bas quelque ombre de tous ces biens, multiplient leurs efforts et leurs fautes afin d'en jouir; et pour l'ombre ils oublient et sacrifient la réalité. Voilà l'erreur dangereuse où vous n'êtes plus si exposé à tomber désormais.

VALENTIN.

Non certes ! Je sais qu'il n'y a plus sur la terre qu'un asile assuré, c'est la tombe. Que la tombe s'ouvre donc, qu'elle s'ouvre pour moi, pour les miens ! La nature frémira sans doute ; mais la raison, d'accord avec la foi, me dira que le plus tôt est le meilleur.

LE PÈRE ALEXIS, *souriant.*

Doucement, mon ami. Il est bien de ne point craindre la mort, et même de la désirer ; mais il ne faut pas la désirer par un sentiment analogue à la lâcheté des suicides. Je veux que, mettant votre vie dans la main de Dieu, vous la conserviez, vous la défendiez, et vous en usiez pour sa gloire et pour la vôtre. Ne désirez de vivre ni de mourir, ni de faire de grandes choses ni de ne rien faire. Simplement tenez-vous prêt à ce que Dieu demandera de vous. Le sacrifice de la vie peut être le moindre qu'il exige. Je suis porté à croire qu'il vous demandera davantage. S'il parle, vous entendrez. Ainsi ne dites pas : Je mourrai ; dites : J'obéirai.

VALENTIN.

Oui, mon père, j'obéirai.

LE PÈRE ALEXIS.

Adieu, mon cher fils.

VALENTIN.

Adieu, mon père, peut-être jusqu'à l'éternité. (*Il s'agenouille.*) Bénissez-moi.

LE PÈRE ALEXIS.

Du fond de mon cœur. Allons, mon enfant, dans la vie et dans la mort, gloire à Dieu! (*Ils s'embrassent.*) Si vous avez des blessés, amis ou ennemis, ce sont vos frères. Parlez-leur du ciel. Le ciel n'est ouvert ni fermé à aucun drapeau. Il est fermé au péché, il est ouvert au repentir.

III.

Une Rue.

Les marchands mettent les volets aux boutiques, et se rassemblent en petits groupes inquiets près des portes. On entend des coups de fusil.

DENIS DUPUIS.

Eh bien! qu'est-ce qu'il y a donc? les journaux ne disaient pourtant rien ce matin!

L'ÉPICIER.

Il paraît que ça chauffe.

JACQUES BONHOMME.

Est-ce que nous n'y allons pas?

L'ÉPICIER.

Et où?

JACQUES BONHOMME.

Au feu. On a battu le rappel.

UNE PORTIÈRE.

Même qu'ils ont tué les tambours; ils sont maîtres partout.

DENIS DUPUIS.

Qui?

LA PORTIÈRE.

Les rouges. *(Marques de terreur.)*

DENIS DUPUIS.

Allons, citoyens, mettons nos uniformes.

L'ÉPICIER.

Tiens, pourquoi n'avez-vous pas le vôtre, vous? Moi je reste. J'en ai assez du gouvernement. Qu'est-ce que ça me fait que les rouges soient maîtres? Ils mangeront du gruyère comme les autres.

JACQUES BONHOMME.

Et ils aboliront les dettes, n'est-ce pas, voisin?

L'ÉPICIER.

Qu'est-ce que vous dites?

JACQUES BONHOMME.

Je dis que, quand tout le monde fait faillite, il n'y a plus de honte à déposer son bilan.

L'ÉPICIER.

Vous me payerez cela.

JACQUES BONHOMME.

Ça me sera plus facile qu'à toi de payer ton terme. (*Ils se montrent le poing.*)

DENIS DUPUIS.

Messieurs, messieurs, ce n'est pas le moment de disputer. Sauvons l'ordre et la république.

JACQUES BONHOMME.

Allez vous promener, vous, avec votre république! C'est du propre! Elle nous a bien accommodés! Tous les jours des banqueroutes, et tous les mois des coups de fusil! Que ceux qui l'ont faite la défendent eux-mêmes. Je ne me ferai pas crever la peau pour elle.

DENIS DUPUIS.

Eh! monsieur, je ne tiens pas plus que vous à la république. Il s'agit de l'ordre et de la propriété...

BAISEMAIN.

C'est-à-dire des propriétaires.

DENIS DUPUIS.

N'est-ce pas la même chose?

L'ÉPICIER.

Oui, c'est la même chose; et je trouve que je serais assez bête de mourir pour eux, moi qui n'ai d'autre propriété que mon corps et ma boutique.

DENIS DUPUIS.

Votre boutique sera pillée.

BAISEMAIN.

Vous insultez le peuple, monsieur. (*Élevant la voix.*) Croyez-vous que la blouse et la veste ne valent pas l'habit noir?

DENIS DUPUIS.

Mais, monsieur...

BAISEMAIN, *plus haut.*

Vous êtes un insolent, monsieur!

LA PORTIÈRE.

A bas l'aristocrate!

PLUSIEURS VOIX.

A bas l'aristocrate!

DENIS DUPUIS.

Je ne suis pas aristocrate. Je respecte le peuple,

j'en suis. J'ai bien le droit de soutenir le gouvernement !

BAISEMAIN, *criant*.

Non, monsieur. Quand le peuple parle, il faut obéir.

JACQUES BONHOMME.

A bas le gouvernement ! à bas les avocats, les braillards, les bourgeois qui font des lois et qui mettent des impôts! Je demande un dictateur qui jette tout à la porte. Ça sera bien fait. Si le gouvernement veut qu'on le soutienne, pourquoi a-t-il renversé l'autre ?

BAISEMAIN.

Il n'y a pas de gouvernement. Il n'y a que la volonté du peuple.

DENIS DUPUIS.

Mais enfin me direz-vous ce qu'il veut, le peuple ?

L'ÉPICIER.

Cela ne vous regarde pas.

LE PORTIER.

Le peuple veut être heureux et libre.

JACQUES BONHOMME.

Le peuple veut la tranquillité et un dictateur.

BAISEMAIN.

C'est cela ; et la liberté.

JACQUES BONHOMME.

La liberté, j'en ai plein le dos.

BAISEMAIN.

Ne parlez pas ainsi.

JACQUES BONHOMME.

Je parle à ma guise, et ce n'est pas un individu râpé comme toi qui me fera taire. Quel est ton métier? Tu m'as l'air d'un faignant.

BAISEMAIN.

Vous ne savez pas à qui vous parlez. Je suis Baisemain, l'un des rédacteurs de la *Lanterne sociale*.

JACQUES BONHOMME.

Eh bien! Baisemain, rédacteur de la *Lanterne sociale*, si tu dis un mot, je te ferai voir trente-six chandelles.

BAISEMAIN.

Vous?

JACQUES BONHOMME.

Moi-même, Jacques-Jean-Jérôme Bonhomme, marchand fruitier patenté, père de six enfants légitimes, entends-tu?

BAISEMAIN.

Vous êtes un brave citoyen, et je m'étonne de vous voir parmi les réactionnaires.

JACQUES BONHOMME.

Réactionnaire, moi ! Attrape ça, gredin.

(*Il lui détache un soufflet. Baisemain fait cinq ou six pas en arrière, et tombe.*)

UN GAMIN.

Comme c'est mouché ! Bis !

(*Les coups de fusil se rapprochent. On entend crier :* Aux armes !)

LA PORTIÈRE.

C'est les rouges ! Ils ont des fusils de la ligne.

(*Tout le monde rentre. Baisemain reste sur le pavé. Une troupe d'insurgés envahit la rue.*)

RHETO. (*Il a deux pistolets à sa ceinture, un fusil de chasse en bandoulière, un sabre turc à la main.*)

Vive la république sociale !

VOIX DE LA BANDE.

A bas les bourgeois !

RHETO.

Halte ! (*Il aperçoit Baisemain.*) Relevez cet homme.

BAISEMAIN.

A moi, citoyens !

RHETO.

Eh mais ! c'est le farouche Baisemain ! Que fais-tu là ?

BAISEMAIN.

J'étais seul pour insurger ce quartier. Un garde national en fuyant m'a tiré un coup de fusil.

RHETO.

La balle t'a effroyablement poché l'œil. Ton nez sanglant flue comme l'urne d'un fleuve classique.

BAISEMAIN.

Que mon sang coule pour la république sociale !

GUYOT.

Commandant, si le citoyen voulait, il pourrait nous servir de cadavre.

RHETO.

Comment ?

GUYOT.

Oui, nous le promènerions dans les rues, pâle et sanglant, en criant : « On égorge nos frères ! » Ça réussit toujours très-bien.

RHETO, *à Baisemain.*

Qu'en dis-tu ?

BAISEMAIN.

Non; je me sens la force de combattre encore. Je vais ici près me faire panser, et je vous rejoins. Citoyens, vive la république sociale! Ne me plaignez pas d'avoir souffert pour elle. Heureux ses martyrs ! (*Il sort.*)

LES INSURGÉS.

Vive Baisemain !

RHETO.

L'intrigant ! il tirera bon parti du coup de poing qu'il a reçu... de sa propre main, peut-être..... (*A sa troupe.*) Citoyens, cette position est importante. Il faut ici une barricade. A l'ouvrage, et dépêchons-nous! (*On dépave.*) Trente fusils de bonne volonté !

HOMMES ARMÉS.

Présents!

RHETO.

Partagez-vous ces fenêtres à droite et à gauche. Si on résiste, vous avez des baïonnettes. Ménagez vos cartouches.

UN INSURGÉ.

Citoyen commandant, il faudrait un peu de charpente pour soutenir la barricade.

RHETO.

Entrez dans ces maisons, et requérez les meubles du premier et du second étage pour un service national; mais ne laissez pas approcher des caves.

UN GAMIN.

Aujourd'hui nous travaillons pour nos frères les ébénistes et les vitriers; demain on fera quelque chose pour ces pauvres vignerons.

RHETO, *à Guyot.*

Écoute. Tu vois cette maison, c'est l'hôtel de l'ex-comte de Lavaur, père de Valentin. Le vieil aristocrate m'a jadis outragé, et je pourrais l'en faire repentir. Je veux être généreux. Place quelques hommes de garde dans sa cour, et empêche qu'on ne monte chez lui.

(*Des hommes armés paraissent aux fenêtres des étages supérieurs. La barricade s'élève rapidement; on la couronne d'un drapeau rouge.*)

LES INSURGÉS.

Vive la république sociale! A mort les aristos!

IV.

Hôtel du comte de Lavaur; Cour d'entrée.

GRIFFARD.

Va-t-on nous laisser moisir longtemps ici ? Je m'ennuie à garder la porte de cette cave. Encore si c'était en dedans ! J'ai envie d'aller chercher une bouteille.

SIMPLET.

Ne le fais pas ; tu verrais tout de suite accourir les autres.

GRIFFARD.

Eh bien ! le peuple travaille ; il a bien le droit de se rafraîchir.

SIMPLET.

Oui ; mais c'est qu'on s'échaufferait.

GRIFFARD.

Où serait le mal ? Avec une pointe de gaicté, le peuple n'en tape que mieux.

SIMPLET.

Je ne dis pas non, mais ça deviendrait terrible.

Fais donc entendre raison à des pochards! Moi qui te parle, quand j'ai mon petit sirop, sans être méchant, je massacrerais tout.

GRIFFARD.

C'est ce qu'il faut. Si le peuple entend raison, tout ce que nous faisons tournera encore en eau claire. Nous serons floués, c'est moi qui te le dis. Je suis un vieux de la chose. Depuis 1830, je me suis trouvé à toutes les affaires, blessé, décoré, chevronné, tout ce que tu voudras; et, au bout du compte, pas de chemise! Pourquoi? Parce qu'on détruit les gouvernements pour en faire d'autres. Voilà un bel avantage! Les chefs viennent, ils te caressent, ils te parlent raison, ils te prennent tes armes, et puis cherche! Tu seras bien heureux si tu attrapes une gratification nationale. Tel que tu me vois, j'ai fait toute ma vie des barricades, et le dernier gouvernement provisoire n'a pas voulu me nommer seulement préfet. Ça, des républicains? c'est tous flibustiers! Ils gardent les bonnes places pour eux, ou pour les blagueurs qui viennent s'arranger avec eux après la bataille. Si le peuple entend raison, tu verras reparaître les bourgeois, les gardes nationaux, les propriétaires, les juges, les gendarmes, tous les abus : c'est moi qui te le dis.

SIMPLET.

Ah ! mais non ! Un moment ! Il faut en finir, il faut établir la fraternité pour tout de bon, et un ministère du progrès.

GRIFFARD.

Compte là-dessus. Au ministère du progrès, ils mettront une écrevisse. Dans quinze jours, quand ils habiteront les ministères, va les voir, non pour leur demander des places, mais du travail ou du pain. On te fera droguer dans la cour; puis viendra un monsieur habillé de neuf, qui te priera poliment d'exécuter le *chant du départ*. Ce ne sera pas le ministre, ce sera un de ses secrétaires, quelque galopin qui n'a pas de semelles aujourd'hui, et qui s'appliquera des bottes vernies demain, pendant que nous serons à l'hôpital.

SIMPLET.

Tu me fais rager. Si c'était vrai ce que tu dis...

GRIFFARD.

J'ai passé par là. La première huitaine, c'est le ministre qui vous reçoit ; il vous renvoie avec des poignées de main. La seconde, c'est le secrétaire;

il vous renvoie avec des compliments. La troisième, c'est le portier; il vous renvoie avec des injures. La quatrième fois, tu découvres la garde bourgeoise et les mouchards. Ceux-ci te conduisent au dépôt, et tu ne reviens plus. Voilà la fraternité! C'est moi qui te le dis. J'en ai fait du dépôt, et de la prévention, et du reste, depuis vingt ans que je travaille pour la vraie religion de Jésus-Christ! Va, prolétaire, bats-toi, fais-toi couper en morceaux, meurs! Tant que tu vivras, tu seras exploité.

SIMPLET.

Mille millions de milliasses de nom d'un nom!... (*Il tourmente son fusil.*) Mais je veux supposer que nous allons marcher cette fois-ci, et que le peuple arrivera enfin au bonheur...

GRIFFARD.

Alors, tape dur, et ne te mets pas sur le pied d'entendre raison. Tu n'as pas d'expérience; moi j'en ai, et je vois déjà qu'on enfile le vieux chemin. Voilà Rheto qui nous commande ici. Qu'est-ce que c'est? Un bourgeois. Ça a des mains blanches, ça porte un gilet de flanelle sous son habit doublé de soie, et ça se donne un genre de vous défendre de boire. « Il faut de la discipline, » disent-ils. Toujours la même rengaîne. Merci, j'en ai assez, et je fais des révolutions parce que je n'en veux plus, de leur discipline. Pourquoi donc que le peuple ne boirait pas un coup, lorsqu'il a fatigué? Ils se gêneront, eux, pour décoiffer une bouteille! Mais non, ce qui est là-dedans est trop bon pour nous, c'est du vin de maître : il faut le réserver pour gargariser ces messieurs.

SIMPLET.

Du vin de maître, je n'en ai pas bu souvent.

GRIFFARD.

Étais-tu aux caves du Palais-Royal en 48?

SIMPLET.

Non.

GRIFFARD.

Alors tu ne sais pas ce que c'est que du vin. Ces liquides d'aristos ressemblent à ce que nous buvons comme une dame de comptoir à une balayeuse.

SIMPLET.

Tu t'en es repassé?

GRIFFARD.

Un peu. Ils disent qu'on se pocherait... Et quand bien même? Mais non. Tu bois, tu bois ; ça ne fait que réjouir et donner des idées. Des vins à 10 francs, à 20 francs, bah ! à 100 francs la bouteille! Un velours, un feu, une mousseline, des baumes..... Tu ne te figures pas ce que ces êtres-là se font couler dans le torse !

SIMPLET.

Je crois bien. (*Il fait claquer sa langue.*)

GRIFFARD.

Eh ! citoyen concierge, arrive à l'ordre !

DUCROT.

Que voulez-vous, citoyens?

GRIFFARD.

Par délégation du peuple, je commande ici. Écoute bien ce que je vais te dire. Tu es un bon, ou tu n'es pas un bon. Si tu n'es pas un bon, tu trahis le peuple et tu n'es pas digne de vivre ; si tu es un bon, descends dans cette cave. Tu connais le meilleur caveau, tire le cordon.

DUCROT.

Citoyens, je suis patriote de père en fils, prêt à mourir pour la sociale ; mais je n'ai pas les clefs de la cave.

GRIFFARD.

Va les demander à l'aristo qui a le meilleur vin.

DUCROT.

C'est le propriétaire, un noble, une canaille qui déteste le peuple. Il refusera.

GRIFFARD.

Tu lui diras de donner la clef; sinon, j'irai moi-même le prier de nous servir à boire. Montre-moi ses fenêtres.

DUCROT.

Là; au premier, dans le fond.

GRIFFARD.

Je vais lui envoyer une sommation respectueuse. (*Il tire dans les fenêtres.*) Si cet avis ne suffit pas, tu lui diras que j'ai rechargé mon fusil. Il n'y a pas un bourgeois dans cette maison que je ne puisse tuer comme un chien; et s'il me plaît de brûler le local, je le brûlerai. File! (*Le portier sort.*)

SIMPLET.

Tu as de l'énergie, tout de même!

GRIFFARD.

On sait son métier, camarade. C'est en Italie que j'ai pris de bonnes leçons! Nous avions là de fameux chefs, de vrais amis du peuple, qui ne regardaient pas plus à flamber un palais qu'une allumette. Si tu ne peux pas tirer un coup de fusil, plante un coup de couteau; si tu ne peux pas tuer par devant, tue par derrière. Il faut ça pour terrifier ces brigands; sans quoi ils reprennent le dessus, et les démocrates sont victimés.

SIMPLET.

Je prévois qu'il y aura du dégât dans la capitale.

GRIFFARD.

Qu'est-ce que ça nous fait? Si nos galetas sont brûlés, nous irons loger dans les propriétés nationales. En attendant, prépare-toi à déguster une lampée démocratique et sociale.

DUCROT.

Citoyens, voici la clef. Si vous aviez vu la mine de l'aristo, vous auriez trop ri.

GRIFFARD, *à Simplet.*

Va aux vignes, camarade, pendant que je ferai le guet, et laisses-en pour les autres.

SIMPLET.

Mais la consigne...

GRIFFARD.

Allons donc! Tu veux être libre, et tu n'oses pas boire un coup! (*Simplet sort avec le con-*

cierge. Griffard siffle. Furon paraît.) Comment ça va-t-il dans la rue?

FURON.

Tout doucement. Il n'y a point de résistance, et on ne fait rien. Les meubles ont été entassés tout fermés sur la barricade. Le préjugé règne encore. Le capital est respecté.

GRIFFARD.

Tu t'es chaussé cependant?

FURON.

Oui. J'ai réservé quelque chose aussi pour attacher mes chemises, quand j'aurai mes chemises. Ça ne vaut pas la peine d'en parler.

GRIFFARD.

Et Rheto?

FURON.

Il fait le beau; mais, au premier coup de fusil, je suis sûr qu'il ira insurger une rue plus tranquille.

GRIFFARD.

La cave est ouverte. Fais circuler cette nouvelle et tiens-toi prêt. Nous donnerons tout à l'heure une première chasse à l'infâme capital.

V.

L'Appartement du comte de Lavaur.

LA COMTESSE.

Grand Dieu ! qu'allons-nous devenir ?

LE COMTE.

Rassure-toi. Nous en serons quittes pour quelques bouteilles de vin bues et pour quelques carreaux brisés. Le peuple ne suivra pas les bandits qui voudraient mettre la ville au pillage.

LA COMTESSE.

Ceux que nous avons ici paraissent bien méchants.

LE COMTE.

Non, ce sont des ivrognes. Ducrot, le concierge, est allé avertir leur chef.

LA COMTESSE.

Et Valentin, notre fils, pourquoi ne l'avons-nous pas vu ? Où est-il ?

LE COMTE.

Valentin fait comme moi; il est auprès de sa femme, et il cherche à la tranquilliser.

LA COMTESSE.

Ah! dis plutôt qu'il est au feu avec sa légion.

LE COMTE.

Tu le connais assez pour savoir qu'il est où l'appelle son devoir. Prends courage. Cette émeute sera domptée, et au premier moment de paix, eh bien! nous quitterons Paris.

VOIX DANS LA COUR.

A mort les aristos! Vive la guillotine!

LA COMTESSE *court à la fenêtre et regarde un moment.*

Ces hommes sont ivres. Ils se montrent nos fenêtres avec des gestes menaçants. Ducrot, le concierge, est au milieu d'eux, et nous dénonce.

LE COMTE.

Ducrot! Voilà vingt ans que je le garde ici par pitié!

LA COMTESSE.

Il est envieux et méchant. (*M. de Lavaur marche vers la fenêtre. Sa femme se précipite audevant de lui.*) N'avance pas! tu ne les verras que trop tôt. Dans un moment ils seront ici. Leur chef essaye en vain de les contenir. (*Avec calme.*) Mon ami, ne faisons plus de projets et ne conservons plus d'espérance. Tu m'as promis de penser à Dieu quand tu verrais approcher la mort. Prions Dieu, le moment est venu.

LE COMTE.

Allons donc ! ils n'égorgeront pas comme cela les gens tout de suite, sans motif. Que leur ai-je fait?

LA COMTESSE, *toujours près de la fenêtre.*

Je t'en conjure, songe à ton âme. Plusieurs de ces hommes poussent les autres à quelque grand crime. Ah !

(*Elle recule avec terreur. On entend un coup de fusil. La glace vole en éclats.*)

LE COMTE.

Les scélérats ! Une arme, une arme !

LA COMTESSE.

Non, mon ami, une prière ! une prière à Dieu, devant qui nous allons paraître ! Offrons-lui notre vie pour le salut de Valentin. Ah ! il daignera peut-être se contenter de ce sacrifice. Dis-lui : « Mon Dieu, je vous demande pardon ! Mon Dieu, je remets mon âme entre vos mains. »

LE COMTE.

Calme-toi. Je ne me laisserai pas assassiner dans ma maison. S'ils veulent ma vie, ils la payeront cher. (*On entend frapper à la porte de l'appartement.*)

LA COMTESSE.

Les voici ! (*Elle se jette à genoux.*) Mon Dieu ! j'accepte la mort. Grâce pour l'âme de mon mari! grâce pour mon fils!

RHETO, *pâle et tremblant.*

Fuyez, monsieur, vous n'avez pas un moment à perdre!

LE COMTE *s'assied.*

C'est vous, monsieur Rheto? Vous entriez jadis ici plus poliment. Croyez cependant que je ne regrette point de vous avoir fermé ma porte.

RHETO.

Je vous en conjure, monsieur, fuyez !

LE COMTE.

Monsieur Rheto, je ne fuirai point.

RHETO.

Vous allez périr.

LE COMTE.

Votre devoir est de me défendre.

RHETO.

Mes hommes se sont enivrés; on les a irrités contre vous; je n'en suis plus maître.

LE COMTE.

Ah! vous commandez cette bande? Je vous fais mon compliment. Vous n'étiez qu'un sot extrêmement ridicule, vous allez devenir un assassin.

RHETO.

Monsieur!...

LE COMTE.

Eh bien! monsieur!

RHETO.

Encore une fois, fuyez.

LE COMTE.

Moi, comte de Lavaur, fuir devant vous ou même avec vous, monsieur Rheto? Je vous ai toujours dit que vous ne pouviez comprendre ce que c'est qu'un gentilhomme. Vous m'assassinerez, s'il vous plaît.

RHETO.

Sur mon honneur, j'ai fait tout au monde et je ferai tout encore pour vous sauver; mais aidez-moi.

LE COMTE.

Non. Cela vous regarde.

RHETO.

Cachez-vous au moins dans cet appartement.

LE COMTE.

Je ne me cacherai pas. Je verrai en face vos amis.

RHETO.

Insensé, que votre sang retombe sur vous !

LE COMTE.

Vous perdez le respect, monsieur Rheto.

RHETO.

Madame, unissez-vous à moi. N'y a-t-il pas dans l'appartement quelque cachette, quelque passage secret ?

LA COMTESSE.

Monsieur, si c'est vous qui avez amené ces hommes, je vous pardonne et je prie Dieu de vous pardonner. M. de Lavaur ne fuira point.

RHETO.

Mais vous du moins, madame, épargnez-vous un spectacle...

LA COMTESSE.

Ma place est auprès de mon mari.

(*Clameurs dans la cour et sur l'escalier* : A mort! à la guillotine! à bas les traîtres! *Rheto fait un geste de désespoir.*)

LE COMTE.

Mon pauvre Rheto, je crains qu'on ne vous suspecte. Faites preuve de vertu, et portez-moi le premier coup.

RHETO.

Monsieur, par grâce, sauvez-vous, cachez-vous!

LE COMTE.

Allons, mon cher, taisez-vous!... Voyons, voulez-vous vraiment nous sauver?

RHETO.

N'en doutez pas.

LE COMTE.

C'est qu'il faut du cœur! Placez-vous à cette porte, vos pistolets au poing. Déclarez qu'on vous passera sur le corps avant d'arriver à moi, et faites feu sur le premier qui voudra passer. Si vous y mettez de l'énergie, ils reculeront.

RHETO.

Ne l'espérez pas.

LE COMTE.

Essayez toujours.

RHETO.

C'est que... (*Il hésite.*)

LE COMTE.

Vous avez peur !

RHETO.

Ils sont capables de me tuer.

LE COMTE.

Ce serait grand dommage que vous mouriez en homme d'honneur... Tenez, monsieur Rheto, vous et vos pareils, vous faites bien d'égorger les honnêtes gens ; car, pour les gouverner, vous n'y parviendrez jamais, et à la fin ils vous enverraient aux galères. Sortez !

(*Rheto, déconcerté, se retire. Le comte ferme la porte et s'approche de sa femme, restée en prière. On entend toujours vociférer dans la cour.*)

LE COMTE.

Adélaïde, ta prière est exaucée. Me voici à genoux près de toi, priant le Dieu que tes vertus m'ont fait croire. Sois bénie pour tes vertus, femme chrétienne ! Dans mes plus grands oublis, je t'ai vénérée, et j'ai cru que tu m'adoucirais la mort. Mon Dieu ! je vous offre le sacrifice de ma vie. Je vous rends grâce de m'épargner le long spectacle de vos colères. Je vous demande pardon de mes fautes, et de n'avoir pas assez connu et assez respecté les lois par lesquelles vivent les nations. Nous sommes punis justement.

LA COMTESSE.

Dis que tu meurs sans haine pour tes bourreaux.

LE COMTE.

Oui, mon Dieu, sans haine et sans regrets.

LA COMTESSE.

Mon Dieu! pardonnez-moi comme je pardonne.

LE COMTE.

Oui.

LA COMTESSE.

Mon Dieu! je remets mon âme entre vos mains.

LE COMTE.

Oui, mon Dieu!

LA COMTESSE.

Mon Dieu! je vous bénis. Pour dernière grâce, accordez-nous que nos enfants sachent que leur père est mort le pardon sur les lèvres et l'espérance dans le cœur.

LE COMTE.

Ainsi soit-il!

LA COMTESSE.

Ils viennent, ils vont t'insulter ; ne réponds pas ; pense à ton Dieu insulté sur la croix.

(*La porte cède ; les insurgés entrent pêle-mêle et remplissent la chambre. Rheto cherche encore à les contenir ; il reçoit quelques bourrades.*)

GRIFFARD, *montrant le comte.*

Le voilà, le brigand !

REQUIN.

Voilà celui qui s'est baigné en juin dans le sang de nos frères !

SIMPLET, *ivre.*

Vieille canaille ! Avoir une cave comme il en a une, et boire encore le sang du peuple !

FURON.

Voyez comme c'est logé ! Rien que dans cette chambre, il y en a pour plus de dix mille francs. Avec ça, on nourrirait dix familles. Ah ! gredin ! (*Avec la crosse de son fusil il brise un meuble, et prend ce qu'il y trouve.*)

REQUIN.

A mort les aristocrates !

RHETO.

Mes amis ! mes amis ! écoutez votre chef...

SIMPLET.

Notre chef? Il n'y a pas de chef. Je ne reconnais que Jésus-Christ, moi.

UN AUTRE, *à Rheto.*

Ne fais pas ton fier, chef! Laisse le peuple punir les aristocrates.

GUYOT, *bas.*

Commandant, ça va chauffer; prends garde de te compromettre. Je vois ici des hommes du *Vengeur.*

RHETO.

Je ne puis laisser assassiner ce vieillard.

GUYOT.

Si on le tue, c'est un malheur; ne t'en mêle pas. Retourne à la barricade.

RHETO.

Mais je l'ai connu autrefois... (*Élevant la voix:*) Mes amis...

GUYOT, *bas avec énergie.*

Malheureux, tais-toi!

REQUIN.

Oui, citoyens, ce vieux scélérat donnait à tous les propriétaires du quartier le conseil d'empoisonner leur vin, et d'en faire boire au peuple...

Plusieurs d'entre vous sont peut-être empoisonnés...

PLUSIEURS INSURGÉS.

Jugeons-le, vengeons-nous; à mort l'aristocrate !

SIMPLET.

Monstre ! *(Il met M. de Lavaur en joue.)*

RHETO, *balbutiant.*

Vous tirerez d'abord sur moi... Mes amis, peuple généreux... grand peuple... émanation de la Divinité... le monde a les yeux sur nous... Écoutez la voix de la raison.

SIMPLET.

Ah oui ! tu veux que le peuple entende raison... Connu ! Oblique à gauche, ou je te crache du plomb.

RHETO.

Citoyens, un seul mot, écoutez-moi.

GRIFFARD *prend Rheto au collet, le secoue vivement et l'écarte avec mépris.*

Assez de blagues ! Ceux qui s'opposent à la justice du peuple sont des traîtres. Si tu dis une parole de plus, je te fais arrêter et juger aussi.

GUYOT, *à Rheto.*

Commandant, nous ne sommes pas en force ici ; laissons faire. Allons, viens. C'est un malheur, mais ça aura son avantage. (*Il l'entraîne.*)

FURON, *dans la foule.*

Feu !

(*Plusieurs coups de fusil partent à la fois. M. et madame de Lavaur tombent. Rheto se retourne, jette un cri, et se sauve. Au même moment, une vive fusillade éclate dans la rue. On entend crier* Aux armes ! *La plupart des insurgés se retirent.*)

GRIFFARD.

Tiens, on a tué aussi la vieille.

FURON, *ouvrant le secrétaire.*

Vois donc, Requin ; ils doivent avoir des montres.

REQUIN, *dépouillant les cadavres.*

Et une belle chaîne. Griffard, le vieux parle encore.

GRIFFARD.

Que dit-il?

LE COMTE.

Mon Dieu, je remets mon âme entre vos mains. (*Il meurt.*)

GRIFFARD.

C'est un jésuite.

FURON.

Je ne trouve rien dans ce secrétaire.

GRIFFARD. *Il examine le secrétaire et pousse un ressort. Un tiroir s'ouvre.*

C'était bien difficile ! Si tu ne sais pas travailler, dis-le ; je te ferai donner une position politique.

FURON, *vidant le secrétaire.*

J'y compte bien ; j'ai fait mes classes, et j'étais fort en thème. *Musa*, la muse...

SIMPLET, *qui s'est occupé à ranger les cadavres, regarde avec étonnement Griffard, Furon, Requin et leurs compagnons.*

Eh bien ! qu'est-ce que vous faites donc là, vous autres ?

GRIFFARD.

Nous mettons en sûreté les biens de la patrie, pour les distribuer suivant la loi de la fraternité. Tu auras ta part.

SIMPLET.

Je n'en veux pas.

GRIFFARD.

Eh bien ! nous la garderons.

SIMPLET.

Vous êtes des voleurs !

GRIFFARD.

Le vol est aboli. Maintenant tout est à tous.

FURON.

Furtum cumque proprietas abolitum est.

SIMPLET.

Vous êtes des filous, vous déshonorez la victoire du peuple. Je vais vous faire arrêter.

REQUIN.

Qu'est-ce que c'est que cet imbécile-là ? Il n'est donc pas des nôtres ?

GRIFFARD.

C'est un jobard que j'ai mal jugé. (*A Simplet :*) Ah çà ! silence, et prends garde à toi.

SIMPLET.

Filous ! filous ! galériens ! vous serez fusillés tout à l'heure sur la barricade.

GRIFFARD.

Tu vas être fusillé de suite, et ici. (*Il décharge sur lui son pistolet.*) Décorez-le de pièces à conviction.

GUYOT ET QUELQUES HOMMES.

Qu'y a-t-il?

GRIFFARD.

Un misérable qui déshonorait la victoire du peuple. Il faut le placer dans la rue, avec un écriteau sur lequel on lira : *Voleur.*

GUYOT.

Non! ça nous fera deux cadavres; nous n'en avons pas dans ce quartier-ci. (*Il s'approche.*) C'est Simplet! Pauvre garçon! Avant de le juger, vous auriez dû prendre au moins l'avis du chef de la barricade.

GRIFFARD.

Nous ne connaissons pas ton chef. Notre chef à nous, c'est le Vengeur.

GUYOT.

C'est différent. (*A part.*) Je m'en doutais.

SIMPLET, *bas à Guyot qui le charge sur les épaules d'un insurgé.*

Fais attention, je suis encore un peu vivant.

(*On emporte les cadavres.*)

GRIFFARD.

Ah! voilà Labiche! Quelles nouvelles?

LABICHE.

Le Vengeur vient d'entrer à l'Hôtel-de-Ville. La légion qui en défendait les abords est écharpée. Partout où le Vengeur a passé, la désolation règne; le feu est en plusieurs endroits.

GRIFFARD.

Nous le mettrons tout à l'heure ici. Que partout le sang et la flamme séparent le peuple et les bourgeois! Ami Labiche, pour cette fois la révolution est faite; nous allons nager en pleine eau. Vive la république démocratique et sociale!

VI.

La Barricade.

GUYOT.

Allons, secoue-toi, commandant. Tu es pâle et morne, et l'on t'examine. Tu risques de passer pour un apitoyeur.

RHETO.

Ce malheureux, en tombant, m'a jeté un regard que je sens toujours.

GUYOT.

Il n'a pas plus regardé toi qu'un autre: c'est

une idée qu'on se fait. A mon premier mort, j'ai éprouvé cela aussi. Cependant je l'avais tué de ma main.

RHETO.

Oui, mais en combattant.

GUYOT.

Sans doute... C'est-à-dire, il avait l'arme au bras et il était en faction au coin d'une rue, sous un réverbère. Je lui ai arraché son fusil, et je lui ai plongé la baïonnette dans le ventre. Il est tombé en disant : « Mes pauvres petites filles! » J'ai entendu ces paroles pendant un mois, jour et nuit.

RHETO.

C'est horrible !

GUYOT.

Je ne puis pas dire que ce soit gai ; mais on sait qu'on a servi la bonne cause... et ça s'efface en en tuant d'autres. Ce n'est pas encore là ce que je trouve de plus vexant dans les révolutions : le mauvais moment, c'est quand on a fait sa position, qu'on a triomphé, qu'on s'est acquis un petit bien-être. On voudrait rester tranquille, pas moyen ! Personne n'est content. Les ambitieux et les intrigants vous traquent de tous les côtés. On voit des gredins qui n'ont pas paru au feu s'emparer tranquillement des meilleures places, et, ce qui est plus dur, des réactionnaires avoués s'attaquer aux patriotes et finir par les dégommer. Voilà ce qui m'est arrivé en 48. Un gueux de royaliste s'est fait nommer représentant à ma place, dans le département où j'avais proclamé la république. Si nous réussissons cette fois, comme je l'espère, souviens-toi que je veux être renvoyé là. Je suis doux, mais je te réponds de les mettre au pas. Le pouvoir ne nous échappera plus.

RHETO.

Que de sang va couler !

GUYOT.

Tu songes encore à ce vieux ?

RHETO.

Oui.

GUYOT.

Sois tranquille, les affaires te distrairont; car, avec ton talent, tu ne peux manquer de jouer un grand rôle.

RHETO.

Guyot, tu es mon plus ancien ami, et je puis t'ouvrir mon cœur. Je t'avoue que l'avenir m'épouvante. J'ai envie de me retirer.

GUYOT.

Où?...

RHETO.

Je ne sais. En Égypte, en Amérique, loin de ces scènes de sang dont je n'avais pas prévu l'horreur.

GUYOT.

Quelle bêtise! Je te dis que dans huit jours tu n'y songeras plus. Si tu t'en allais (d'abord ça pourrait bien n'être pas facile), tu regretterais de ne pouvoir plus travailler à la régénération du monde. Tu voudrais revenir, mais tu serais dépassé; on t'appellerait déserteur, et on pourrait bien te faire sortir par la fenêtre à Capet. Tu verras les exilés, quand ils vont rentrer, la mine qu'on leur fera et qu'ils feront. Reste. Ce bruit, ces tumultes, ces batailles, ces conspirations, ces revers et ces triomphes, eh bien! vrai, à la fin ça amuse.

RHETO.

J'ai peine à le croire.

GUYOT.

Je ne l'aurais pas cru moi-même; mais bah! c'est encore une belle pièce, même pour les comparses, à plus forte raison pour les premiers sujets comme toi, mon vieux camarade... Et, à ce propos, il faut que je te donne un avis : prends garde au Vengeur; il pourrait bien nous enfoncer tous.

RHETO.

Je sais qu'il est très-redoutable. Le connais-tu?

GUYOT.

Je le connais comme tout le monde, c'est-à-dire fort peu. On ignore d'où il vient et ce qu'il veut; mais je te le donne pour un particulier résolu, et joliment servi par les siens. Ce sont des gens prêts à tout, dont on ne connait pas le nombre. Ils lui obéissent sans broncher, et lui font une popularité effrayante, comme son courage. Je l'ai vu ce matin rue Antoine... Sacristi ! quel lapin !

RHETO.

Est-il socialiste ?

GUYOT.

Il est féroce, voilà son système. Ce sont ses hommes qui ont tué le vieux tout à l'heure. Son plan est de pousser les choses à l'extrémité. Pour le moment, c'est bien; mais, plus tard, il pourra devenir très-gênant.

RHETO.

Que de sang, que de sang va couler !

GUYOT.

Que veux-tu? On ne fait point d'omelette sans casser des œufs. Puisque les privilégiés n'ont pas voulu donner une part de leur bonheur aux déshérités de ce monde, c'est à ces derniers d'établir par la force le règne de la fraternité et de la justice.

RHETO.

L'entreprise est grande et le succès douteux.

GUYOT.

Allons, voyons, tu faiblis. Étouffe tes incertitudes ; crains surtout de les manifester. Tu te ferais accuser de modérantisme, et ton histoire finirait bêtement. Tu es trop engagé pour reculer. Il faut aller jusqu'au bout, sans prendre garde aux accidents. Quand on livre une bataille, est-ce qu'on s'occupe du champ que l'on foule et des amis ou des ennemis qui tombent? L'honneur est de marcher au but, et la moralité est de l'atteindre. Il n'y a de coupables que les vaincus, de criminels que les fuyards. Voilà ma philosophie ; elle est bonne, et c'est toi qui me l'as enseignée.

UN MESSAGER, *à cheval.*

Citoyens, victoire ! Le pouvoir est renversé. Les

ministres sont tués, prisonniers ou en fuite; toute la garnison fraternise avec le peuple; il n'y a plus de résistance nulle part. On nomme un gouvernement provisoire qui aura toute votre confiance. Le rouge est la couleur nationale. Gardez vos armes.

(*Il part. Cris, clameurs. Plusieurs drapeaux rouges paraissent aux fenêtres.*)

GUYOT.

Vois les bourgeois, comme ils s'exécutent. Ce sera la même chose dans le pays tout entier. La république sociale n'aura besoin que du télégraphe.

RHETO.

Nous ferions bien, je crois, d'aller à l'Hôtel-de-Ville.

GUYOT.

Sans doute. C'est cette nuit qu'on attrapera les bons morceaux... Ne me laisse pas flouer ma préfecture. (*Bruit.*) Qu'est-ce que c'est que cela? On porte quelqu'un en triomphe.

RHETO.

Oui, et une tête coupée au bout d'une pique.

GUYOT.

Décidément ça chauffe, et on ne plaisante plus.

VOIX DANS LA FOULE.

Vive Galuchet!

RHETO.

Galuchet?

GUYOT.

Il paraît que c'est le triomphateur.

VII.

Entre Galuchet, porté sur un fauteuil par quatre hommes du peuple. Des épaulettes d'officier général et plusieurs décorations sont attachées à sa blouse en guenilles. Il est couronné de feuilles de chêne, et il tient à la main une belle épée. Derrière lui, un homme de haute taille, à figure sinistre, porte au bout d'une pique une tête de vieillard. La foule armée traîne dans ses rangs des gardes nationaux prisonniers. Çà et là flottent sur les baïonnettes les étendards accoutumés de la guerre civile. Le cortége s'arrête; les tambours qui le précèdent font un roulement. Galuchet se lève et prend la parole.

GALUCHET.

Citoyens, si vous voulez savoir la chose, la voici : Je suis Galuchet, enfant de la Patrie, père inconnu. Donc, voyant que la patrie appelait ses enfants, j'ai emprunté chez l'armurier du coin un fusil de chasse, pour voir à descendre aussi quelques aristos et autres moineaux voleurs. (*Rires.*) Une, deux, me voilà derrière la barricade avec mon fusil à deux coups, bien chargé. La troupe paraît. On lui envoie des baisers. Vive la ligne ! Ça ne prend qu'à moitié. La ligne reste l'arme au bras ; pas la moindre crosse en l'air. Alors lâchons-lui des dragées. Pan, pif, paf ! Il en tombe deux ou trois ; les autres courent sur nous, et à leur tête un vieux général tout doré. On recule; mais, un moment ! J'étais derrière les pavés, auprès d'une petite ouverture qui laissait passer mon œil et mon fusil. Le général vient se poser là tout juste. Il veut parlementer ; son discours m'embête, je tire mon premier coup. Ça lui pique la jambe, et ça lui coupe la parole. Il se couche sur le pavé, et crie : *En avant !* Non, que je dis, l'ancien, en arrière ! et je lui plonge une autre prune dans la rate. Il se tait ; l'enfant du peuple est vainqueur du vieux crâne. Les soldats se précipitent. On les reçoit un peu bien. Le Vengeur était là ; il avait pris ses mesures. Feu de toutes les fenêtres, feu de toutes les portes, feu de tous les toits et de toutes les caves. Les coups de fusil partaient de dessous les pavés, et semblaient pleuvoir du ciel. Ah ! mes amours ! le joli coup d'œil ! Nos frères de l'armée, réduits des trois quarts, demandent à faire des réflexions et s'esquivent. Le Vengeur fait tuer ceux qui vivent encore, par humanité, et pour qu'ils ne recommencent pas... C'est son genre. Ensuite il monte sur la barricade, il m'appelle; on présente les armes, on bat le tambour, et il m'embrasse. « Galuchet, me dit-il, quel âge as-tu ? — Dix-neuf ans. — Tu as bien mérité de la patrie, et elle te récompensera, foi de Vengeur ! En attendant, puisque c'est toi qui as tué le général, je te le donne. Promène-toi dans la ville, et raconte partout la victoire de l'enfant du peuple. »

CRIS DANS LA FOULE.

Vive Galuchet ! Vive le Vengeur ! A mort les aristos !

GALUCHET.

Si vous doutez de ce que je vous dis, citoyens, voici les épaulettes du général, voici ses décorations, voici sa ceinture d'or, voici son épée...

RHETO, *à part.*

L'épée qui a brillé dans vingt batailles !

GALUCHET.

Et voilà sa tête. N'est-ce pas, l'ancien, que je dis la vérité?

(*L'homme qui porte la tête l'incline devant Galuchet. Rires et hurrahs.*)

GUYOT, *à Rheto.*

Ce galopin-là n'a pas les nerfs si sensibles que nous.

RHETO.

C'est horrible!

GUYOT.

Ne te fais pas remarquer.

GRIFFARD.

Citoyens, au nom des défenseurs de cette barricade, je demande que le jeune et héroïque Galuchet veuille bien donner l'accolade fraternelle à notre chef, le citoyen Rheto, dont vous connaissez tous le patriotisme et les talents.

GUYOT.

Bravo! vive Galuchet! vive Rheto! Tambour, un roulement. Portez armes! présentez armes!

GALUCHET, *regardant Rheto.*

Tiens! la bonne farce! c'est mon aristo de rédacteur en chef. Tu vas passer au second plan, blagueur ! (*Il descend de son fauteuil, et Rheto l'embrasse. Applaudissements.*)

GALUCHET.

Citoyens, pour finir la séance, je vous prierai de vouloir bien entendre un refrain patriotique et divertissant de mon honorable ami Barnabé Chenu, pour lequel je solliciterai vos suffrages aux prochaines élections. Ce n'est pas long, mais c'est du chenu. En avant, Barnabé !

BARNABÉ CHENU.

Citoyens, c'est sur l'air de Larifla. Excusez si ma voix est un peu fatiguée. (*Montrant son fusil.*) J'ai joué de la clarinette, et ça essouffle. Hum ! hum !

L'aimable Galuchet
Fait l'aimable projet
De s'régaler tantôt
De têtes d'aristos.
Larifla.

Riches et calotins,
Ignobles Malthusiens,
Cessez tous vos forfaits,
Ou gare Galuchet !
Larifla.

Galuchet et l'Vengeur
Vous f'ront, ô exploiteurs,
Passer, pour not' bonheur,
Un très-mauvais quart d'heure.
Larifla.

GUYOT.

Bravo ! bravo ! (*Bas à Rheto.*) Vite à l'Hôtel-de-Ville !

GRIFFARD, *bas à Furon.*

Nous n'avons plus rien à faire ici. Vite à la Banque !

VIII.

La Cour d'une maison pauvre.

ROBILLARD.

M'ame Grimblot, je viens vous donner une mauvaise nouvelle. Prenez ce malheur en citoyenne. Votre mari...

CATHERINE.

Dites.

ROBILLARD.

Il s'est couvert de gloire. Mais je ne crois pas

qu'il en revienne. Trois ou quatre blessures, sans compter une jambe cassée.

CATHERINE.

Menez-moi vers lui.

ROBILLARD.

On l'apporte. C'est le moment de montrer que vous êtes une femme courageuse et républicaine. Le voici. (*Entrent plusieurs ouvriers portant Grimblot sur une civière.*)

CATHERINE.

Ah! le malheureux!

GRIMBLOT.

Je n'ai pas de chance; mais je suis content, j'ai fait mon devoir. (*A ceux qui l'entourent.*) Retournez au feu, vous autres. (*Quelques-uns se retirent.*)

CATHERINE. *Elle regarde les blessures de son mari.*

Dans quel état te voilà! Combien tu dois souffrir!

GRIMBLOT.

J'en ai tué plus de dix. Je mourrai content.

CATHERINE.

Et ta femme, tes enfants, qui les nourrira?

GRIMBLOT.

Je leur laisse la patrie et la liberté.

CATHERINE.

Et pas de pain !

GRIMBLOT.

Ils vivront de mon sang et de ma gloire. J'ai tué dix aristos.

CATHERINE.

Tes enfants ne les mangeront pas.

GRIMBLOT.

Le socialisme va faire régner partout l'abondance. Mes enfants seront plus heureux que moi.

CATHERINE.

Il y a longtemps qu'on nous fait de belles promesses. L'abondance est encore à venir, et toi tu t'en vas. Tu ne nous laisseras que la misère.

GRIMBLOT.

Alors, que mes enfants se souviennent de moi, et qu'ils suivent mon exemple. Robillard, tu es mon ami ! Veille à ce que mes enfants soient socialistes. Que l'aîné meure pour affranchir ses frères ; que le second meure après l'aîné ; qu'ils donnent tous leur vie comme j'ai donné la mienne pour délivrer le monde de l'oppression du travail et de la pauvreté. La mort vaut mieux que l'esclavage.

A bas les maîtres! à bas les riches! à bas la pauvreté! Je n'en veux plus!

CATHERINE.

Calme-toi, mon ami.

GRIMBLOT.

Je suis content. J'en ai abattu dix. Un, deux, trois ;.... il y en avait dix, je les ai comptés. Plusieurs m'étaient connus... Ah, ah! ceux-là ne seront plus si fiers! Ils ne passeront plus près de moi sans me saluer. Ils n'humilieront plus le peuple. Ils ont bu ma sueur, j'ai bu leur sang... je l'ai bu, je l'ai bu.

ROBILLARD.

Tais-toi donc, tu te fais mal.

GRIMBLOT.

A mort! à mort! Vive la soc...! Liberté, égalité, fr....

ROBILLARD.

Il va passer. Ça sera un crâne patriote de moins.

CATHERINE.

Me voilà veuve avec quatre enfants, et pas de pain à la maison!

ROBILLARD.

Catherine, vous nous faites injure; nous aurons soin de vos petits.

BAISEMAIN.

Citoyenne, votre mari a été mon compagnon d'armes, vous ne serez pas abandonnée. J'ouvrirai une souscription pour vous et vos enfants dans mon journal, *la Lanterne sociale.*

CATHERINE.

Je vous connais. Vous demeurez ici avec une femme... Moi, je suis mariée, entendez-vous? Gardez vos charités, j'en aime mieux d'autres. Votre journal est la cause de mon malheur. Nous étions heureux; mon mari aimait l'ouvrage, il faisait de bonnes journées, et nous élevions nos enfants sans avoir besoin de personne. Votre journal l'a rendu fou. C'est ce qui l'a poussé aux barricades... où vous n'étiez pas.

BAISEMAIN.

J'ai été blessé comme votre mari.

CATHERINE.

Vous! Il a reçu des coups de sabre; vous n'avez reçu que des giffles.

BAISEMAIN.

Mais, citoyenne...

CATHERINE, *avec colère.*

Allez-vous-en. (*Baisemain s'esquive.*)

GRIMBLOT.

Vive la soc... oc... oc...

ROBILLARD.

Il passe.

CATHERINE.

Mon pauvre mari! mon pauvre mari! Mes pauvres enfants!...

IX.

Le Logis de Baisemain.

TÉRÉBENTHINE.

Tu devrais être à l'Hôtel-de-Ville, et pas ici.

BAISEMAIN.

Un moment! Il faut d'abord voir ce que tout ceci deviendra. L'affaire est chaude.

TÉRÉBENTHINE.

Va-t'en au moins dans la rue. Si tu ne te montres pas, ce sera comme la dernière fois, tu n'auras rien.

BAISEMAIN.

Si je me montrais trop tôt, je pourrais bien attraper quelques années de ponton.

TÉRÉBENTHINE.

Eh bien! est-ce que les amnisties sont faites pour les chiens? Tu as toujours peur.

BAISEMAIN.

Et toi, tu as toujours envie que je me casse le cou. Si je t'avais écoutée, je serais en prison depuis longtemps.

TÉRÉBENTHINE.

Si tu m'avais écoutée, tu serais des premiers dans le parti, au lieu de n'être qu'un barbouilleur et un blagueur secondaire. Ça nous avance bien, ça nous rapporte beaucoup ce que tu dis dans les clubs; tandis qu'il y en a qui n'ont pas ton talent, et qui gagnent vingt-cinq francs par jour pour se lever et s'asseoir. Imbécile, va! n'avoir pas su seulement se faire nommer représentant!

BAISEMAIN.

Sois donc tranquille, ça viendra! Si mes amis

triomphent, ils ne m'oublieront pas ; ils ont besoin de moi.

TÉRÉBENTHINE.

En attendant, nous devons partout. Tâche au moins de monter une souscription. Le propriétaire réclame ses trois termes.

BAISEMAIN.

Il nous le payera.

TÉRÉBENTHINE.

Et ce matin, le charcutier nous a refusé crédit... J'ai bien envie de te planter là.

BAISEMAIN.

Qui t'en empêche ?

TÉRÉBENTHINE.

Ça te ferait trop plaisir.

BAISEMAIN.

Tu lis dans mon cœur.

TÉRÉBENTHINE.

Lâche ! après m'avoir séduite et déshonorée, tu m'insultes ! Tu n'as de courage que contre une faible femme.

BAISEMAIN.

Allons ! un peu de mélodrame. Évanouis-toi, vierge innocente et persécutée.

TÉRÉBENTHINE.

Ne m'échauffe pas les oreilles. (*Elle lui donne un soufflet.*) A la garde !

BAISEMAIN, *radouci.*

Sois donc raisonnable ; ne fais pas d'esclandre !

TÉRÉBENTHINE.

Méchant cabotin, crois-tu que je me laisserai opprimer ? (*Elle lui donne un coup de pied.*) Au secours !

BAISEMAIN.

Térébenthine, ma petite, calme-toi. Vas-tu te fâcher pour un mot ?

TÉRÉBENTHINE.

Tu appelles cela un mot ? (*Elle saisit une canne et court sur lui.*) A l'assassin ! à l'assassin !...

(*Coups de fusil, clameurs dans la rue. Térébenthine s'arrête.*)

BAISEMAIN.

Écoute... l'insurrection gagne ce quartier.

TÉRÉBENTHINE, *à la fenêtre.*

Je vois courir des soldats.

BAISEMAIN, *effaré.*

Ils viennent m'arrêter. Je suis perdu. Est-ce que le peuple ne résiste pas ?

TÉRÉBENTHINE.

Je ne puis pas bien voir. Il me semble qu'il n'y a pas de résistance.

BAISEMAIN.

Vite, mon habit de garde national.

TÉRÉBENTHINE.

Gagne plutôt les toits.

BAISEMAIN.

Oui! (*Il court à la porte.*) J'entends un bruit de fusils dans l'escalier... Je suis perdu!

TÉRÉBENTHINE.

Barricadons la porte. Tu pourras filer par le vasistas des lieux d'aisances. Ote ton habit... Prends mes ciseaux pour couper ta barbe.

VOIX DEHORS.

Ouvrez, au nom de la loi! (*Baisemain passe dans une pièce voisine. Térébenthine essaye de barricader la porte. Sa résistance est vaine; la porte est enfoncée. Chenu entre, suivi de plusieurs hommes armés.*)

TÉRÉBENTHINE.

Tiens! c'est Chenu. Eh! Théophile, c'est Chenu!

CHENU.

Victoire! victoire! victoire! (*Baisemain reparaît, la barbe à demi coupée.*)

TÉRÉBENTHINE.

Tu nous as fait une belle peur.

CHENU.

Je gage que vous nous avez pris pour des mouchards? La farce est bonne, pas vrai?

BAISEMAIN.

Nous triomphons?

CHENU.

C'est fini. Viens à l'Hôtel-de-Ville. Ledrolle est consul, et toi, Baisemain, tu es ministre. N'oublie pas les amis.

TÉRÉBENTHINE.

Ministre!

BAISEMAIN.

Qu'est-ce qu'il y a d'étonnant à cela?

TÉRÉBENTHINE, *à Chenu.*

Bien vrai?

CHENU.

Tous les hommes de son club veulent qu'il soit ministre; ça ne peut pas faire un pli.

TÉRÉBENTHINE.

Ah! mon petit Chenu, que je suis donc contente! (*Elle saute.*)

CHENU.

Dansons la Carmagnole! (*Ils se prennent par la main et dansent en rond. Entre le propriétaire.*)

LE PROPRIÉTAIRE.

Citoyen, contentez-vous de ne pas payer votre terme, et ne démolissez point ma maison.

TÉRÉBENTHINE.

Ta maison, vautour? Je la déclare propriété nationale.

CHENU.

Y a-t-il une lanterne à la porte de ta maison?

UN HOMME.

A l'eau le propriétaire, et au feu la maison!

BAISEMAIN.

Mes amis, soyons généreux. Le temps des exploiteurs du peuple est passé. Nous pouvons les laisser vivre, ce sera leur pénitence. S'ils renouvellent leurs attentats, il y aura des lois. (*Au propriétaire.*) Retirez-vous sans crainte, monsieur; au nom du peuple, je vous donne la vie.

TÉRÉBENTHINE, *au propriétaire.*

Allons, file vite, *monsieur*. Tu ne t'attendais pas à être si bien payé.

CHENU, *à Baisemain.*

A l'Hôtel-de-Ville ! (*A Térébenthine.*) Toi, citoyenne, fais tes paquets. Parole de Chenu, tu coucheras ce soir dans un ministère.

TÉRÉBENTHINE, *à Baisemain.*

Adieu, mon chou. (*Elle l'embrasse.*) Tiens ! tu n'as plus qu'une moustache. Attends que je la coupe... Te voilà donc dans une position digne de tes talents ! J'espère que tu feras parler de toi.

CHENU.

Nous l'espérons tous.

BAISEMAIN.

Oui, mes amis, on parlera de moi. Élu ministre par le peuple, je serai le ministre du peuple. Vous viendrez me donner vos conseils, ou plutôt vos ordres. Pénétré de votre esprit, fort de votre confiance, j'aplanirai tous les obstacles qui s'opposent à votre bonheur. Nous ferons triompher la justice, la liberté, l'égalité, la fraternité, ou nous périrons avec elles.

TOUS.

Vive Baisemain ! (*Ils sortent.*)

TÉRÉBENTHINE, *seule.*

Il est bien drôle sans moustache ! Je crains que ça ne nuise à l'effet de ses discours. Heureusement qu'il a une éloquence du premier numéro. Ah ! je vais donc habiter un ministère ! On dit que c'est si grand, avec des meubles tout en velours et en or ! De certaines chipies, que je connais, seront bonnes à observer lorsqu'elles me verront là ; elles qui se cambraient tant pour y avoir rendu visite aux princesses du provisoire. Je les inviterai à dîner, et je leur servirai une noce à les faire crever de jalousie... Ce qui me chiffonne, c'est que les journaux vont dire que je ne suis pas légitime. Ah bah ! s'ils me vexent, je les ferai supprimer, ou je dirai à mon mari de m'épouser. Voilà !

X.

Une Rue.

Démophile et Protagoras, déguisés et portant cocarde rouge, marchent l'un vers l'autre avec précaution, sans se voir.

DÉMOPHILE.

Cet emplâtre sur l'œil me déguise, mais il m'aveugle. Je ne sais plus où je suis.

PROTAGORAS.

Sans lunettes, je me crois méconnaissable. Par malheur, je ne distingue rien à dix pas.

DÉMOPHILE.

Le moindre bruit m'épouvante, et je tremble encore si je n'entends aucun bruit. Les orages de la tribune ne sont rien, comparés à ce silence de la ville terrifiée.

PROTAGORAS.

Qu'est-ce que le talent? Qu'est-ce que le génie? Qu'est-ce que l'homme? J'ai pu délivrer la conscience de l'oppression de Dieu; mais si un goujat voulait prendre ma bourse et ma vie, qui me délivrerait du goujat? Les jésuites ne laisseraient pas d'avoir quelques bons arguments à me pousser en ce moment-ci.

DÉMOPHILE.

Je suis tellement ému, que je vois marcher les bornes... Vingt fois en un quart d'heure j'ai cru reconnaître le pas des patrouilles, et mon sang s'est figé. Ces secousses me tueront. Je me croyais plus hardi; mais je n'ai que le courage civil, décidément.

PROTAGORAS.

J'avoue que je crève de peur. Il y a décidément des circonstances où la brute l'emporte. A ma place, un sous-lieutenant serait tranquille.

DÉMOPHILE.

Je ne puis pas cependant rester ici. Marchons.

PROTAGORAS.

J'aperçois une assez mauvaise figure.

DÉMOPHILE.

Cette fois je ne me trompe pas, voici un socialiste.

PROTAGORAS.

Faisons contenance.

DÉMOPHILE.

De l'audace, de l'audace, de l'audace!

PROTAGORAS.

Citoyen, vive la république, sacrebleu!

DÉMOPHILE.

Démocratique et sociale, tonnerre!

PROTAGORAS.

Cette voix est civilisée et même oratoire; je la connais. — A bas les aristos!

DÉMOPHILE.

J'ai entendu ce bourgeois quelque part. — A la lanterne les aristos!

PROTAGORAS.

Plus de doute, c'est Démophile.

DÉMOPHILE.

Ah! mon pauvre Protagoras, est-ce vous que je vois? Vous êtes donc proscrit?

PROTAGORAS.

Je le suppose : et vous?

DÉMOPHILE.

Je dois l'être.

PROTAGORAS.

Démophile persécuté, lui qui a renversé deux dynasties!

DÉMOPHILE.

Protagoras forcé de s'expatrier, lui qui a tant servi la liberté !

PROTAGORAS.

Peuple ingrat !

DÉMOPHILE.

Peuple imbécile!

PROTAGORAS.

Où allons-nous? où allons-nous?

DÉMOPHILE.

Je vais tâcher de gagner l'Amérique. J'ai payé ma dette à la patrie ; j'ai fait ce que j'ai pu pour la sauver. Il ne me reste qu'à lui épargner un crime, et je m'enfuis. Si elle a besoin de moi, elle me rappellera. Entre nous, je la crois perdue. Les passions sont trop déchaînées.

PROTAGORAS.

J'espère encore. Parmi les chefs du mouvement, il y a beaucoup de mes anciens élèves. Je veux me tenir à portée de leur donner des conseils. Je vais me cacher dans quelque coin, mais prêt à reparaître. Je prévois une réaction qui sera pire que le mal.

DÉMOPHILE.

Pire que le mal actuel?

PROTAGORAS.

Oui, certainement.

DÉMOPHILE.

Que diable pouvez-vous imaginer de pire?

PROTAGORAS.

Vous êtes un habile politique et un grand orateur, mon cher Démophile; mais vous n'avez pas fait assez de philosophie. Ce qui se passe est fâcheux pour nous, qui le voyons. Néanmoins, à travers ces incidents difficiles, un fait magnifique et consolant se développe : le christianisme succombe, et le monde enfante la raison.

DÉMOPHILE.

Vous appelez cela la raison?

PROTAGORAS.

Sans doute. La raison pure, libre, souveraine, divine, telle enfin que l'Allemagne la comprend. Divine, elle sera créatrice; elle délivrera le genre humain, devenu viril, des langes où il a vécu jusqu'ici; elle formera un ordre social plein de délices et de liberté. Sous sa main puissante, la terre transformée redeviendra l'Éden.

DÉMOPHILE.

L'esprit de contradiction vous emporte. Que me dites-vous ?

PROTAGORAS.

Oui, la raison fera ce miracle ; et si elle ne le faisait pas, que voudriez-vous qu'elle fît ? Homme et dieu tout ensemble, la raison réalisera ces enchantements que l'humanité prend pour des souvenirs ou pour des rêves, et qui sont tout simplement le pressentiment de sa gloire et de son bonheur.

DÉMOPHILE.

Est-il possible, mon cher ami, dans les circonstances où nous sommes, que vous débitiez de pareilles balivernes ?

PROTAGORAS.

Vous m'étonnez ! Vous n'avez donc rien compris à ce qui se fait depuis cent ans, à ce que j'ai fait devant vous, à ce que vous avez fait vous-même ? Vous appelez balivernes la philosophie du siècle, enseignée par nous avec toute sorte d'applaudissements, et dont toute la génération actuelle est pénétrée ! Cette admirable philosophie a été le mobile du travail politique des derniers règnes ; c'est dans son esprit, pour sa défense, pour son triomphe, que vous notamment, Démophile, vous avez jeté bas deux dynasties.

DÉMOPHILE.

Vous vous moquez.

PROTAGORAS.

Je me moque? Je m'assure, mon bon ami, que vous n'en croyez rien. Tout peu façonné que vous êtes au travail de la pensée, un si grand orateur, et qui m'a renversé du ministère, ne peut avoir absolument ignoré ce qu'il voulait et où il allait. A quoi bon, s'il vous plaît, tant d'admirables discours contre les restes de lois, de mœurs, de disciplines, d'institutions qui demeuraient encore, vestiges derniers du réseau de fer que la vieille Église avait jetés sur la raison? Dites-moi, je vous prie, pourquoi cette extension de toute liberté de parler, d'écrire, d'agir, toujours destinée à saper, à pulvériser et le préjugé théocratique et la racine même du préjugé? Évidemment votre génie vous menait, par des illuminations soudaines, à ce même point où nous autres gens d'école n'arrivions qu'à petits pas et à grands efforts. Vous étiez convaincu que l'instinct du goujat honorait plus l'humanité et la servait mieux que la fausse morale et l'étroite vertu du prêtre.

DÉMOPHILE.

Moi?

PROTAGORAS.

Sans doute, vous! Faut-il que je vous récite tant de beaux passages sur le droit évident et l'évidente nécessité de discuter tout, d'attaquer tout, de renverser tout? N'êtes-vous pas d'avis que l'espèce humaine, du moment qu'elle écrit dans un journal, ou parle dans un barreau, ou pérore sur une place publique, est parfaite? N'avez-vous pas soutenu qu'elle ne s'égare que dans la chaire sacerdotale, et que lui imposer silence partout ailleurs que là est un crime, le crime affreux qui justifie les révolutions?

DÉMOPHILE.

Sans doute; mais....

PROTAGORAS.

Mais quoi! mon illustre ami, en dépit de toutes les objections, n'avez-vous pas rendu plus que personne à la philosophie l'éminent service de mettre l'enseignement dans ses mains? Vous jugiez donc que la philosophie avait raison de vouloir ce qu'elle voulait ; et ce qu'elle voulait, ce que portaient ses flancs gros d'un monde, vous le saviez, car certes elle n'en faisait pas mystère. Laissez-moi vous rappeler, dans cette heure d'abattement, que votre zèle surpassait le mien. Il était certes éloquent et impétueux. J'essayais à contenir le mouvement, vous le précipitiez d'une ardeur invincible ; je fus vaincu. Je restai sur le carreau, meurtri et plein d'admiration.

DÉMOPHILE.

Vous prenez mal votre temps pour me persifler.

PROTAGORAS.

Je ne persifle point. Je suis fort sérieux, et je le ferai voir. Il est vrai qu'étant de nature et de profession pacifiques, je me serais accommodé de ne point assister aux couches de la philosophie. J'aurais aimé, comme Voltaire, à caresser de mon lit de mort le berceau tout préparé de mon enfant, sans risquer d'entendre les cris de la mère et les vagissements du nouveau-né ; mais puisqu'enfin il est venu, ce cher enfant, je dois veiller à ce qu'on ne l'étouffe point. Il aura des écarts de jeunesse qui indisposeront le public, et qui déplairont même, je le prévois ; à plus d'un parent. Une réaction jésuitique est à craindre. On croira que l'ancienne morale avait du bon. Les théocrates reprendront la parole ; ils abuseront de quelques cas malheureux, de quelques misères, pour relever des dogmes que la raison redoute et proscrit. Voilà les ennemis et les doctrines qu'il faut combattre. Mon cher ami, faites comme moi, cachons-nous ; mais n'allons pas trop loin. Restons là pour sauver notre œuvre. Quand les premières folies seront faites, alors nous reparaîtrons. Nous laisserons par terre le théocratique, et nous assurerons l'empire de la raison en l'instruisant à se modérer.

DÉMOPHILE.

Ne comptez pas sur moi ; je ne suis plus des vôtres.

PROTAGORAS.

Impossible, mon cher ! A moins de devenir catholique, apostolique et romain, et de suivre désormais Valentin de Lavaur, vous êtes avec nous.

DÉMOPHILE.

J'irais jusque-là, plutôt que d'honorer le débordement d'infamies que vous appelez la raison. J'ai pu être un sot ; je l'ai été, s'il est vrai que j'aie favorisé le triomphe de vos doctrines. C'est la faute du temps où je suis né, c'est la faute de mon esprit; ce n'est pas la faute de mon cœur. Je ne suis pas méchant et je ne suis pas stupide.

PROTAGORAS.

De sorte qu'à votre avis je suis l'un ou l'autre ?

DÉMOPHILE.

Vous vous êtes trompé comme nous, plus que nous.

PROTAGORAS.

Je ne me suis point trompé.

DÉMOPHILE.

Mon cher ami, ne vous obstinez point dans une erreur dont vous voyez maintenant les conséquences horribles. Reconnaissez que nous avons été trop loin, beaucoup trop loin. Nous avons miné la base même de l'édifice. En chassant le prêtre, nous avons chassé le gendarme, et descellé nous-mêmes les verrous qui nous défendaient des voleurs. Sans profit pour personne, nous avons plongé la patrie dans un abîme de maux.

PROTAGORAS.

Homme de peu de foi ! ne voyez pas la patrie, voyez l'humanité; ne songez pas à vous et au présent, songez à l'avenir.

DÉMOPHILE.

Allez vous promener! Dans le présent, dans l'avenir, je ne vois que des ruines, des meurtres, et un peuple sans frein, noyant la civilisation dans un bourbier de fange et de sang.

PROTAGORAS.

Taisez-vous donc ! Je rougirais pour vous, si l'on pouvait nous entendre. Les jésuites ne parleraient pas autrement. Voulez-vous prendre leur place ? Entre l'Église et moi, pas de milieu.

DÉMOPHILE.

Eh bien ! dût mon nom être couvert d'une réprobation éternelle, je le dirai ! Oui, la main sur la conscience, s'il fallait choisir entre l'Église et vous, s'il fallait condamner l'humanité aux conséquences de la doctrine théocratique ou aux conséquences de la vôtre...

PROTAGORAS.

Eh bien !

DÉMOPHILE.

Eh bien ! je n'hésiterais pas, et je dirais : Replongeons-nous dans la nuit du moyen âge ! Mais nous n'en sommes point là. J'ai foi aux lumières de mon temps et à la sagesse de mon pays. La civilisation suivra sa glorieuse route entre les écueils contraires où d'aveugles passions l'attirent. Elle échappera aux fanatiques du progrès comme à ceux de la résistance. Voilà ma foi.

PROTAGORAS.

Nous ne sommes plus à la tribune : il faut parler raison. Sur quoi repose votre foi?

DÉMOPHILE.

Le pays a le sentiment de la justice.

PROTAGORAS.

Qu'est-ce que c'est que le sentiment de la justice?

DÉMOPHILE.

Si vous ne le savez pas, je le sais.

PROTAGORAS.

Voilà une réponse comme vous en avez fait beaucoup dans votre éblouissante carrière, et qui ne me paraît point concluante. Je vous dirai, moi, que le sentiment de la justice est celui pour lequel vous avez si longtemps combattu, qui ne veut point que la raison d'un homme soit soumise à celle d'un autre homme, ni qu'on vienne, au nom du ciel ou d'une prétendue nécessité sociale, condamner en nous des penchants naturels, sacrés, qu'enflamme la société même, dans l'intérêt de qui on voudrait les éteindre. Éveillé, fortifié, exalté par la philosophie, ce sentiment de la justice triomphe présentement, après des efforts séculaires. Il est destiné à de terribles attaques et à de lamentables trahisons : je le défendrai. J'ai vécu pour lui, je mourrai pour lui.

DÉMOPHILE.

Allons donc! s'il suffisait de ma volonté pour déporter en Océanie tous les apôtres de ce beau sentiment de la justice, on vous verrait le premier à me solliciter de le faire.

PROTAGORAS.

Peut-être bien ;... mais ce ne serait pas philosophique. Conservons, je vous en prie, les principes, mon illustre ami, et ne commettons pas le crime des théocrates, qui n'ont fait autre chose que brider le sentiment de la justice et de la liberté.

DÉMOPHILE.

O sophistes, peste des États, voilà comment vous perdez les peuples! Ce prétendu sentiment de la justice est à mes yeux si faux, si funeste, si fécond en iniquités monstrueuses, que je fais vœu de le combattre durant ce qui me reste de vie. La mort même....

(*On entend un coup de fusil. Démophile et Protagoras s'enfuient.*)

XI.

PHÉBUS. (*Il vient à la rencontre de Protagoras et l'arrête.*)

Ne vous engagez pas dans ces rues, la lave les inonde.

DÉMOPHILE, *revenant sur ses pas.*

La foule par là est considérable et très-animée. Nous sommes bloqués.

PHÉBUS.

Ne craignez rien, je suis avec vous. Si le peuple déborde jusqu'ici, je me ferai connaître, et je le calmerai.

PROTAGORAS.

Merci ; mais...

PHÉBUS.

Quoi ?

PROTAGORAS.

Franchement, je ne m'y fie pas.

PHÉBUS.

Ne craignez rien, vous dis-je. J'ai vu la foule plus terrible, et je l'ai domptée.

DÉMOPHILE.

Ne l'attendons point cependant, s'il est possible.

PHÉBUS.

Vous aussi, Démophile, vous doutez du pouvoir de la parole?

DÉMOPHILE.

Très-fort, même de la vôtre. Le monstre ne veut plus de nos gâteaux, il a flairé la chair et le sang. Ah! Phébus, Phébus! qu'avons-nous fait?

PHÉBUS.

Nous avons fait une belle page d'histoire, et nous pouvons la faire plus belle encore. Que la même voix qui a dit à la révolution, Va! lui dise : Tu n'iras pas plus loin!

DÉMOPHILE.

Vous vous flattez d'arrêter la révolution?

PHÉBUS.

Il n'y a pas à se flatter d'une chose si simple. Je monterai sur cette borne, et je la donnerai pour digue au torrent.

DÉMOPHILE.

Le fat!

PROTAGORAS.

Vous ne rendrez à l'humanité ni ce bon ni ce mauvais office.

DÉMOPHILE.

A l'autre! Mais celui-ci, du moins, n'a pas mis le feu au monde uniquement pour s'amuser.

PHÉBUS.

L'humanité! Vous me faites rire avec vos grands mots, mon cher philosophe. Il n'y a pas d'humanité. Il y a quelques hommes, fort peu, qui viennent à longs intervalles agiter les multitudes, afin de se donner à eux-mêmes le beau spectacle de leur puissance, et à ce qu'on appelle le genre humain de quoi s'occuper et admirer. Ainsi Moïse, ainsi Jésus-Christ, ainsi Mahomet, ainsi Luther, ainsi Robespierre...

PROTAGORAS.

Et vous, n'est-ce pas?

PHÉBUS.

Et peut-être moi. Je crois qu'en effet je laisserai dans le monde quelques souvenirs et quelques idées...

PROTAGORAS.

Des souvenirs, c'est possible; des idées, je ne vous en connais pas.

PHÉBUS, *souriant.*

O jalousie! Mes idées, mon cher, sont les vôtres. Vous ne les avez pas inventées, mais dégrossies. Je leur ai donné d'abord les ailes de la poésie pour s'emparer de la terre, et ensuite, à mon commandement, elles sont devenues des faits. Maintenant, ce que j'ai déchaîné, vous me verrez le contenir. Ce soir, ou demain, ou dans quinze jours, je serai dictateur, et je serrerai les freins de cette locomotive infernale qui parcourt en quelques mois le chemin des siècles.

(*La foule remplit la rue et pousse des cris.*)

DÉMOPHILE.

Mettez-vous donc à l'œuvre.

PROTAGORAS.

Séparons-nous. Nous formons un groupe qu'on pourrait trouver suspect.

(*Démophile et Protagoras s'éloignent. Phébus monte sur une borne, et se met en devoir de haranguer.*)

UN HOMME DU PEUPLE.

Qu'est-ce qu'il veut celui-là?

PHÉBUS.

Mes amis...

AUTRE HOMME DU PEUPLE.

Tiens, c'est Phébus!... Veux-tu te cacher!

VOIX DANS LA FOULE.

A bas le réactionnaire! C'est un aristocrate! Faisons justice! (*On le fait descendre; il est hué et un peu battu.*)

UN ÉTUDIANT.

Citoyens, soyons généreux. Il nous a trahis, mais il nous avait rendu des services. Que ses services et ses talents le protégent, et qu'il s'en aille en paix chanter l'amour!

VOIX DANS LA FOULE.

Il mérite une punition.

L'ÉTUDIANT.

C'est un vieillard. Pardonnons en lui les faiblesses de l'âge et les écarts du génie. (*Bas à Phébus.*) Monsieur, je vous demande bien pardon; mais c'est pour vous sauver. (*Haut.*) Va, le peuple te pardonne! Ta carrière politique est finie, fais-toi oublier. (*Il le pousse par les épaules assez impoliment. Rires et huées.*)

PHÉBUS.

Ils m'étonnent... Mon heure n'est pas encore revenue.

XII.

Le Salon de Denis Dupuis.

JEAN DUPUIS.

Mais comment ça s'est-il fait?

DENIS DUPUIS.

Eh! mon Dieu, comme toujours. La garde nationale s'est divisée : les uns n'ont pas obéi au rappel, les autres ne se sont pas entendus. Ils ont fini par se laisser entourer et désarmer. La troupe, travaillée de longue main, a manqué d'énergie et de discipline. On dit que plusieurs officiers ont été tués par leurs propres soldats. Des compagnies entières ont tourné. Enfin, il n'y a plus de gouvernement, et la révolte triomphe partout. Des atrocités ont déjà été commises.

MADAME DUPUIS.

Sauvons-nous! je vous en prie, messieurs, sauvons-nous!

DENIS DUPUIS.

Les barrières sont fermées. Et d'ailleurs où aller?

EULALIE.

Ma mère, prenez courage, et prions Dieu.

MADAME DUPUIS.

Oui, mon enfant. Ah! que j'ai peur! Et ton mari qui ne rentre pas! que tu dois être malheureuse!

EULALIE.

J'ai mis Valentin sous la protection de la sainte Vierge. Je prie et j'espère.

JEAN DUPUIS.

Ma chère nièce, je t'admire de conserver une confiance si peu justifiée, car...

EULALIE.

Permettez, mon bon oncle; le moment n'est pas opportun pour continuer nos controverses. Espérez que les sergents de ville et les soldats sauveront tout, et ne me donnez pas le chagrin de vous entendre nier Dieu, quand sa main s'abaisse sur vous aussi bien que sur moi.

JEAN DUPUIS.

Il est vrai que je suis probablement ruiné cette fois, comme tout le monde. Je doute que les affaires reprennent de sitôt. Dans quel état sera la Bourse demain !

DENIS DUPUIS.

Je compte sur 50 francs de baisse.

M. DELORME.

Quel malheur !

JEAN DUPUIS.

Oui ; et il y a deux jours le cinq touchait au pair. J'avais même acheté.

M. DELORME.

Vous aviez acheté ? Quel malheur !

JEAN DUPUIS.

Et les chemins de fer, et les canaux, et les usines, et tout ! Il n'y aura pas moyen de réaliser un centime.

M. DELORME.

Pas moyen !

DENIS DUPUIS.

Ce sera une crise terrible.

M. DELORME.

Terrible !

JEAN DUPUIS.

Cependant je ne crois pas que la partie soit perdue. Après tout, il n'est pas possible que la grande et belle civilisation française succombe aux assauts que lui livrent quelques sauvages ignorants. Ces hommes-là seront captivés et vaincus par les lumières de la vérité. Évitons qu'une résistance trop prompte ne les irrite. Dès qu'ils seront aux affaires, ils s'arrêteront d'eux-mêmes devant la merveilleuse organisation qu'ils veulent détruire. Ouvrons-leur les bras, laissons-leur les places, nous les rendrons conservateurs. (*Clameurs et coups de fusil dans la rue.*) Qu'est-ce?

MADAME DUPUIS.

Ah! mon Dieu! vite des bougies, des chandelles! on fait illuminer.

JEAN DUPUIS, *regardant.*

On arbore le drapeau rouge. Il en faut mettre un ici.

DENIS DUPUIS.

Quelle humiliation!

JEAN DUPUIS.

Il s'agit bien de cela! Hurlons avec les loups, jusqu'à ce que nous puissions lâcher les chiens.

L'humiliation serait d'être dévoré par ces brutes. Eulalie, prépare-nous des chiffons rouges.

EULALIE.

Sainte Vierge, sainte Vierge, sauvez mon mari !

MADAME DUPUIS.

Des lumières partout ! Le peuple s'avance avec des fusils et des torches.

JEAN DUPUIS.

N'ayez donc pas peur. Demain, la tranquillité sera rétablie, et, dans huit jours, tous ces casseurs de vitres seront sergents de ville. Là... vous voyez bien qu'ils passent. (*Entre Fritz.*)

DENIS DUPUIS.

Qu'y a-t-il ?

FRITZ.

Ah ! monsieur ! M. Valentin...

TOUS.

Eh bien ?

FRITZ.

Il va se faire massacrer.

EULALIE.

Grand Dieu ! Où est-il ? J'y cours.

FRITZ.

Madame, je ne sais pas ce qu'il est devenu. Le peuple voulait démolir l'église....

EULALIE.

Et Valentin était là ?

FRITZ.

Oui, tout seul contre cette foule. Il tenait une hache arrachée à l'un des insurgés, et, debout sur le seuil, décidé à mourir, il les faisait reculer. On lui a tiré vingt coups de fusil sans l'atteindre. Les insurgés admiraient son courage. Plusieurs lui disaient : « Retirez-vous, on ne vous fera point de mal ; » mais il ne répondait qu'en criant à ceux qui avaient du cœur de se joindre à lui. Il restait seul.

EULALIE.

Oh ! mon cher Valentin !

JEAN DUPUIS, *bas.*

Quel fou !

FRITZ.

Enfin, ils lui ont jeté une corde et l'ont fait tomber. Alors, tandis que les uns se précipitaient dans l'église, les autres se sont emparés de lui et l'ont emmené. Je n'ai pu en voir davantage, je me suis enfui. (*Entre Valentin.*)

XIII.

EULALIE.

Valentin ! c'est toi ? Que Dieu soit béni !

MADAME DUPUIS.

Mon fils, n'êtes-vous point blessé ?

JEAN DUPUIS.

Eh bien ! où en est-on ?

M. DELORME.

Ah ! monsieur de Lavaur, quel malheur !

DENIS DUPUIS.

Comme il est pâle !

EULALIE.

Valentin, tu nous apportes quelque nouvelle terrible !

VALENTIN, *à Eulalie.*

Es-tu soumise à la volonté de Dieu ?

EULALIE.

Oui, parle.

VALENTIN.

Sais-tu qu'il faut baiser sa main lorsqu'elle nous frappe, lorsqu'elle anéantit tout le bonheur que nous possédions, tout celui que nous avions rêvé ;

lorsqu'elle nous dépouille et lorsqu'elle écrase nos cœurs ?

EULALIE.

Je le sais, je le crois ; tu peux tout dire.

VALENTIN.

Mon Dieu ! si j'ai formé un juste dessein, secourez-moi !

EULALIE.

Ah ! ce que tu crains de m'apprendre, je l'ai prévu. Tu veux aller combattre jusqu'à la victoire ou jusqu'à la mort, et tu viens me dire adieu ! Eh bien ! tu connais ton devoir, tu l'as médité longtemps : je ne te détournerai pas de le remplir. Je ne pleurerai point, je ne t'arrêterai point, je ne t'embarrasserai point. Moi, je puis t'aimer plus que tout au monde ; toi, tu dois m'aimer moins que ta patrie. (*Elle se jette à son cou.*) Adieu ! Ta sainte mère m'a choisie et m'a donnée à toi dans ces jours de deuil pour être digne de ton cœur et du sien. Je resterai près d'elle, je la servirai, je l'aimerai. Je te promets, tant que tu vivras, de ne point mourir de douleur.

VALENTIN.

N'attends plus tes consolations que du ciel. C'est

là maintenant que ma mère prie pour toi et te bénit.

EULALIE.

Elle est morte ?

VALENTIN.

Morte assassinée, près de mon père assassiné, dans sa maison pillée et détruite par le feu !

MADAME DUPUIS.

Ah ! mon Dieu !

DENIS DUPUIS.

Pauvre Valentin !

JEAN DUPUIS.

C'est impossible !

VALENTIN.

Je n'ai pu retrouver leurs corps. Il ne me restera pas même un tombeau.

JEAN DUPUIS.

La ville est donc au pillage ?

FRITZ.

A peu près. Il y a en ce moment vingt incendies.

M. DELORME.

Quel malheur !

JEAN DUPUIS.

Adieu. —

DENIS DUPUIS.

Où vas-tu, mon frère ?

JEAN DUPUIS.

Je vais mourir sur les ruines de ma propriété.

DENIS DUPUIS.

Mais...

JEAN DUPUIS.

Ne me retiens pas. (*Il repousse son frère et sort.*)

M. DELORME.

Monsieur Dupuis, monsieur Dupuis, n'oubliez pas de prendre du ruban rouge ! (*Il sort.*)

XIV.

VALENTIN.

Eulalie, dans ces tristes moments dont tu te souviens, quand nous cherchions d'avance à élever nos cœurs au-dessus des périls que je prévoyais, je n'ai rien imaginé d'épouvantable et d'affreux que l'événement ne dépasse déjà. Tout s'écroule, la société succombe ; elle est pleinement au pouvoir des scélérats et des fous. Il n'y a plus de pouvoir, plus de lois, plus de force, plus de raison qui se fasse écouter ; mais quand le monde entier courberait la tête honteusement sous l'empire de ces monstres, moi je ne la courberai pas. Ils pourraient m'offrir la paix quelque part dans un asile respecté de leurs fureurs, la paix et toi, et vous tous ; ils me rendraient mon père et ma mère, que je n'accepterais pas. Tout ce qu'ils veulent détruire, je le veux conserver; tout ce qu'ils veulent abattre, je le veux maintenir; tout ce qu'ils nient, je le crois ; et tout ce qu'ils blasphèment, je l'adore. Je ne renfermerai point ma foi dans le secret de mon âme ; je la confesserai hautement devant la multitude des impies, des furieux et des lâches. Mon devoir est de combattre et de mourir pour la religion, pour la famille, pour le pouvoir. Je ne laisserai point ce malheureux pays s'endormir et s'abrutir sous le joug d'une stupide et infâme terreur. Notre seule espérance est maintenant dans la guerre civile; je vais voir si ce dernier effort est possible, et s'il reste quelque forêt, quelque rocher où je puisse, comme Pélage, emporter l'âme de la patrie. L'âme de la patrie, c'est la loi de Jésus. Ceux qui la nient et la veulent éteindre ne sont pas mes concitoyens ; je ne les connais plus. Le fer à la main, ils viennent m'imposer des lois pires que l'esclavage et la mort. Le fer à la main, je revendique contre eux ma liberté, mes autels, et le sol sacré où dorment vingt générations de mes pères.

DENIS DUPUIS.

Mon fils, j'honore votre courage, et, sans y mettre autant d'énergie, je pense comme vous; mais est-il temps de prendre un si grand parti, et ne voulez-vous point voir ce que ceci deviendra?

VALENTIN.

Dieu veuille qu'il ne soit pas trop tard! Nous sommes complétement envahis. Je ne doute pas que la sédition qui triomphe ici aujourd'hui ne triomphe en même temps presque sur tous les points du territoire.

DENIS DUPUIS.

Ainsi, vous voulez nous abandonner?

VALENTIN.

Je n'ai nul autre moyen de vous défendre. Si je reste, je serai certainement arrêté cette nuit.

EULALIE.

Hâte-toi de partir.

VALENTIN.

Chère amie, ce n'est pas la permission de fuir

que je demande; c'est celle de combattre. Un lien me retient; toi seule le peux briser. Je n'ai plus de père, et Dieu dans sa miséricorde, contre laquelle nous avons failli murmurer, nous a pris notre seul enfant. Il faut à présent que je puisse me considérer comme n'ayant plus d'épouse. Donne-moi cette liberté que les femmes fortes du moyen âge donnaient à leurs maris lorsqu'ils avaient pris la croix; car, si tu peux y consentir, je prends la croix aujourd'hui pour toujours. Je la prends pour la défaite et pour la victoire, afin de rester, quoi qu'il arrive, un soldat de Dieu, et que ma main, si elle laisse tomber l'épée, puisse encore porter l'Évangile. Que ferons-nous si nous ne répandons que la mort? Il faut pouvoir répandre aussi le pardon.

EULALIE.

Va, tu n'appartiens plus qu'à Dieu. Il avait lui-même formé nos liens: qu'ils soient rompus pour lui. (*Elle retire de sa main l'anneau nuptial, et le donne à Valentin.*) La chaîne sainte qui nous unissait n'attache plus désormais que nos âmes.

VALENTIN.

Elle subsistera durant l'éternité. Donne-moi ta main, ma sœur; reçois ce dernier baiser et cette dernière étreinte. Dieu, qui nous avait unis et qui nous sépare, nous réunira de nouveau. Nous ne sommes plus une seule chair, mais nous n'aurons jamais qu'un cœur. Grand Dieu, vous connaissez notre amour, et vous voyez le sacrifice que nous vous faisons! Je me voue avec elle et je la voue avec moi pour vous servir jusqu'à la mort dans la pauvreté, dans la chasteté et dans la souffrance.

EULALIE.

Dieu accepte l'offrande et m'en donne le prix. Ne crains plus rien pour moi. Mon âme peut à présent braver toutes les terreurs, et je regarde la mort comme un passage que j'ai déjà franchi.

VALENTIN.

Quitte ce vêtement, prends celui des pauvres veuves; couvre ton père et ta mère des habits que nous tenions en réserve pour les indigents. Pendant quelques jours encore, la pauvreté sera une sauvegarde. Je vais moi-même m'habiller en ouvrier, et je vous conduirai chez des chrétiens qui ne vous trahiront pas. (*A Denis Dupuis.*) Mon père, vous avez été quelquefois importuné du grand nombre de pauvres qui venaient ici. Plusieurs accourront sans doute prochainement pour piller ; mais il en est dans le nombre qui vous sauveront la vie.

DENIS DUPUIS.

Je suis atterré.

MADAME DUPUIS.

Ne perdons pas de temps.

(*Ils sortent par une porte du fond.*)

FRITZ.

Monsieur, deux hommes du peuple, détachés d'une foule considérable qui est dans la rue, vous ont demandé et montent ici. Ils sont armés.

VALENTIN.

Ouvrez-leur la porte, et, pendant que je les occuperai, tâchez de faire évader ma femme et ses parents. Si vous les sauvez, vous me sauverez plus que la vie.

FRITZ.

Monsieur, vous m'avez traité en ami plus qu'en serviteur ; s'il le faut, je mourrai pour vous. Je déteste les excès que je vois commettre. Cependant sachez que j'aime la liberté et l'égalité, et que je suis de cœur avec mes frères. Vive la république !

VALENTIN.

C'est bien. Vos frères ne tarderont pas sans

doute à venir piller ici; faites votre part. Je vous donne tout ce que vous pourrez prendre. (*Fritz sort.*) Ils ne sont pas tous ingrats, mais tous sont fous. (*Entrent Griffard et un ouvrier.*)

XV.

L'OUVRIER.

Comte de Lavaur, me reconnaissez-vous?

VALENTIN.

Vous êtes l'insurgé blessé de 1848 qui a été soigné et caché quelques jours chez moi.

L'OUVRIER.

Oui, et qui est parti sans prendre congé.

VALENTIN.

Avez-vous cru que je vous livrerais?

L'OUVRIER.

Je vous connais mieux. J'ai voulu échapper à vos discours, parce qu'ils affaiblissaient mes colères. Dès notre premier entretien, je vous ai déclaré que je nourrissais contre la société une haine irréconciliable, et que je la poursuivrais d'une guerre éternelle et sans merci.

VALENTIN.

Je m'en souviens.

L'OUVRIER.

Vous m'avez sauvé cependant.

VALENTIN.

J'ai trouvé en vous beaucoup d'ignorance, beaucoup de passion et quelque générosité. Je vous ai plaint, j'ai cru que je parviendrais à vous éclairer. Je me suis sans doute trompé.

L'OUVRIER.

Plus que vous ne pensez.

VALENTIN.

Je continue de vous plaindre, et je ne regrette pas mon erreur.

L'OUVRIER.

Comme il vous plaira. Voici ce qui m'amène. Vous êtes proscrit. Les agents du gouvernement provisoire sont à votre porte, où mes compagnons les retiennent. Je viens à mon tour vous protéger.

VALENTIN.

Avez-vous ce pouvoir?

L'OUVRIER.

Plusieurs se disent et se croient les maîtres. Il

n'y a de maître que moi. Je suis celui qu'on appelle LE VENGEUR!

VALENTIN.

Ah! c'est vous?

LE VENGEUR.

C'est moi.

VALENTIN.

Après ce qu'on dit de vous et ce que j'en sais, je suis surpris de ne point vous trouver ingrat.

LE VENGEUR.

On ne dit rien de trop, et vous ne savez pas tout; mais que j'agisse par sentiment ou par politique, ne vous en occupez point. Sachez seulement que vous êtes libre. Ils font, je crois, un dictateur là-bas, à l'Hôtel-de-Ville. Le dictateur est moins en sûreté que vous. Malheur à qui viendrait vous toucher sous ma main!

VALENTIN.

Quel que soit votre pouvoir, vous ne me sauverez pas malgré moi. Je n'accepte la liberté qu'à deux conditions.

LE VENGEUR.

Faites-les connaître.

VALENTIN.

Ma femme et ses parents, qui sont ici, seront conduits hors de la ville, dans l'asile qu'ils désigneront.

LE VENGEUR.

Je l'accorde, et même ils emporteront ce qui leur plaira.

VALENTIN.

Je vous remercie pour les vieillards. Quant à ma femme, elle n'emportera, comme moi, que ses vêtements. Nous ne possédons pas autre chose. Nous donnons tout.

LE VENGEUR.

A qui?

VALENTIN.

Dans l'avenir, à Dieu; dans le présent, à ceux qui nous dépouillent. Désormais la comtesse de Lavaur n'a besoin que d'une aiguille; moi, je n'ai besoin que d'une épée.

LE VENGEUR.

Je vous comprends. Est-ce tout?

VALENTIN.

Je veux que vous me compreniez bien. Je suis gentilhomme, et j'ai mes scrupules. Vous comprenez bien que je n'accepte la liberté que pour vous faire la guerre, et que je vous la déclare éternelle. Fugitif et blessé, vous m'avez loyalement dit que vous ne déposeriez pas les armes. Proscrit à mon tour, je vous en dis autant. Si vous n'avez pu pardonner à la société des torts qu'avec plus de grandeur d'âme vous auriez soufferts et qu'avec plus d'instruction vous auriez excusés, je me révolte à meilleur droit contre vos maximes insensées et contre vos desseins sauvages. Vous n'êtes à mes yeux que des fous ou des scélérats. Si j'étais le maître, je vous plongerais dans les cachots, ou je vous rejetterais au delà des mers dans un exil d'où vous ne sortiriez jamais. Je vous nie absolument tous les prétendus droits en vertu desquels vous êtes devenus ce que vous êtes. Vous n'avez de droit qu'au châtiment.

LE VENGEUR.

Comte de Lavaur, je vous avertis que vous me bravez sans péril; j'ai besoin de vous. Ne vous étonnez point. Ce que j'attends de vous, vous êtes disposé à le faire. Je ne défends ni la vertu des révolutionnaires, ni la sainteté de leur mission. Je pratique les hommes de plus près que vous, et je sais ce que j'en pense. Je vois les choses, je vois où elles vont; je me propose de les pousser loin. Je suis au-dessus de tous les arguments comme de tous les remords. Je ne ferai pas non plus le procès à la société, le procès est fait: elle est jugée, jugée à mon tribunal depuis longtemps. Vous direz qu'elle vaut mieux que son juge, et que je ne suis pas un juge légitime. C'est votre doctrine, ce n'est pas la mienne; ce n'est pas non plus celle de la société, car je tiens d'elle-même, de ses professeurs officiels, que l'homme relève uniquement de sa propre raison ou de son instinct.

VALENTIN.

Les insensés!

LE VENGEUR.

Parfaitement insensés à votre point de vue, au mien parfaitement sages. Mais nous ne discuterons pas ce point de philosophie : il serait long à vider entre nous, et nous avons autre chose à faire. Je dis donc que la société est jugée, au moins par moi; je dis qu'elle est vaincue, que j'ai le pied sur sa gorge; qu'elle ne se relèvera pas. Sans contester à la société aucune de ses vertus, vous avouerez qu'elle a dû se donner quelques torts pour mériter de tomber entre mes mains.

VALENTIN.

Oui ; elle vous a enfantés dans ses adultères, et vous avez grandi pour sa punition. Dans ses larmes et dans ses repentirs, elle enfantera des saints qui grandiront pour son salut. Ceux-là peut-être sont déjà nés, et peut-être même déjà sont des hommes. Ils vous replongeront au sein des ténèbres, d'où le crime de l'esprit ne vous a tirés que pour multiplier les crimes ignobles de la main. Vous commettrez beaucoup de méfaits et beaucoup de forfaits; vous entasserez les ruines ; vous ferez périr beaucoup d'innocents : vous ne parviendrez pas à fonder un gouvernement, vous n'échapperez pas à la défaite et à la mort. Plus vous irez vite, moins vous irez loin. Si vous n'apparaissez que comme les instruments d'une justice qui punit les crimes du monde, quelle sera votre punition, à vous? L'intelligence ne vous manque point, comme aux brutes que vous déchaînez. Vous savez donc ce que vous êtes et ce que vous faites. Vous savez qu'en un seul jour vous déployez plus d'égoïsme, vous commettez plus d'iniquités, vous opprimez plus d'innocentes victimes, vous répandez plus de sang et vous faites plus de misérables que vous n'en pouvez reprocher à la société dans le cours d'un siècle.

LE VENGEUR.

Eh bien !

VALENTIN.

Eh bien ! il y a un Dieu.

LE VENGEUR.

C'est la question. Vous affirmez, je nie. Vous affirmez dans l'intérêt du bourgeois. Faisons venir un bourgeois; demandons-lui s'il existe vraiment un Dieu qui défend de vendre à faux poids, de vivre en concubinage, de faire des livres athées et de tenir des discours menteurs. En dépit de Dieu, je me fie au bourgeois pour prolonger mon règne.

VALENTIN.

Quand Dieu a puni le blasphème, il écoute la prière; il pardonne au coupable en faveur de l'innocent. Vous traverserez le monde, vous n'y régnerez point. Si l'épée ne peut vous abattre, une fronde vous abattra; et si la fronde manquait comme l'épée, s'il n'y avait plus sur la terre une âme assez fière pour vous haïr, un bras assez fort pour vous vaincre, Dieu saurait encore humilier votre orgueil et constater votre ignominie. Ne parlez plus de règne et d'empire. Vous ne deviendrez pas des législateurs, vous resterez des bandits; et vos noms, après avoir usurpé les pages de l'histoire, retourneront s'enfouir dans les registres de la police. Nous savons pourquoi vous voulez détruire la société : ce n'est pas qu'elle vous semble injuste et impure comme vous le dites, c'est qu'elle est au contraire trop juste encore et trop pure à votre gré. C'est que, malgré toute sa mollesse, tous ses relâchements, tout le cynisme de sa folie et de son impudeur, elle ne peut s'oublier jusqu'à vous faire place, et ne saurait avoir en effet de place pour vous. Par vos passions, par vos appétits, par l'abjection de vos mœurs et de votre sottise, vous êtes au ban de tout ordre social possible. Votre conscience elle-même, d'accord avec celle du genre humain, vous défie de constituer une société où, restant ce que vous êtes, vous puissiez vivre un jour. Que n'a-t-on pas fait depuis quelque temps pour vous admettre dans la régularité de la vie civile? On a abaissé toutes les barrières de la loi et celles même de la morale; on vous a donné tous les emplois, tous les honneurs, tout le pouvoir. Il y a une chose que cette misérable société n'a pu vous donner, c'est son estime ; et une chose que vous n'avez pu faire, c'est de déguiser votre incapacité. Vous avez senti que le dégoût serait plus fort que la peur, et, comme des coupe-jarrets que vous êtes, vous n'avez usé du pouvoir que pour conspirer contre la société qui vous l'abandonnait.

LE VENGEUR.

Monsieur de Lavaur, vous croyez parler à un humanitaire, à un philosophe, à un démocrate, à un socialiste, et vous vous trompez étrangement. Je suis de votre avis sur tous ces gens-là. Je ne dirai pas qu'ils sont vicieux et méchants, j'ignore ce que c'est que vice et vertu ; mais ce sont des imbéciles. Je les connais, j'ai pensé comme eux ; je me réserve d'en rire. Pour moi, je ne crois à rien, ni à la patrie, ni au progrès, ni à l'avenir, ni au bonheur, ni à Dieu, ni à l'humanité. Si j'aimais les hommes, je dirais comme vous, et je serais avec vous. Je n'aime pas les hommes, je les hais d'une haine infinie et insatiable. N'y en eût-il plus qu'un sur la terre, celui-là fût-il vous, devant qui j'éprouve je ne sais quoi qui m'étonne et qui n'est plus ma fureur, celui-là encore serait de trop; et seul enfin, maître de la dernière vie et l'ayant étouffée, je crois que je m'arracherais alors l'existence pour m'ôter mon dernier ennemi, et à l'infâme destin sa dernière victime. Tout m'a trompé, tout m'a menti; je me suis trompé et menti à moi-même : j'ai à venger sur le monde et sur moi d'indescriptibles tortures. Longtemps j'ai cherché à deviner l'énigme qui me tourmente. J'ai voulu m'avancer dans toutes les voies où j'ai cru que je trouverais la lumière et le bonheur. J'ai reconnu que l'œil de l'homme n'est pas fait pour la lumière, et que son cœur et ses sens se refusent au bonheur; mais je goûte une sorte de joie à voir du sang, des débris, des larmes: tout ce qui croule dans le monde m'apporte une espèce d'allégement. Il y a une chose qui me plaît dans votre religion, c'est l'annonce du jugement dernier. J'y voudrais être. Une société de moins est un poids de moins sur ma poitrine. Je me distrais à voir toujours une partie de cette stupide humanité creuser pour l'autre des gouffres où elle tombe elle-même : cependant le spectacle de ses misères n'est qu'une faible compensation de l'horreur qu'elle m'inspire. Ah ! je n'ai pas choisi d'être homme. Si je le pouvais, je ne serais pas un homme : je serais un lion dans ces déserts où d'immondes reptiles habitent seuls les ruines des cités.

VALENTIN.

Je me souviens maintenant d'une parole que je vous ai dite autrefois : je vous ai annoncé que l'orgueil sauvage qui fermait vos yeux à la lumière de l'Évangile vous rendrait fou. Vous l'êtes.

LE VENGEUR.

Par conséquent, il est inutile que nous raisonnions davantage. Vous avez raison. Voici, en deux mots, le plan de ma folie, et pourquoi je vous apporte la liberté. Dans mon opinion, les saints que vous attendez, et qui doivent sauver le monde, tarderont fort à paraître. Je ne crains rien qu'une victoire trop facile et trop prompte. Vos bourgeois ne demanderont qu'à se soumettre, et nos chefs révolutionnaires et socialistes qu'à s'arranger avec eux. Les voilà pourvus, ils vont devenir conservateurs. Je ne l'entends point ainsi, et je veux donner à la bourgeoisie des chefs qui l'obligent à résister. L'énergie de vos convictions vous rend propre à ce rôle : voulez-vous le remplir ?

VALENTIN.

Oui.

LE VENGEUR.

Dites adieu à vos parents.

VALENTIN.

Mes adieux sont faits. Vos satellites ont assassiné mon père et ma mère, et ma femme a pris l'habit des veuves pour ne le plus quitter.

LE VENGEUR.

Elle est jeune et belle, et vous vous aimiez : je vous plains tous deux.

VALENTIN.

Nous sommes chrétiens, et moins à plaindre que vous.

LE VENGEUR.

Peut-être que, si j'avais rencontré beaucoup d'hommes comme vous, mes pensées seraient autres.... Donnez-moi la main.

VALENTIN.

Je serrerai votre main quand je n'y verrai plus de sang; d'ici là, ne me touchez qu'avec votre poignard.

LE VENGEUR.

Vous êtes tel que je vous veux. (*Montrant Grif-*

fard.) Cet homme va rester pour protéger la maison et ses habitants. Moi, je vous accompagnerai jusqu'aux portes de la ville. Sortons d'ici sans mystère, pour apprendre tout de suite aux dictateurs quel est leur pouvoir devant le mien. Plus d'un croit être ministre, qui ne sera que juré du tribunal révolutionnaire. Ils s'attendent à régner dans les délices ; je les nourrirai d'angoisses et de sang.

VALENTIN.

O justice de Dieu !

SECONDE PARTIE.

I.

L'Antichambre du général Galuchet.

FRITZ.

Vous ici, madame la comtesse!

EULALIE.

Je ne pensais pas vous y revoir, Fritz.

FRITZ.

J'y suis prisonnier, madame. Au moment de s'éloigner, M. le comte avait eu la bonté de me donner ce que je pourrais sauver du pillage. Étant alors moi-même socialiste, je comptais ne rien perdre. Hélas! j'ai bientôt rencontré plus socialiste que moi. Galuchet arrive avec sa bande, trouve la maison à son gré, s'y installe et s'empare de tout, moi compris. Il me traite comme un nègre, et ne me donne pas de gages.

EULALIE.

Ne pouvez-vous chercher une autre place?

FRITZ.

Où trouver une autre espèce de maître? Il n'y a plus que ces gens-là qui aient des domestiques. Ah! si j'étais libre! Mais Galuchet me ferait fusiller. Ce monsieur veut un valet de chambre de bonne maison.

EULALIE.

Pourrai-je avoir une audience?

FRITZ.

Madame la comtesse voit combien de gens attendent. Quelques-uns sont assez importants. Madame la comtesse me permet-elle une question?

EULALIE.

Très-volontiers.

FRITZ.

Est-ce que madame la comtesse a extrêmement besoin de parler à ce Galuchet? Il est d'une insolence effroyable.

EULALIE.

J'ai une grâce à lui demander.

FRITZ.

Hélas! madame, quand même il vous l'accorderait, je vous plains. Voir un pareil misérable dans le cabinet de M. le comte, à la place où M. le comte s'asseyait, avec une de ses robes de chambre sur le dos; le voir là, dans cette maison jadis si pure, entouré de va-nu-pieds, d'actrices et d'autres femmes qui parlent au public, quelle épreuve pour vous!

EULALIE.

Je pensais bien trouver le général Galuchet au milieu de ses amis. Quant à le voir dans cette maison... que la volonté de Dieu soit faite!

FRITZ, *bas.*

Avez-vous des nouvelles de M. le comte?

EULALIE.

Pas d'autres que celles qui courent.

FRITZ.

Si nous pouvions le rejoindre!

EULALIE.

Je ne puis abandonner mes parents, et l'intérêt de plusieurs orphelines que mon travail fait vivre me retient ici. C'est là ce qui m'amène auprès du général. On nous persécute; j'ai besoin de sa protection. A-t-il pitié des pauvres?

FRITZ.

Lui! Pas un pauvre n'a mis le pied dans cette

maison depuis que vous l'avez quittée. Quelques-uns des anciens sont venus, mais insolents comme le maître, et revêtus des dépouilles de leurs bienfaiteurs. Que madame la comtesse prenne garde d'en rencontrer un, si elle a intérêt à n'être pas reconnue.

EULALIE.

Commencez donc par ne plus m'appeler madame la comtesse.

FRITZ.

Mille pardons! Ça fait tant de bien de parler un peu honnêtement!

EULALIE.

Vous annoncerez la citoyenne Dupuis, maîtresse de salle d'asile, qui vient présenter une pétition au général Galuchet.

FRITZ.

Grand Dieu!... Mais, madame, s'il vous insulte?

EULALIE.

Que voulez-vous, mon pauvre Fritz, je serai insultée.

FRITZ, *à part.*

Je n'ose lui dire de quelles insultes il est capable. (*Haut.*) Vous n'avez point l'air d'une socialiste. Il est homme à vous faire mettre en prison.

EULALIE.

Dieu alors prendra soin de mes orphelines, et moi je servirai les prisonniers. Allez, Fritz; je suis résolue à tenter l'aventure.

(*Entre Liberia, grande jeune fille, hardie et belle. Elle est vêtue, avec luxe, d'une espèce de costume antique, et coiffée d'un bonnet rouge. Tout le monde se lève. Elle remarque Eulalie.*)

LIBERIA, *à Fritz, désignant Eulalie.*

Qui est cette femme?

FRITZ.

Une pauvre maîtresse d'école qui demande la protection du général.

LIBERIA.

Je ne veux pas que le général la voie. Elle a toute la mine d'une intrigante. Dis-lui de s'en aller.

FRITZ.

Mais, citoyenne...

LIBERIA.

Qu'elle s'en aille! Si je la retrouve ici, tu auras affaire à moi.

(*Elle traverse le salon, et entre chez Galuchet.*)

FRITZ.

Madame, cette femme que vous venez de voir passer est la première actrice du grand théâtre. Elle a ici tout pouvoir, et elle m'ordonne de vous chasser. Croyez-moi, c'est un service qu'elle vous rend.

EULALIE.

Je vous comprends, Fritz; merci. Que Dieu prenne pitié de mes pauvres orphelines! (*Elle sort.*)

PREMIER BOURGEOIS, *à son voisin.*

Vous aviez raison : le domestique la renvoie, sur l'ordre que Liberia lui a donné. C'est une tigresse, cette Liberia!

SECOND BOURGEOIS.

Galuchet n'est pas malheureux! une si belle personne et un si beau talent! Quand on pense que Galuchet, il y a quatre mois, vendait des contremarques à la porte du grand théâtre! Je l'ai vu, moi qui vous parle, abaisser le marche-pied de la voiture où Liberia montait avec le ministre des finances.

PREMIER BOURGEOIS.

Vous faites erreur; c'était le ministre de la justice.

SECOND BOURGEOIS.

C'était le ministre de la justice du 10 août; mais,

dans le cabinet du 7 octobre qui a suivi, c'était le ministre des finances. Ensuite ça été Galuchet.

PREMIER BOURGEOIS.

Voilà de ces choses qu'on ne voit qu'en révolution... Ce qui m'étonne, c'est que Liberia n'ait pas essayé d'empaumer le consul ou le Vengeur.

SECOND BOURGEOIS.

Que voulez-vous qu'elle fasse des 12,000 francs du consul? tandis que Galuchet, comme général en second de la force ouvrière, jouit d'un crédit illimité.

PREMIER BOURGEOIS.

Le commerce en sait quelque chose.

SECOND BOURGEOIS.

Quant au Vengeur, il se contente d'inspirer l'effroi. J'ai pu le voir un jour dans la caserne où il demeure, abordable à ses seuls soldats : c'est à faire frémir! Il habite une chambre de huit pieds carrés, meublée d'une chaise et d'une paillasse. Il n'a pas quitté ses habits d'ouvrier.

PREMIER BOURGEOIS.

Était-il vraiment ouvrier?

SECOND BOURGEOIS.

Qui le sait? Beaucoup de personnes assurent

qu'il a été carabin, d'autres disent clerc d'huissier, et d'autres journaliste.

PREMIER BOURGEOIS.

On le croit fou.

SECOND BOURGEOIS.

Une chose positive, c'est qu'il se refuse toute jouissance.

PREMIER BOURGEOIS.

Voilà, je l'avoue, ce qui m'étonne.

SECOND BOURGEOIS.

Et moi donc ! Dans un temps où personne n'est sûr de rien, saisissons la jouissance au passage. Si je le pouvais, je n'y manquerais pas. C'est la philosophie du jeune Galuchet. Il a mis la main sur tous les plaisirs, en homme qui n'est pas certain d'en tâter longtemps. Ma foi, je ne le blâme point.

PREMIER BOURGEOIS.

Nous le blâmerions, que ce serait la même chose. Avouez que les gouvernants ne se gênent pas avec le public. Si un prince s'était permis une fois le quart de ce que Galuchet et cent autres font tous les jours...

SECOND BOURGEOIS.

Chut! Vous en dites plus qu'il ne faut pour passer en jugement.

PREMIER BOURGEOIS.

Je n'ai plus que la vie à perdre, et je n'y tiens pas. Je suis ruiné. Ma pauvre boutique a été pillée hier.

SECOND BOURGEOIS.

Pourquoi l'aviez-vous ouverte?

PREMIER BOURGEOIS.

Il faut bien tâcher de vivre. On disait que ceux qui n'ouvraient pas devenaient suspects. J'ouvre: quatre individus entrent, prennent de la marchandise, et m'offrent leurs signatures. Je leur demande au moins des bons d'État. Ils se mettent en fureur, et brisent tout. Comme ils avaient les ceintures de la force ouvrière, je viens demander satisfaction au général. J'aime encore mieux m'adresser à Galuchet qu'au Vengeur.

SECOND BOURGEOIS.

Vous croyez qu'il vous fera payer?

PREMIER BOURGEOIS.

Peu... Ah! elles nous coûtent, les révolutions! Tel que vous me voyez, j'étais pourtant des plus chauds à crier: *Vive la réforme!*... Fichue bête!...

N'aurons-nous donc jamais un bon maître qui pende tout, et fasse revivre le commerce?

SECOND BOURGEOIS.

Prenez patience; ce que nous voyons ne peut durer. La grande terreur de 93 n'a été qu'une affaire de dix-huit mois.

PREMIER BOURGEOIS.

Merci! En dix-huit mois, on a le temps de mourir plus de trente-six fois, quand ce ne serait que de faim. Comment vivez-vous donc, vous?

SECOND BOURGEOIS.

J'étais rentier. Flairant les sinistres, j'ai mis mon capital en sûreté aux États-Unis. Dès lors, ne craignant plus pour personne, je me divertis assez. Vous imaginez que, quand la pièce sera finie, je serai content de l'avoir vue. J'en aurai de bonnes à conter en faisant ma partie de dominos. Je viens ici par curiosité. Il s'y passe de drôles de scènes, allez!

PREMIER BOURGEOIS.

Je présume que vous n'êtes pas marié.

SECOND BOURGEOIS.

Seul comme une truffe!... et bien content, je vous en réponds. Le bruit court que les gouvernants vont abolir le mariage. Je ne les approuve pas. Cependant il est de fait qu'ils éviteront par là bien de la peine à bien du monde.

PREMIER BOURGEOIS.

C'est vrai. Ils ont des idées qui ne seraient pas mauvaises.

SECOND BOURGEOIS.

Des idées vraiment philosophiques, monsieur !

PREMIER BOURGEOIS.

Oui, monsieur. Malheureusement ils appliquent cela d'une façon trop brutale. Par exemple, je ne leur en voudrais pas de l'extinction de la noblesse et de la grande propriété ; mais tuer à tort et à travers comme ils font, humilier les gens paisibles, ruiner le commerce, voilà ce que j'appelle de la tyrannie.

SECOND BOURGEOIS.

Chut ! Vous nous ferez arrêter... Ah ! la porte s'ouvre. Les audiences vont commencer. Vous aurez le plaisir d'expliquer votre affaire à Galuchet devant la belle Liberia.

PREMIER BOURGEOIS.

Comment ! elle est présente lorsqu'il reçoit? C'est indécent.

SECOND BOURGEOIS.

Pour ce qui est des convenances, il s'en prive! Tenez, le voici.

GALUCHET, *en robe de chambre, le cigare à la bouche.*

Citoyens, salut et fraternité. Vous êtes bien aimables de venir me voir, mais je vous entendrai plus tard. Pour aujourd'hui, j'ai d'autres chiens à peigner. Les affaires de l'État m'accablent. Ainsi prenez vos cannes et vos chapeaux, et rentrez chez vous. Ceux qui sont pressés repasseront la semaine prochaine. Adieu, mes amis. Bien des choses à vos épouses, et vive la sociale! (*On entend des éclats de rire dans le cabinet.*)

PREMIER BOURGEOIS.

Général, écoutez-moi.

GALUCHET.

Veux-tu me faire le plaisir de te taire et de filer?

PREMIER BOURGEOIS.

On a pillé ma boutique.

GALUCHET.

Voilà quelque chose de rare!

PREMIER BOURGEOIS.

Ce sont vos soldats qui ont commis ce crime.

GALUCHET.

C'est que tu es un mauvais citoyen. Hors d'ici, ou je te fais empoigner!

PREMIER BOURGEOIS.

J'obtiendrai justice.

GALUCHET.

Tu vas obtenir une raclée.

PREMIER BOURGEOIS.

Il m'est dû plus de 2,000 francs.

GALUCHET.

Qu'on solde monsieur tout de suite. Je règle son compte à cinquante coups de savate. Enlevez le bourgeois! (*On l'emmène.*)

UNE VIEILLE, *se précipitant vers Galuchet.*

C'est lui, je reconnais la physionomie et la voix de son père. O mon fils!

GALUCHET.

Ma vieille, le tour est connu. Voilà déjà une douzaine d'ex-je-ne-sais-quoi qui prétendent m'avoir donné le jour. Je conçois qu'on se flatte d'être ma mère; mais jamais je n'ai pu avoir tant de mères que ça. Trop est trop. Je te renie, quand même tu serais la vraie. (*Les rires continuent.*)

LA VIEILLE.

J'en mourrai.

GALUCHET.

Ne te gêne pas; mais va mourir dehors. Que tout le monde sorte, et vite. Laissez-moi m'occuper des affaires de l'État. (*On se retire. Un vieillard reste.*) Eh bien, l'ancien, ne m'as-tu pas entendu?

LE VIEILLARD.

J'ai quarante-cinq ans de service, j'ai été blessé vingt fois, j'ai assisté à trente batailles, et j'en ai gagné deux : j'étais lieutenant général.

GALUCHET.

Sans vouloir t'offenser, mon vieux, j'en ai démoli qui te valaient bien.

LE VIEILLARD.

Plusieurs valaient mieux que moi. Je ne viens pas disputer de votre mérite et du mien; je viens vous adresser une prière. Mon fils est en prison....

GALUCHET.

Tu es l'ex-général Hermann? Ton fils m'a insulté; tu ne le verras pas.

LE VIEILLARD.

Je vous demande pardon pour lui.

GALUCHET.

Je ne pardonne rien à personne. Va-t'en.

LIBERIA.

Fais-lui grâce à ce bonhomme ; laisse-lui voir son fils.

GALUCHET.

Non.

LIBERIA.

Je t'en prie, je le veux ; accorde-lui cela pour l'amour de moi.

GALUCHET.

Il faut que je t'aime ! (*Au général.*) Eh bien ! tu verras ton fils. (*A un de ses hommes.*) Fais-lui donner un laisser-passer.

LE VIEILLARD.

Merci.

GALUCHET.

Ce n'est pas moi qui te fais cette grâce : c'est Liberia. Remercie-la.

LE VIEILLARD, *avec effort.*

Madame, je vous remercie. (*Il se retire.*)

GALUCHET, *à Liberia.*

Ne me fais plus faire du sentiment, ça m'embête. Tous ces gueux d'aristos ne valent pas une parole de ta bouche. Celui-ci, que tu viens d'obliger, te méprise.

LIBERIA.

J'ai voulu juger de mon pouvoir sur toi; je me moque du reste.

GALUCHET.

Fée ! comme tu m'ensorcelles !.... Ah çà, causons politique. Eh ! les autres, venez ici ! (*Entrent Chenu, Griffard et Rheto.*) Je n'ai pas besoin de toi, Rheto ; retourne à ta besogne, et ficelle-moi ça proprement. (*Rheto se retire.*)

CHENU.

Tu le vexes un peu, l'ami Rheto.

GALUCHET.

Ça m'amuse. Je n'ai pas eu d'autre idée en le prenant pour secrétaire. Il voulait être ministre, et il se rappelle le temps où je vendais sa *Lanterne* dans les rues. Il est complétement coulé. — Dites-moi, mes amis, comment trouvez-vous que vont les choses ?

CHENU.

Pas bien. La réaction relève la tête.

LIBERIA.

Il me semble que le consul passe du côté des bourgeois.

GRIFFARD.

La chose devient visible.

CHENU.

Le peuple murmure. Il dit que la révolution ne marche point, et que le Vengeur s'endort.

GALUCHET.

Voilà précisément mon avis. Dans la force ouvrière, on n'est pas content non plus. On accuse le ministère de mollesse. Plusieurs ministres tourmentent les bons citoyens ; tous les jours, quelques-uns de nos amis sont destitués. Les conspirations s'ourdissent dans l'ex-garde nationale.

LIBERIA.

Il serait temps que le Vengeur prît la dictature.

GALUCHET.

Tu dis le mot, ma biche. Le consul est un avocat, un bavard, un joufflu. Je déteste les avocats, les bavards et les joufflus. Celui-ci, en outre, est plein de préjugés, il n'a pas d'imagination ; toutes les idées lui font peur, on ne voit rien d'original paraître à son étalage. Bref, j'en ai assez. Il faut, comme dit ce phraseur de Rheto, une main ferme au gouvernail du vaisseau de l'État, et qu'on nous serve du neuf.

CHENU.

A bas le consul !

GRIFFARD.

Citoyen représentant, ce mot n'est pas parlementaire. — A propos, depuis que la constitution est votée, que faites-vous à la Convention ?

CHENU.

Nous sommes bien sages, va. Des petites séances de deux heures, une ou deux par semaine, pour voter des poursuites ou des sentences contre les collègues suspects ; point de discours, point de bruit, point d'interruptions, point de public... Il faudra finir par nommer des femmes, pour qu'on jase un peu.

GRIFFARD.

J'ai envie d'y aller voir un de ces jours.

CHENU.

Ce n'est pas dangereux, mais ce n'est pas amusant.

GALUCHET.

On passe un moment agréable à regarder la

figure raflée des anciens. Ils ne peuvent, malgré leurs efforts, se mettre au pas de la révolution. Eux qui marchaient les premiers, ils s'étonnent d'être distancés toujours. Cependant ils n'ont encore rien vu, du moins je l'espère. Venez ce soir dîner. Je vous lirai ce que je fais en ce moment rédiger par Rheto. Ce sont mes idées sur le gouvernement et sur l'avenir de l'humanité. Quand nos ci-devant exagérés entendront cela, ils se trouveront mal.

GRIFFARD.

A ce soir. Je vais rejoindre le Vengeur.

GALUCHET.

Fais-lui bien entendre qu'il faut qu'on marche, sacrebleu! (*A Liberia.*) Allons au bois. Chenu, viens avec nous, tu nous feras rire. (*Il chante.*)

En chasse, et chasse heureuse !
Allons, mon amoureuse,
Le pied dans l'étrier.

Chenu, ces vers-là sont meilleurs que les tiens.

CHENU.

Je ne fais plus de littérature. Je veux entrer à l'Académie comme homme politique.

GALUCHET.

C'est meilleur genre. Holà ! Fritz, mon habit!

II.

Place publique; au fond, une église.

FURON, *agent du gouvernement.*

Que les délégués des divers corps d'état s'approchent, et me déclarent, chacun à son tour, quelle profession et combien de citoyens de cette profession ils représentent.

PREMIER DÉLÉGUÉ.

Nous sommes ici quatre cents typographes, presque tous pères de famille. Les imprimeries sont fermées; la suppression totale des journaux nous a plongés dans la plus profonde misère. Nous demandons qu'on rétablisse la liberté de la presse. La république sociale sait quels services nous lui avons rendus. Veut-elle nous laisser mourir de faim?

FURON.

Si la république sociale rétablissait la liberté de la presse, elle périrait elle-même. Quel est le typographe assez ennemi de la république sociale et de l'humanité pour vouloir mettre son art au service des royalistes et des réactionnaires? Ce traître ne se trouve pas parmi vous.

LE DÉLÉGUÉ.

Quand nous combattions pour l'avénement de la république sociale, nous pensions qu'elle ne craindrait pas la discussion.

FURON.

Elle ne la craint pas, elle la dédaigne; et elle agit sans discuter. Pensez-vous qu'il y ait de bonnes raisons à donner contre la république sociale?

LE DÉLÉGUÉ.

Non sans doute.

FURON.

Que servirait donc de les produire?... A un autre.

SECOND DÉLÉGUÉ.

Nous sommes là trois cents carrossiers. Aucun de nous n'a travaillé depuis quatre mois, plusieurs n'ont pas mangé depuis deux jours : nous avons femmes et enfants; nous demandons de l'ouvrage.

FURON.

La république n'encourage pas les industries de luxe. Les socialistes sont tous égaux.

SECOND DÉLÉGUÉ.

Quand on nous disait que nous serions tous

égaux, nous entendions que nous pourrions aller tous en carrosse.

FURON.

Tel est l'heureux avenir que notre glorieuse révolution réserve à l'humanité ; mais il faut d'abord détruire les classes aristocratiques, et que tout le monde apprenne à marcher à pied.

SECOND DÉLÉGUÉ.

Nous savions marcher à pied. Depuis que tout le monde marche ainsi, nous mourons de faim.

FURON.

Au lieu de faire des carrosses, que ne faisiez-vous des charrettes? Souffrez quelques privations pour expier vos fautes passées et pour mériter des jours meilleurs. A un autre.

TROISIÈME DÉLÉGUÉ.

Je représente mille ouvriers tailleurs, ayant tous marqué parmi les plus anciens et les plus zélés socialistes.

FURON.

Eh bien ! vos vœux sont remplis : vous voyez enfin la république sociale !

TROISIÈME DÉLÉGUÉ.

Nous sommes menacés de ne la pas voir longtemps. Nous manquons de pain, nous, nos enfants et nos femmes.

FURON.

Vous dites tous la même chose. Vous manquez tous de pain, vous avez tous des enfants et des femmes. Pourquoi avez-vous tant de femmes et tant d'enfants? Les tailleurs sont insatiables. On a beaucoup fait pour eux.

TROISIÈME DÉLÉGUÉ.

Ils ont encore plus fait pour vous. Ce sont eux qui vous ont donné la révolution.

FURON.

Alors de quoi se plaignent-ils? Les révolutions se chargent de déshabiller un certain nombre de gens, et non pas d'habiller tout le monde. A un autre.

QUATRIÈME DÉLÉGUÉ.

Je me présente au nom de cent cinquante ex-négociants...

FURON.

Dis au nom de cent cinquante exploiteurs du peuple.

QUATRIÈME DÉLÉGUÉ.

Si nous avons exploité le peuple, il nous l'a bien rendu. Nos magasins ont été pillés, nos machines brisées ; nos débiteurs ont refusé de payer ce qu'ils nous devaient.

FURON.

C'est bien fait ! Vous êtes tous criminels.

QUATRIÈME DÉLÉGUÉ.

Qu'on nous mette en prison. Nous ne demandons pas mieux.

FURON.

Vous n'êtes pas dégoûtés ! Vous seriez là logés et nourris à ne rien faire.

CINQUIÈME DÉLÉGUÉ, *un drapeau à la main.*

Voici le drapeau des mécaniciens. On l'a toujours vu sur les barricades. Nous y avons mis un crêpe, en mémoire non pas de nos camarades morts pour la république, mais de ceux qui sont morts depuis, victimes de la misère et de la faim.

FURON.

Ceux-là sont morts pour la république comme les autres ; vous auriez tort de les pleurer :

Mourir pour la patrie...

CINQUIÈME DÉLÉGUÉ.

Assez ! Nous demandons à exercer notre droit au travail.

FURON.

Tout à l'heure vous l'exercerez.

SIXIÈME DÉLÉGUÉ, *au nom de plusieurs autres.*

Nous sommes les passementiers, les brodeurs, les bijoutiers, les coiffeurs, les artistes dramatiques.

FURON.

Vous auriez dû apprendre d'autres états.

SIXIÈME DÉLÉGUÉ.

C'est possible. En attendant, nous pensons que nous devons vivre. Le droit au travail est pour nous comme pour les autres.

FURON.

Sans doute; vous l'exercerez comme les autres.

SEPTIÈME DÉLÉGUÉ.

Délégué des gens de lettres et des artistes. C'est dire assez les misères que je représente.

FURON.

Quel est ton nom?

SEPTIÈME DÉLÉGUÉ.

Je le tais. Puissé-je l'oublier!

FURON.

Pourquoi?

SEPTIÈME DÉLÉGUÉ.

Je ne voudrais pas que la postérité pût accuser la

république d'avoir laissé mourir de faim un homme tel que moi. Je me nomme...

FURON.

Ne me le dis pas. Si j'allais ne point te connaître, tu serais humilié. Vivais-tu de ton métier? Vous n'en viviez pas tous. Combien êtes-vous ici?

SEPTIÈME DÉLÉGUÉ.

Écrivains, peintres, musiciens, nous sommes quinze cents. Tant bien que mal, nous nous tirions d'affaire agréablement pour le public et pour nous; nous étions l'esprit et le délassement de la nation.

FURON.

Il paraît que la nation ne tient plus tant à s'amuser, ou que vous ne l'amusez plus. Que veux-tu que la république y fasse?

SEPTIÈME DÉLÉGUÉ.

Je voudrais que la république nous donnât du pain. Elle y est tenue par l'intérêt de sa gloire, ou tout au moins par le devoir de la reconnaissance. Qui a fait plus que nous pour elle?

FURON.

En quoi la gloire de la république est-elle intéressée à ce que vous fassiez des chansons, des romans, de la musique, des tableaux? Vous vous occupiez de tout cela pour les oisifs. Il n'y a plus d'oisifs, vous n'êtes plus bons à rien. Le peuple est sérieux, et n'a nul besoin de vos frivoles talents. Quant à la reconnaissance, la république n'en doit à personne, et tout le monde lui doit respect, dévouement et amour. Vous causez volontiers, vous autres ; ne perdez pas de vue ce principe dans vos entretiens. La république, comme une bonne mère, va vous procurer du travail. Ne déchirez pas la main qui vous nourrit. (*Élevant la voix et s'adressant à la foule.*) Citoyens, la république sociale vous donne à la fois tout ce que vous pouvez désirer : du travail et du pain, un pain bien gagné par un travail utile. (*Montrant l'église.*) Voyez ce monument, foyer des superstitions que l'ordre nouveau vient abolir, et que plusieurs d'entre vous avaient dès longtemps ébranlées : la république vous en fait don. Un décret du consul vous le livre. Il est à vous. Détruisez-le sans respect pour l'art qui s'est efforcé de l'embellir. L'art n'est digne de respect qu'autant qu'il se respecte lui-même. En se consacrant à la superstition, il a mérité le sort de la superstition. — Si, chose impossible, une contre-révolution éclatait, que du moins elle ne retrouve pas ces bastilles de l'intelligence, d'où les préjugés, la misère et l'esclavage se sont répandus sur le monde. Ces édifices odieux vont disparaître du sol libre qu'ils ont trop longtemps souillé. Ceux même que l'on réserve temporairement pour suppléer à l'insuffisance des prisons ne resteront pas longtemps debout. Mettez-vous donc à l'œuvre. Le service quevous allez rendre à l'humanité sera votre première récompense, la plus douce à vos âmes socialistes.

UN DÉLÉGUÉ.

Comment et combien serons-nous payés?

FURON.

La république sait que l'ouvrier doit vivre de son travail. Le Gouvernement y a pourvu en vous abandonnant cette église. Les matériaux seront vendus par vous, à votre profit. Pierre, fer, bois, tableaux, et ce que vous pourrez trouver d'objets précieux dans les sépultures, tout vous appartient. Vous vous partagerez ce bénéfice au moyen d'une répartition fraternelle. La république ne se réserve que le bronze et le plomb, pour en fondre des canons et des balles. Vive la république! (*Profond silence.*) Ce silence m'étonne. Ai-je affaire à des ingrats, à des royalistes, ou à des jésuites?

UN DÉLÉGUÉ.

C'est trop se moquer de nous.

UN AUTRE DÉLÉGUÉ.

Nous demandons du pain, on nous donne des pierres. (*Murmures.*)

FURON.

Le travail changera ces pierres en pain.

UN DÉLÉGUÉ.

Si nous en faisons du pain, on nous le volera. La république est gouvernée par des voleurs.

UN AUTRE DÉLÉGUÉ.

Nous voulons bien démolir l'église, mais nous voulons être payés.

FURON.

Et avec quoi voulez-vous qu'on vous paye? Le trésor est vide.

UN DÉLÉGUÉ.

C'est la faute de ceux qui en tiennent la clef.

CRIS DANS LA FOULE.

A bas le Gouvernement! à bas les voleurs!

FURON.

Ces cris sont séditieux. S'ils continuent, je dissous l'atelier, et je fais arrêter les coupables.

UN DÉLÉGUÉ, *montant sur une borne.*

A bas les voleurs, les insolents et les traîtres! A bas les scélérats qui ont abusé le peuple, et qui, parvenus au pouvoir, ne savent plus que nous insulter, nous décimer et nous faire mourir de faim! Citoyens, laisserons-nous encore longtemps cette vermine nous dévorer? Pour moi, j'aime mieux la mort. (*A Furon.*) Regarde-moi, et reconnais-moi, pour m'envoyer au bourreau quand tu m'auras pris! Mais avant de me prendre, tu goûteras du pain que la république nous donne.

(*Il lui lance une pierre.*)

FURON.

Je suis mort : feu sur ces gredins!

(*L'escorte de Furon fait feu. Plusieurs ouvriers tombent. Les autres se précipitent sur les soldats, les désarment et les chassent. Furon est lapidé et pendu.*)

UN DÉLÉGUÉ.

Barricadons-nous. Puisque nous ne pouvons vivre en travaillant, mourons du moins en combattant. Allons chercher la liberté jusque dans l'enfer!

III.

Dans l'Est. — Un Bivac.

Une trentaine d'hommes, vêtus et armés diversement, sont étendus çà et là sur la paille, ou causent debout près du feu. L'un d'entre eux soigne la marmite. Fusils et piques en faisceaux.

UN JEUNE HOMME.

Messieurs, plusieurs d'entre nous ne se sont jamais rencontrés; mais, à voir les restes d'habits que nous portons, le hasard aurait pu nous rassembler dans un salon aussi bien qu'aux avant-postes de l'armée constitutionnelle. En attendant que ce chaudron puisse nous rendre ce que nous lui avons confié, faisons connaissance. Demain nous attaquons les socialistes. Si quelques-uns de nous tombent, les autres sauront du moins quels compagnons ils ont perdus, et pourront en donner des nouvelles.

UN VIEILLARD.

Ce n'est pas par ce motif que je vous dirai qui je suis, messieurs. Il n'y a plus de nouvelles de moi à donner, car il n'y a plus personne pour les recevoir. Je n'ai de parents au monde qu'un neveu, qui est parmi vous. Le reste de ma famille a péri comme ma fortune. J'étais ambassadeur : j'aimerais mieux avoir été cuisinier. J'aurais du moins la satisfaction d'offrir à l'un de nos anciens ministres que je vois ici, et qui m'a destitué en 1848, un dîner meilleur que celui qu'il va faire.

L'ANCIEN MINISTRE.

Monsieur le marquis, pardonnez-moi. Je n'ai pas cessé de vous estimer infiniment ; mais la république ne pouvait laisser dans le poste que vous occupiez, un serviteur si dévoué de la monarchie.

L'ANCIEN AMBASSADEUR.

Mon cher ministre, je ne vous ai reproché qu'une chose, c'est de m'avoir privé du plaisir de vous offrir ma démission. Maintenant, si vous voulez me permettre de le dire, je n'étais pas un serviteur de la monarchie, mais du pays ; et c'est sans doute ce qui m'a valu votre estime, dont je suis très-honoré. Estimiez-vous au même degré l'aventurier que vous m'avez donné pour remplaçant ?

L'ANCIEN MINISTRE.

Il m'était imposé.

L'ANCIEN AMBASSADEUR.

Je vous félicite de ne l'avoir point choisi. Je vous féliciterais davantage de l'avoir refusé.

L'ANCIEN MINISTRE.

Il fallait tout renouveler.

L'ANCIEN AMBASSADEUR.

Mille compliments. Vous vous en êtes bien acquitté pour votre part.

UN ANCIEN PRÉFET.

Je m'explique à présent pourquoi j'ai été chassé de ma préfecture, après quinze ans de services, pour un polisson d'avocat qui avait sur le dos les plus sales affaires.

UN ANCIEN PROPRIÉTAIRE.

Pardieu, monsieur le préfet, je suis charmé de vous entendre parler ainsi. J'étais l'un des principaux propriétaires de votre département. Vous me direz peut-être pourquoi ce polisson, qui vous a remplacé, a été si longtemps votre protégé. Malgré ses affaires et sa réputation bien établie, vous me l'avez constamment opposé aux élections, jusqu'à l'époque où, n'ayant plus d'espérance que dans un bouleversement total, il s'est fait décidément républicain. C'est par vous qu'il a été député; c'est par vous qu'il a empoisonné le département de fonctionnaires à son image ; c'est par vous qu'il a persécuté le clergé et avancé les jours de votre pauvre évêque. Comment ce misérable méritait-il vos faveurs?

L'ANCIEN PRÉFET.

Que voulez-vous ? Je le connaissais bien ; mais il exerçait une grande influence sur la bourgeoisie, et je devais préférer un dynastique à un légitimiste.

L'ANCIEN PROPRIÉTAIRE.

J'en fais juge ces messieurs. Était-ce là une raison ?

L'ANCIEN PRÉFET.

Mais certainement !

L'ANCIEN PROPRIÉTAIRE.

Mais point du tout ! *(Ils s'échauffent.)*

UN ANCIEN MAGISTRAT.

Messieurs, messieurs, permettez à un ex-conseiller de cour royale de terminer votre différend. Nous avons appris beaucoup de choses que nous ne savions pas. L'ancien gouvernement avait tort d'éloigner de lui ceux qu'on appelait légitimistes, carlistes, gens religieux, etc. ; mais aussi ces derniers n'avaient point raison de lui être hostiles. L'ancien gouvernement, messieurs, quoique monarchique, était révolutionnaire, et, quoique révolutionnaire, il était monarchique. Je m'explique. Il conservait de la révolution ce qu'elle a de bon, et de la monarchie ce qu'elle a d'essentiel.

L'ANCIEN AMBASSADEUR.

Que trouvez-vous de bon dans la révolution?

L'ANCIEN MINISTRE.

Que voyez-vous d'essentiel dans la monarchie?

L'ANCIEN MAGISTRAT.

Nous allons nous entendre. Je pose en fait que nous sommes ici, tous, monarchistes et révolutionnaires.

VOIX DIVERSES.

Mais nullement! — Je ne suis pas monarchiste! — Je ne suis pas révolutionnaire! — Je reste fidèle à la république démocratique! — Nous ne pouvons nous sauver que par le gouvernement constitutionnel! — Il n'y a de refuge que dans le pouvoir absolu!

L'ANCIEN MAGISTRAT.

Messieurs, messieurs, nous allons nous entendre. Je m'étonne que quelques-uns d'entre vous puissent dire qu'ils ne sont pas révolutionnaires.

Ils n'y songent pas! Y en a-t-il un qui veuille renoncer aux glorieuses conquêtes de nos pères? Voudriez-vous encore du système des castes, de la compression de la pensée, de la prédominance sacerdotale? Ce sont des abus pires que ceux du socialisme. Comment, messieurs, nous souffririons qu'un prêtre se mêlât insolemment de nos opinions philosophiques, et pût interdire la manifestation de telle ou telle doctrine qui lui déplairait? Nous souffririons qu'on nous gouvernât sans prendre notre avis? Nous souffririons qu'un fils héritât des honneurs et des emplois de son père, et que la naissance tînt lieu de mérite personnel, ou seulement devînt une aptitude aux fonctions publiques? Cela ne se peut pas.

UN JEUNE HOMME.

Alors, monsieur le conseiller, comment permettez-vous qu'un magistrat se mêle de nos opinions politiques, et qu'un jury imbécile interdise, au gré de son humeur ou de son effroi, la manifestation des idées qui ne lui plaisent pas? Si l'on doit prendre notre avis pour nous gouverner, qu'avons-nous à dire contre le suffrage universel? Si nous ne devons pas souffrir qu'un fils hérite des honneurs ou des emplois de son père, ou seulement d'une certaine aptitude aux emplois, pourquoi hériterait-il de sa fortune, qui l'investit d'un privilége de naissance tout à fait inique et scandaleux?

L'ANCIEN MAGISTRAT.

Jeune homme, vous tirez des conclusions trop rigides. La logique ne gouverne pas le monde. Nous allons nous entendre. Il y a un milieu. Nous avons le droit de nous opposer à la manifestation des doctrines antisociales, et de faire respecter les lois établies pour la conservation de la société. Il faut respecter la liberté, mais il faut maintenir l'ordre. Qu'on ôte la parole à un penseur, à un philosophe, à un publiciste, à une opinion assez forte dans le pays pour fournir un cautionnement de deux cent mille francs, par exemple, et pour soutenir un journal à quatre-vingts ou cent francs par an, c'est ce qui ne serait pas tolérable. Mais les misérables qui publient d'odieuses feuilles à un sou et qui en empoisonnent l'esprit du peuple n'offrent pas les mêmes garanties, ne peuvent pas avoir les mêmes libertés que des gens sages, instruits, bien élevés, cautionnés, et d'ailleurs surveillés par une magistrature inamovible. Le suffrage universel est très-mauvais, mais le cens à deux ou trois cents francs serait fort bon. Ceux qui l'exercent ayant quelque chose à perdre, ne compromettent rien; le pouvoir politique reste par eux dans des mains capables d'en user avec profit et tranquillité. Quant à l'aptitude créée par la fortune, si elle peut paraître injuste, elle ne dure pas longtemps. Tout le monde a remarqué la mobilité presque excessive des fortunes. On ne pourrait les rendre plus mobiles encore qu'en portant atteinte au droit archi-sacré de la propriété. Ainsi donc, entre l'aristocratie, la monarchie de droit divin, le régime du privilége dont nous ne voulons pas, et la démagogie dont nous ne voulons pas davantage, il y a quelque chose de bon, de solide, de pur, qui est la démocratie, ou pour mieux dire la bourgeoisie. Voilà ce que nous voulons. En ce sens, nous sommes révolutionnaires. Mais cette démocratie a besoin d'être organisée; il lui faut un chef pour se défendre; ce chef a besoin d'être puissant et héréditaire. En ce sens, nous sommes monarchistes. De ces deux éléments résulte le gouvernement représentatif tel que nous l'avons pratiqué et que nous saurons, j'en suis convaincu, le restaurer. Éclairés par nos désastres, nous ne nous ferons plus la guerre comme autrefois. Nous nous unirons contre l'ennemi commun. Les propriétaires, les anciens gentilshommes ne feront plus d'opposition au roi constitutionnel ; messieurs les préfets, de leur côté, n'appuieront plus les démagogues, les mauvais drôles ; ils protégeront le clergé, pourvu qu'il soit sage et se tienne à sa place ; et la magistrature maintiendra l'ordre en conservant la liberté. Ne sommes-nous pas parfaitement d'accord ?

VOIX DIVERSES.

Parfaitement ! — Mais !... — Si cependant !...

L'ANCIEN MINISTRE.

Permettez !... Pas de roi héréditaire, s'il vous plaît. Autrement, dans un temps donné, le privilége l'emporte...

L'ANCIEN PRÉFET.

Sans hérédité royale, nous devenons infailliblement la proie du socialisme et de la démagogie.

L'ANCIEN AMBASSADEUR.

Avec une presse, quelque loi que vous lui donniez, et une chambre, de quelque façon que vous la composiez, vous vous tirerez difficilement d'affaire.

L'ANCIEN MAGISTRAT.

Mais, monsieur l'ambassadeur, songez à ce qu'est devenue la monarchie absolue.

L'ANCIEN MINISTRE.

Et vous, monsieur le conseiller, songez à ce qu'est devenue la monarchie constitutionnelle.

L'ANCIEN PROPRIÉTAIRE.

Et vous, monsieur le ministre, songez à ce qu'est devenue la république démocratique.

L'ANCIEN MINISTRE.

C'est votre faute.

L'ANCIEN PRÉFET.

C'est la vôtre. Est-ce nous qui avons rempli les fonctions publiques d'imbéciles et d'hommes tarés ?

L'ANCIEN PROPRIÉTAIRE.

S'ils l'ont fait, vous n'y avez pas nui.

L'ANCIEN MINISTRE, *à l'ancien préfet.*

Expliquez-vous, monsieur !

L'ANCIEN PRÉFET, *à l'ancien ministre.*

Quand vous voudrez, monsieur ! (*A l'ancien propriétaire.*) Que voulez-vous dire, monsieur ? (*Bruit, clameurs ; on se parle avec violence, on se divise, et bientôt on se dispute. L'ancien magistrat va de groupe en groupe pour rétablir la paix.)*

L'ANCIEN MAGISTRAT.

Messieurs, messieurs, nous allons nous entendre. (*En se hâtant, il renverse la marmite. Silence.*)

UN JEUNE HOMME.

Messieurs, nous avons dîné. Le ragoût est dans la cendre. Puisse ce malheur commun réussir, mieux que tant d'autres, à rétablir l'harmonie entre nous ! Si vous permettez à un jeune homme d'élever la voix devant tant de sages, je vous ferai remarquer qu'il n'est pas bien étonnant que les socialistes nous aient jusqu'à ce moment presque toujours battus. Ils ne sont pas encore divisés au point où nous le sommes. On nous annonce une bataille pour demain ; je n'aurais nul regret d'y périr. Que ferions-nous de la victoire? Si j'échappe, je vous préviens que je déserterai. J'irai dans l'Ouest, me mettre aux ordres de Valentin de Lavaur. Là, du moins, on sait à quelle fin on combat et pourquoi l'on meurt. Quant à vous, vous ne le savez pas. C'est vous qui avez perdu la patrie. Vous avez été égoïstes dans le pouvoir ou séditieux dans l'opposition ; vous êtes toujours en révolte contre la loi de dévouement et d'obéissance, qui pourrait seule sauver l'humanité. Je vous maudirais, si je n'étais pas moi-même comme vous sur le seuil de la mort.

IV.

Dans le Nord. — Une Ferme.

Cris et pleurs dans la maison. La porte s'ouvre, des femmes éplorées sortent, traînant des enfants. Un homme de quarante ans les suit, pâle, les vêtements déchirés. Il soutient un vieillard presque mourant. Un jeune garçon l'accompagne. Plusieurs paysans paraissent aux fenêtres, tenant des bouteilles et des verres.

UN PAYSAN, *à la fenêtre.*

Bon voyage, les Gervais! Votre petit vin est gentil. Tranquillisez-vous, on soignera les vignes.

JEANNE GERVAIS.

Voleurs, craignez le bon Dieu!

GERVAIS.

Silence, Jeanne! que ces brigands n'entendent pas nos plaintes.

SECOND PAYSAN.

Le bon Dieu! il n'y en a plus de bon Dieu, la

Gervaise ! Supprimé par décret de la république sociale.

PREMIER PAYSAN.

Le bon Dieu, c'est le soleil. Celui-là est juste. Il n'en donne pas aux uns plus qu'aux autres. Il luira sur tes champs, maintenant qu'ils sont à nous, comme lorsqu'ils étaient à toi.

SECOND PAYSAN.

Dis donc, la Gervaise, demande au père Gervais ce qu'il en pense, du bon Dieu. Si tu ne sais pas pourquoi l'église que nous venons de démolir était neuve, il le sait, lui !

PREMIER PAYSAN.

Pardine ! il avait démoli l'autre. Va dans son toit à porcs, tu trouveras encore les marbres de l'autel. (*Les femmes baissent la tête en pleurant.*)

GERVAIS, *bas.*

Que n'ai-je mon fusil !

SECOND PAYSAN.

Et la ferme, à qui était-elle ? Aux moines. Combien lui a-t-elle coûté ? Ce qu'elle nous coûte.

PREMIER PAYSAN.

Nous partageons en frères. Il avait pris tout pour lui seul.

LE VIEUX GERVAIS.

J'ai payé la terre, mais je n'avais pas payé le crime ; maintenant, je le paye. Vous payerez le vôtre, et bientôt ! (*A son fils.*) Gervais, mène-moi là-bas, sur ce fumier.

GERVAIS.

Pourquoi, mon père?

LE VIEUX GERVAIS.

C'est là que le prieur est mort, âgé comme je le suis. Moi, je riais à cette fenêtre, la bouteille en main; lui, râlait sur ce fumier. Il me dit que j'y viendrais à mon tour. Conduis-moi.

GERVAIS.

Non, mon père.

LE VIEUX GERVAIS.

J'irai donc tout seul. (*Il se dirige en chancelant vers le fumier, l'atteint, tombe et meurt, la main tendue vers la maison. Les fenêtres se ferment.*)

GERVAIS, *à son enfant.*

Écoute, garçon. Tu vois, ils ont tué ton grand-père ! Ils prennent ma maison, qui devait t'appartenir. Nous étions les plus aisés de la commune, nous voici à la besace. Je vais emmener les femmes. Toi, tu resteras ; tu te cacheras par là dans les halliers, et tu reviendras à la nuit. Ils seront encore à boire notre vin. Tu attendras qu'ils soient soûls tous ; tu rentreras alors. Sans faire semblant de rien, tu fermeras à clef toutes les portes... et puis tu iras dans la grange, au grenier, dans l'écurie, dans l'étable....

LE PETIT GERVAIS.

Et je mettrai le feu, pas vrai?... Oui, père !... et je le mettrai aussi aux meules sous le vent ; et j'ouvrirai aussi l'écluse, pour qu'il n'y ait pas d'eau ; et je couperai la corde du puits ; et je lâcherai les chiens sur ceux qui pourraient s'en sauver. Et si tu veux m'attendre aux Quatre Ormes, je t'apporterai bien ton fusil, va, pour tuer les gens de Bromeil, lorsqu'ils viendront avec leur pompe.

V.

Dans l'Ouest. — Un Village.

Benoît et sa femme sont assis sur un banc, au seuil de leur maison. Le mur est tapissé d'une vigne et d'un églantier en fleurs. Quatre heures sonnent au clocher.

BENOÎT.

Allons, femme, voici l'heure. Nos gens vont se réunir ici pour se rendre à l'église, où nous vous laisserons. Va chercher le petit, que je l'embrasse encore une fois.

MARGUERITE.

Cher ami !... (*Elle pleure.*)

BENOÎT.

Je n'ai pas déjà le cœur si gai ; ne m'attendris point. Nos hommes m'ont pris pour chef, je dois leur donner l'exemple, ici comme au feu. (*Marguerite l'embrasse et sanglote.*) Ma pauvre femme, regarde sur ma poitrine, là où tu poses ton front, cette croix que tu as brodée ; c'est la croix du Rédempteur. Il était innocent, il a donné sa vie pour sauver des coupables. Nous ne sommes pas innocents, nous, et nous n'exposons nos jours que pour nous sauver nous-mêmes.

MARGUERITE.

Cette guerre ne finira donc pas? Tu as été blessé déjà, tu as rempli ton devoir.

BENOÎT.

J'aurai rempli mon devoir quand je serai dans l'impossibilité de combattre, ou quand le pays sera délivré. Veux-tu que je laisse les autres se sacrifier pour moi? Tous ils nous défendent, comme je les défends. Si nous ne prenions pas les armes, nos villages seraient envahis, nos églises dépouillées, nos prêtres massacrés. Celui qui souffrirait cela serait-il un chrétien et un homme?

MARGUERITE.

Hélas! je sens que tu as raison; mais je suis bien malheureuse.

BENOÎT.

Tu le deviendrais davantage, si, n'écoutant que ta douleur, tu murmurais trop contre les épreuves que Dieu nous envoie. Assure-toi sa miséricorde par ta résignation. Fais comme le petit quand il nous voit fâchés : il s'avance tout doucement et nous baise la main. Quelle colère pourrait tenir contre sa soumission ?

MARGUERITE.

Pauvre petit ! reverra-t-il son père?

BENOÎT.

Fais-lui connaître son Père qui est au ciel ; celui-là ne lui manquera jamais, et lui tiendra compte de mon sacrifice. Dès que l'enfant pourra comprendre, tu lui diras : « Petit, ton père est mort en brave homme, pour la religion. » Ne lui dis que cela ; le reste n'en vaut pas la peine. Tu lui mettras au cou la croix que j'ai rapportée de notre dernière bataille, teinte de mon sang. Aussi bien que mon fusil, cette croix défendra son héritage ; aussi bien que moi-même, elle lui enseignera ses devoirs. Ce sera mon portrait tel que je serai dans le ciel, les bras tendus vers Dieu pour attirer sur vous l'abondance de toutes les bénédictions....

MARGUERITE.

Ah ! je ne te verrai plus.

BENOÎT.

Pourquoi donc? A la guerre comme ailleurs, Dieu nous protége, et il n'y a jamais que sa très-sainte volonté qui s'accomplit. Pense à l'éternité, ma Marguérite, où nous serons pour jamais réunis loin des misères de ce bas-monde. Sans doute tu ne croyais pas avoir épousé un soldat, et c'est dur de penser qu'un paisible laboureur est exposé à périr d'un coup de sabre ou d'un boulet; mais quoi! pour n'être pas soldat, en étais-je moins mortel? Quand nous nous sommes mariés, mes jours étaient comptés comme aujourd'hui. Nous savions que les draps bénits du jour des noces nous serviraient un jour de linceuls. Courage, espérance et courage! Si nous triomphons, la religion sera partout rétablie, et il ne se dira pas une messe, il ne se fera pas un acte public d'adoration dont Dieu ne nous soit reconnaissant; pas une âme ne sera sauvée qui ne nous rende éternellement gloire!... Grand Dieu, quelles que soient nos souffrances, pourraient-elles nous mériter le bonheur de vous voir un instant! Et nous vous verrons toujours! toujours!...

MARGUERITE.

On dirait que tu vas à une fête... Si je connaissais moins ton amitié pour moi, je te croirais heureux.

BENOÎT.

Je le suis. Depuis qu'il a coulé pour Dieu, mon sang n'est plus le même dans mes veines; il a comme une envie de se répandre! Au milieu de mes afflictions, j'éprouve un bonheur qui m'étonne. Loin de l'enfant, loin de toi, toujours en présence de la mort, mon cœur (qui me l'aurait dit?), mon cœur plein de vous tressaille de joie, pensant que Dieu me regarde, et qu'il sait que je suis là pour sa cause. Alors je ne sens plus ni fatigue ni tristesse. Je m'avancerais vers la mitraille du même pas et du même cœur que je faisais deux lieues après une journée de travail, pour te voir un instant dans la maison de ton père. Quelle inquiétude puis-je garder? Dieu n'a pas coutume d'abandonner la veuve et l'orphelin... Ce pauvre enfant! va le chercher.... Tu feras bien attention de ne pas troubler le sommeil de mon père. (*Marguerite rentre dans la maison. Benoît la rappelle.*) Cependant, Marguerite, si l'enfant dort..... Non, va. S'il dort, tu l'éveilleras. Il faut que je l'embrasse! (*Seul.*) Nous aurons beau temps. Nos révolutions ne troublent rien là-haut.... Les insensés ne croient plus en Dieu, parce qu'il leur donne du soleil et des fruits tandis qu'ils blasphèment. Je vous bénis, mon Dieu, de m'avoir appris que vous êtes le créateur et le dispensateur équitable de toutes choses. Ceux qui l'ignorent souffrent comme nous, mais ils n'ont ni la consolation de l'espérance, ni la joie du repentir, ni le bonheur du sacrifice... Oui, mon Dieu, c'est avec bonheur que je consens à mourir pour vous. Je sais que de mon sang j'écrirai mon nom sur le livre de vie, et que je verrai vos merveilles. Vous placerez votre ange au seuil du paradis que vous m'aviez donné sur la terre ; et s'il vous plaît que j'y revienne, il m'en ouvrira lui-même la porte, que n'aura point insultée le pied de l'ennemi. (*Il prend son fusil appuyé sur la muraille, et cueille une fleur de l'églantier.*) J'ai planté cet églantier le jour de mon mariage ; il m'a donné moins de fleurs que Marguerite ne m'a donné de jours heureux. Adieu l'églantier, et la vigne, et l'enfant, et l'épouse ! Adieu, s'il le faut, pour jamais ! Vous n'étiez pas à moi, chers trésors ! Vous ne m'étiez que prêtés, comme la vie, et je ne dispute point contre l'unique possesseur sur le jour où il lui plaira de tout reprendre. (*Marguerite reparaît, tenant un bel enfant. Benoît prend l'enfant, le presse sur son cœur, et l'élève ensuite vers le ciel.*) Grand Dieu ! ils s'empareraient de cet enfant, ils le jetteraient dans leurs écoles, ils l'instruiraient à blasphémer ton nom adorable, à mépriser tes lois saintes, à se jouer de la vie de ses frères, à rire du sang versé!... Non, Dieu juste, tu ne le souffriras point! Garde mon fils, ravis-leur cette proie; et si ce n'est pas assez de mon sang pour sauver son âme, prends encore le sien. Livre-le, si tu veux, à leurs satellites, mais préserve-le de leurs docteurs; que les impies ne l'enseignent point; que plutôt ils l'écrasent aux pieds de leurs chevaux!...

MARGUERITE.

Que dis-tu? (*Elle reprend l'enfant.*)

BENOÎT.

Je dis qu'il n'y a qu'un malheur en ce monde, c'est d'offenser Dieu; je dis qu'il vaut mieux que notre enfant et nous-mêmes nous vivions soumis à toutes les misères et nous mourions dans toutes les tortures, plutôt que de n'être pas chrétiens. Femme, écoute-moi; c'est mon dernier vœu peut-être, et mon testament de mort. Si nous étions vaincus, si vous entendiez dire que les socialistes vont arriver, ouvre *la Fleur des Saints*, prosterne-toi devant le crucifix, songe à moi, songe à l'éternité, et lis la vie de sainte Apollonia et celle de saint Cyr. Tu sauras ce que tu dois faire, et ce qu'espèrent de toi ma confiance et mon amour... (*Un vieillard paraît au seuil de la maison.*) Mon père !...

LE VIEILLARD.

Pars sans crainte. Toutes les armes et tous les cœurs ne s'éloigneront pas du village avec vous. Les socialistes, s'ils viennent, trouveront ici plus de ruines que de maisons, et plus de cadavres que d'habitants. Vainqueurs, ils ne nous auront pas encore vaincus. Ils pourront faire tomber nos têtes, elles ne se courberont jamais sous leurs lois infâmes ; elles ne s'inclineront que pour laisser l'âme et le sang jaillir ensemble vers le ciel. J'ai vu des flots de sang inonder nos paisibles contrées. La rage des bourreaux n'en a pu répandre assez pour submerger la croix. Plus le sang montait, plus la croix montait. Victimes et bourreaux la voyaient toujours sur leurs têtes, douce aux martyrs, terrible aux persécuteurs. Va combattre, va mourir. Ton père a combattu, ton grand-père et tes oncles sont morts, et ta mère a mis sur ton berceau une croix faite des épis et des fleurs cueillis dans les champs où je les ai ensevelis. Tu es du sang des saints. Vivant ou mort, tu entendras le cri de triomphe des saints.

Une voix qui remue le cœur plus délicieusement que le sourire de l'épouse et la première parole du premier-né retentira du faîte des cieux aux entrailles de la terre. Elle dira : « Victoire, victoire éternelle à la croix ! »

(*Les paysans, qui se sont rassemblés pendant que le vieillard parlait, et qui l'ont écouté en silence, crient d'une seule voix :* Victoire à la croix !)

LE CURÉ.

Mes enfants, M. le vicaire n'est pas assez remis de sa blessure pour pouvoir partir avec vous. C'est moi qui le remplacerai. Partons. Je suis vieux, mais vous êtes robustes ; et quand la marche sera trop longue, j'en trouverai toujours un parmi vous pour me donner le bras... Allons, mes enfants, nous munir du pain des forts, et ensuite ne songeons plus qu'à faire notre devoir. Je suis prêtre, je suis vieux ; je connais les choses de la vie. Je vous le dis en toute sincérité, Dieu vous aime et vous êtes heureux. Venez, d'un cœur tranquille, recevoir le corps de Jésus-Christ, qui gardera vos âmes pour la vie éternelle. (*Le curé entonne le psaume* In exitu Israël, *et tous se rendent processionnellement à l'église.*)

VI.

Le Cabinet du consul.

LE CONSUL.

Eh bien ! quelles nouvelles ?

LE SECRÉTAIRE.

Assez bonnes. On a tué quelques centaines de rebelles et fait sauter trois maisons. L'insurrection ne tient plus que dans un seul quartier.

LE CONSUL.

Mais enfin, que veulent-ils ?

LE SECRÉTAIRE.

Ce qu'il y a de plus impossible à leur donner : du pain.

LE CONSUL.

A-t-on saisi quelques papiers?

LE SECRÉTAIRE.

Probablement ; mais le préfet de police voudra-t-il nous les montrer ? Je ne suis pas sûr de lui.

LE CONSUL.

Ni moi. Je suis entouré de traîtres.

LE SECRÉTAIRE.

Il faut prendre garde à Baisemain.

LE CONSUL.

Pas plus à lui qu'à ses collègues. Ils conspirent presque tous, chacun pour le compte des autres et pour le sien en particulier. Des misérables que j'ai tirés de la crotte, et dont les plus illustres n'auraient pas été jugés dignes, il y a six mois, de devenir commis à quinze cents francs.

LE SECRÉTAIRE.

Heureusement, le Vengeur reste fidèle.

LE CONSUL.

C'est celui que je crains le plus. Il a la force en main. Tout en me servant, il évite de se compromettre; j'ignore ce qu'il veut, et il est capable de tout.

LE SECRÉTAIRE.

Si tu le crains, il faut le faire juger... par surprise.

LE CONSUL.

Ces moyens me répugnent... Et puis comment le saisir au milieu des bandits qui l'entourent et qu'il a fanatisés? Mettre la main sur lui ici, personne ne le voudrait ou ne l'oserait. Il est l'idole de mes propres gardes.

LE SECRÉTAIRE.

Veux-tu que je tâte Galuchet ?

LE CONSUL.

Non. Si le Vengeur concevait un soupçon, il n'aurait pas mes scrupules. Que ferais-je d'ailleurs sans lui ? Tous les jours le sang coule dans la ville ; il coulerait bien davantage, il coulerait par torrents et m'emporterait en quelques heures, si cet homme de fer n'était plus là.

LE SECRÉTAIRE.

En attendant, il faut en passer par tous ses caprices. Que de choses funestes et absurdes il t'a imposées ! On t'appelle le dictateur, c'est lui qui l'est.

LE CONSUL.

Ne me le dis pas, je le sais trop. Je n'évite de plus grandes atrocités qu'en lui cédant.

LE SECRÉTAIRE.

A force de céder, nous serons pendus. A ta place, ou je brusquerais la partie, ou je décamperais.

LE CONSUL.

A ma place, tu aurais d'autres pensées. Il se

passe en moi des choses étranges. Je m'attache à ce pouvoir qui n'est qu'un esclavage ignominieux ; j'ai pitié de ce peuple insensé qui déjà me hait, et qui peut, à la première occasion, me traîner mort, avec des cris de joie, dans les rues. Je voudrais lui rendre la paix, je voudrais l'empêcher de se déchirer lui-même, je voudrais lui donner du pain. Depuis que j'ai tant de vies humaines entre les mains, le sentiment de la responsabilité pèse sur moi d'un poids qui m'écrase.

LE SECRÉTAIRE.

Tu m'étonnes !

LE CONSUL.

Moi-même j'ai peine à me comprendre. D'où me viennent ces angoisses que je n'avais pas prévues, et que d'autres ne connaissent pas ? Si ce que j'ai fait était mal, pourquoi n'en ai-je rien senti ? Et s'il n'y a ni mal ni bien, si je n'ai eu que des volontés légitimes auxquelles j'ai légitimement obéi, pourquoi ce trouble dans mon cœur ? Mon énergie révolutionnaire s'est éteinte. Je ne puis voir ces destructions sans raison et sans but, que mon âme ne soit torturée de remords. Non, je n'étais pas né pour de telles œuvres !

LE SECRÉTAIRE.

Permets-moi de te dire que tu t'en aperçois un peu tard.

LE CONSUL.

Hélas!... Mais tu as raison, et ce que je peux faire de mieux est de ne point perdre le temps à me plaindre. Que dit-on dans les quartiers riches?

LE SECRÉTAIRE.

On y meurt de faim en silence. On y souffre toutes les avanies avec une résignation inconcevable et stupide. Le désarmement est à peu près terminé. Selon ton désir, j'ai tâché qu'il ne fût pas très-rigoureux.

LE CONSUL.

Les bourgeois ne parlent point de moi?

LE SECRÉTAIRE.

Les plus intelligents ne te sont pas hostiles. Si nous pouvons gagner du temps, nous parviendrons à les travailler en ta faveur. (*Il rit.*)

LE CONSUL.

Que vois-tu là de plaisant?

LE SECRÉTAIRE.

Pardon. Je ne puis m'empêcher de rire quand je pense que ces braves gens, qui ont lâché le dernier roi, et successivement tous les modérés, finiront par descendre dans la rue pour te défendre.

LE CONSUL.

Je suis la dernière espérance de l'ordre.

LE SECRÉTAIRE.

Ma foi, à mon avis, ni l'ordre ni la liberté n'ont plus d'espérance depuis longtemps. Tout est flambé. Le gouvernement est impossible avec des imbéciles qui ne savent ce qu'ils veulent, et des coquins qui ne veulent que le mal. Si les bourgeois te soutiennent un jour, ils t'abandonneront le lendemain, comme ils ont abandonné les autres. Et puis, même soutenu d'eux et eux d'accord, que feras-tu? où iras-tu? La voie est bouchée de toutes parts. On trouve partout à faire des choses à la fois indispensables et impossibles. Ne sens-tu pas l'absence d'un outil universel, d'une force supérieure et indéfinie, sans quoi tout manque? Quel est cet outil, quelle est cette force qui rend les peuples gouvernables? Nous ne pouvons nous en passer, et nous ne savons où la prendre; nous ne savons pas même très-bien quelle elle est.

LE CONSUL.

Il se pourrait que ce fût la religion.

LE SECRÉTAIRE.

Peut-être. En tout cas, c'est la vie.

LE CONSUL.

Valentin de Lavaur est plus heureux que moi. La discipline règne dans son camp, et le peuple qu'il a insurgé contre nous le bénit.

LE SECRÉTAIRE.

C'est là qu'est le dernier espoir de l'ordre, mais cet espoir sera bientôt écrasé par nous-mêmes. Il ne trouvera pas, au siècle où nous sommes, assez de chrétiens pour résister aux légions de démons qui se lèvent de toutes parts.

LE CONSUL.

Malheureuse société! Elle est vouée à la destruction!

LE SECRÉTAIRE.

Ça me fait bien cet effet-là. Et, franchement, nous pourrons nous vanter de n'y avoir pas nui; mais nous payerons notre part du dégât. (*Entre un officier.*)

L'OFFICIER.

Citoyen consul, j'ai vu défaire la dernière barricade.

LE CONSUL.

A-t-on des prisonniers?

L'OFFICIER.

Quelques douzaines.

LE CONSUL.

Ils seront transportés.

LE SECRÉTAIRE.

Où? Les moyens de transport sont rares, les pontons regorgent.

LE CONSUL.

Qu'on les emprisonne!

LE SECRÉTAIRE.

Les prisons sont pleines... Pour quelques douzaines de pauvres diables, tu peux bien les mettre en liberté.

LE CONSUL.

Soit. Écris.

L'OFFICIER.

Citoyen secrétaire, ce n'est pas la peine d'user ton encre. Les prisonniers seront placés ce soir, et tranquilles..., vu que le général Galuchet les a fait fusiller.

LE CONSUL.

Comment?

L'OFFICIER.

Comment? Comme ça donc. Je te trouve coulant, toi, pour des canailles de rebelles qui ont fait feu sur nous.

LE SECRÉTAIRE, *tirant un pistolet de sa poche.*

Tu insultes le consul. Si je n'avais pas des égards pour ton général, je te brûlerais la cervelle. (*Il sonne; deux gardes paraissent.*) Mettez cet homme au cachot.

L'OFFICIER.

En voilà de la liberté! Tas d'avocats! (*On l'emmène.*)

LE CONSUL.

Quelle vie! quelles scènes! Cette exécution animera le peuple contre moi. Galuchet n'aurait pas pris sur lui de l'ordonner. C'est un trait du Vengeur.

LE SECRÉTAIRE.

Les bourgeois t'en sauront gré; ils aiment la force.

LE CONSUL.

Combien a-t-il fait fusiller de ces malheureux?

LE SECRÉTAIRE.

Bah! un demi-cent!

LE CONSUL.

Je ne puis m'habituer à ce mépris de la vie humaine. Qui aurait cru à tant de férocité dans un peuple naguère si paisible?

LE SECRÉTAIRE.

Tu me rappelles une phrase que j'ai lue dans le vieux Bonald, du temps que je rédigeais des journaux conservateurs. « Nul peuple, dit-il, n'est plus près d'avoir des mœurs féroces que celui qui a des mœurs voluptueuses. » Il est très-fort, ce Bonald. Auprès de lui, tous les publicistes révolutionnaires ne sont que des crétins;..... mais voilà justement leur mérite.

UN HUISSIER.

Citoyen consul, les ministres t'attendent.

LE SECRÉTAIRE.

Donne-moi congé pour quelques heures.

LE CONSUL.

Où vas-tu? J'ai constamment besoin de toi; il faut au moins que je sache où te prendre.

LE SECRÉTAIRE.

Je vais tenir conseil aussi. J'ai mon avis à donner sur un costume de première danseuse.

LE CONSUL.

Heureux drôle! ce sont là tes soucis, à toi.

LE SECRÉTAIRE.

Ne m'en blâme pas. Les danseuses m'empêchent de conspirer. Trouve autre chose qui puisse attacher à la révolution sociale un homme qui a lu les Pères de l'Église.

VII.

La Salle du conseil.

LE CONSUL.

Citoyens, l'insurrection est complétement vaincue. C'est la huitième dont la république sociale triomphe depuis son glorieux avénement.

LE MINISTRE DE L'INTÉRIEUR.

C'est la douzième.

LE CONSUL.

Douze victoires en quatre mois! Ce fait prouve avec quelle énergie le gouvernement que nous avons fondé saura se défendre contre les factions. Il prouve aussi l'assentiment que nous trouvons dans le pays, puisque, toujours attaqués par les ennemis éternels de toute liberté, nous sommes toujours vainqueurs. Cette fois, la victoire a coûté peu. Tout en usant d'une juste sévérité, le général Galuchet a su ne pas multiplier les victimes.

LE MINISTRE DU PROGRÈS.

Il en a fusillé cent.

LE MINISTRE DE L'INTÉRIEUR.

Il en a laissé échapper beaucoup.

LE CONSUL.

Je ne lui reproche ni sa rigueur, ni son humanité. Une leçon était nécessaire, il l'a donnée; elle sera profitable. Que les factieux de toute couleur soient exterminés ou terrifiés : le règne de l'idée est à ce prix.

LE MINISTRE DE L'INSTRUCTION PUBLIQUE.

C'est sur le sang que l'on fonde. Sachons nous élever à la hauteur de la mission sociale, sacredié!

LE MINISTRE DU PROGRÈS.

Je demande formellement qu'on ne s'occupe pas tant de tuer et un peu plus de civiliser. Nous nous traînons dans les vieilles ornières, nous ne développons que la crainte, il faut développer l'amour. Cela est certain, cela est évident; car...

LE CONSUL.

N'interromps pas l'ordre des délibérations. Tu parleras à ton tour.

LE MINISTRE DU PROGRÈS.

On ne me laisse pas parler. Le ministre du progrès, qui devrait en quelque sorte diriger les délibérations du conseil, n'a jamais la parole qu'à l'heure de lever la séance. Le peuple murmure, et demande ce que je fais.

LE MINISTRE DE L'INSTRUCTION PUBLIQUE.

Dis-lui que tu fais l'amour.

LE MINISTRE DU PROGRÈS.

Mauvais plaisant!

LE CONSUL.

Silence! Le ministre de l'intérieur me proposera les mesures nécessaires pour fortifier l'état de siége et assurer la tranquillité publique. Le ministre des affaires étrangères a la parole sur la situation de son département.

LE MINISTRE DES AFFAIRES ÉTRANGÈRES.

Citoyens, nous n'avons d'envoyés qu'auprès des gouvernements insurrectionnels. Ils n'ont pas tous été bien reçus. Leurs sentiments sont parfaits, mais en général ils manquent de capacité ou de prudence. Plusieurs ignorent la langue du pays où ils sont en mission ; ceux qui savent la langue prêchent des doctrines trop avancées. Un seul se montrait plein de talent et de prudence, c'est l'habile Filoupin, dont vous connaissez tous les services démocratiques. Malheureusement, la passion du jeu l'emporte...

LE CONSUL.

Eh bien?

LE MINISTRE DES AFFAIRES ÉTRANGÈRES.

Il a eu des malheurs.

LE CONSUL.

Il a beaucoup perdu?

LE MINISTRE.

Non, il a beaucoup gagné. On nous le renvoie.

LE MINISTRE DE L'INSTRUCTION PUBLIQUE.

Calomnie ! Filoupin est mon vieux camarade ; nous avons été maîtres d'études dans le même établissement. Je réponds de lui comme de moi-même.

LE CONSUL, *à part.*

Belle caution ! — Le citoyen Filoupin sera réprimandé, — et je l'emploierai ailleurs.

LE MINISTRE DES AFFAIRES ÉTRANGÈRES.

Le personnel diplomatique exige de grandes réformes ou de grandes mutations. On l'a choisi parmi les écrivains et les orateurs, et il est excessivement ignorant. En outre, ses mœurs ne répondent guère à ce qu'on attend de l'austérité républicaine.

LE MINISTRE DE L'INSTRUCTION PUBLIQUE.

Veux-tu qu'ils aillent à confesse ?

LE MINISTRE DES AFFAIRES ÉTRANGÈRES.

Ils compromettent ailleurs les secrets de la république.

LE CONSUL.

J'aviserai.

LE MINISTRE DE L'INSTRUCTION PUBLIQUE.

Prends garde aux intrigants.

LE CONSUL.

La parole est au ministre de la marine.

LE MINISTRE DE LA MARINE.

Je n'ai rien de bien important à communiquer. Le vieil amiral Guillaume, convaincu d'incivisme, a été exécuté par jugement de la nouvelle commission martiale instituée pour épurer les cadres de la marine. Deux vice-amiraux, trois capitaines de vaisseau et plusieurs autres ci-devant officiers sont poursuivis pour le même crime. La commission fonctionne avec énergie et activité. Les nouveaux officiers, élus par leurs camarades, font preuve d'une ardeur républicaine qui ne laisse rien à désirer. Cependant l'esprit d'insurrection continue de se manifester à bord de plusieurs bâtiments. Je propose d'y envoyer des détachements de la force ouvrière...

LE MINISTRE DES AFFAIRES ÉTRANGÈRES.

On parle d'un sinistre?

LE MINISTRE DE LA MARINE.

Ou : le citoyen Cancro, qui s'est montré si dévoué à la cause sociale sous l'ex-tyrannie, a éprouvé un malheur. Rentrant au port après une petite excursion sur les côtes, il a perdu son bâtiment. Néanmoins la capacité de Cancro est incontestable comme son civisme. Je le connais ; il a été mon collaborateur au *Brûlot*. Il doit son grade au suffrage universel.

LE MINISTRE DES AFFAIRES ÉTRANGÈRES.

Il a tout de même perdu son navire. Je demande que Cancro soit mis en jugement.

LE MINISTRE DE L'INSTRUCTION PUBLIQUE.

Je demande que le ministre des affaires étrangères, qui se fait ici l'accusateur des meilleurs citoyens, et qui ne prend plus la peine de déguiser ses tendances modérantistes, soit lui-même décrété d'accusation.

LE MINISTRE DES AFFAIRES ÉTRANGÈRES.

Que mes collègues me délivrent de leur compagnie! J'aime autant servir la république dans ses bagnes que dans ses conseils.

(*Plusieurs ministres se lèvent avec impétuosité, et interpellent le ministre des affaires étrangères en lui montrant le poing. D'autres s'interposent.*)

LE CONSUL.

Du calme, au nom de la patrie! La parole est au ministre de la guerre.

LE MINISTRE DE LA GUERRE.

Citoyens, je ne vous dirai pas que ça va chez nous comme sur des roulettes, mais ça va comme sur l'eau; autrement dit, pas trop bien, pour être franc et sincère, suivant la devise du troupier. Nous abattons tous les jours la graine d'épinards, et nous en faisons pousser d'autre à vue d'œil. Si c'est bon, c'est mauvais aussi. C'est bon pour la liberté et l'égalité, et pour ceux qui victimaient le soldat; c'est mauvais pour la discipline : pas moyen de se dissimuler la chose. Voilà un sergent, un caporal, un soldat, qui passent d'emblée capitaine, lieutenant, chef de bataillon; ils sont satisfaits ceux-là, c'est-à-dire tout juste. Ils demandent encore pourquoi ils ne sont pas colonels ou officiers-généraux; mais, clampins, il n'y en a pas pour tout le monde! Qu'est-ce que cela leur fait? Il y en a, ils en veulent. Et comme c'est le gouvernement qui choisit pour les hauts grades, tous mes propres à rien se mettent à invectiver, disant que le ministre fait des passe-droit. Et le soldat, vous croyez qu'il est content d'avoir nommé ses chefs? Oui, dans le moment ça le flatte, vu que les postulants font des *extra* pour s'agglomérer les suffrages; mais le lendemain, va te promener! il ne les respecte plus, il les méprise. Les régiments se détériorent simultanément; ça devient pire qu'une garde nationale. Pour la désertion, je n'ose en parler. Il y a des compagnies qui fondent en un jour, des bataillons entiers qui disparaissent. Une si belle armée! Je leur envoie des proclamations tous les jours. Je ne veux pas vous lire les chansons qu'ils m'adressent en réponse, sur l'air : *Va-t'en voir s'ils viennent!* Les lettres de leurs parents sont encore une grande cause de désertion. Les unes disent : «Viens défendre notre champ;» les autres : «Viens prendre le champ du voisin.» Ils partent deux ensemble, pour se flanquer des coups de fusil quand ils arriveront. Voulez-vous conserver l'armée? Défendez au soldat de correspondre avec sa famille... Mais ça ne s'arrangera guère avec la déclaration des droits de l'homme. — Autre misère. Le soldat n'est pas payé. Ce n'est rien encore : il n'est pas nourri. Le service des subsistances n'était déjà pas fameux; il a été démantibulé. Les anciens *riz-pain-sel* étaient des renards ; ceux qui les ont remplacés sont des vampires. Je ne conteste pas leurs vertus civiques : presque tous président plus ou moins un club ; mais je défie qu'on trouve leurs pareils, même à la Plata. J'ai beau les surveiller ; plus j'évente leurs frimes, plus ils les multiplient. Ils échappent aux châtiments, et nous n'échappons pas à leurs poisons. L'armée ne consomme plus que des viandes gâtées, des vins falsifiés, des farines avariées. Ces Israélites-là nous fournissent des souliers d'amadou et des habits de toile d'araignée. Il y a des régiments dont la moitié est à l'hôpital, où de soi-disant médicaments, préparés par d'autres gueux, les achèvent. Je me mange les sens de voir tant de voleries, et de n'y pouvoir rien du tout. Toutes les nuits, j'entends mes camarades qui me disent que je perds l'armée et que je les fais mourir. J'en ai assez, j'en ai trop... Citoyen consul, après y avoir bien réfléchi, je te donne ma démission. Tu t'es trompé, et moi aussi, quand nous avons cru qu'un sergent pouvait être ministre de la guerre. Pour ce poste-là, il faut une autorité, une expérience et des connaissances que je n'ai pas. On a beau faire, un briquet ne se change en épée que sur le champ de bataille, et avec le temps. Tu le tremperais cent fois dans l'urne électorale, que ce serait toujours un briquet. Donne la croix au soldat qui prend un drapeau, donne un grade à l'officier qui fait une action d'éclat et qui sait bien sa théorie; ne donne le ministère qu'au vieux guerrier qui t'a donné des victoires, et qui a longtemps manié le commandement. Pour quant aux pékins qui prétendent qu'on fait des officiers et des généraux comme on fait des représentants du peuple, procureleur un logement aux Petites-Maisons; sinon ils perdront l'armée et la patrie.

LE MINISTRE DE L'INSTRUCTION PUBLIQUE.

Le ministre de la guerre vient d'outrager grossièrement le suffrage universel. Je proteste.

PLUSIEURS AUTRES.

Moi aussi !

LE MINISTRE DE L'INSTRUCTION PUBLIQUE.

(*Il secoue le ministre du Progrès, qui est endormi.*) Réveille-toi, et proteste.

LE MINISTRE DU PROGRÈS.

Je proteste... Contre quoi?

LE MINISTRE DE L'INSTRUCTION PUBLIQUE.

Contre le ministre de la guerre.

LE MINISTRE DU PROGRÈS.

Certainement; il faut abolir la guerre et développer l'amour. (*Il se rendort.*)

LE CONSUL.

J'honore la franchise du ministre de la guerre... et j'accepte sa démission.

LE MINISTRE DE L'INSTRUCTION PUBLIQUE.

Il faut nommer Galuchet.

LE MINISTRE DE LA GUERRE.

Galuchet? Citoyen consul, tu trouveras mieux au bagne.

LE MINISTRE DE L'INSTRUCTION PUBLIQUE.

Vas-y remplacer ton successeur.

LE MINISTRE DE LA GUERRE.

J'abdique aussi le grade de général que je n'ai point gagné, et je me retire simple soldat.

LE MINISTRE DES AFFAIRES ÉTRANGÈRES.

Homme de cœur !

LE MINISTRE DE LA MARINE.

Imbécile !

LE MINISTRE DE LA GUERRE.

Je perçois des murmures inconsistants et des paroles plus qu'osées. Certains, qui n'entendent pas mieux leur besogne que je n'entendais la mienne, m'inculpent de mauvais citoyen et d'imbécile, parce que je m'en vas. Je les réciproque de cambusiers, parce qu'ils restent. Leur opinion sur moi m'est inférieure : si la mienne sur eux ne leur va pas, je la mets dans le fourreau de mon sabre; qu'ils viennent la retirer ! (*Il sort lentement.*)

VIII.

LE MINISTRE DE L'INSTRUCTION PUBLIQUE, *au consul.*

Fais-le arrêter.

LE CONSUL.

Va l'arrêter toi-même. La parole est au ministre des travaux publics.

LE MINISTRE DES TRAVAUX PUBLICS.

Citoyens, un décret rendu sur ma proposition a ordonné la démolition et la vente des matériaux des ex-églises. Ces démolitions nationales marchent fort bien. Dans les campagnes révolutionnaires et éclairées, tout est à peu près fini. Les paysans, devançant le décret, ont démoli leurs églises et s'en sont partagé les débris. Mainte masure deviendra une jolie maisonnette, maint rétrograde deviendra bon socialiste, mainte commune sera régénérée par cette opération hautement philosophique. En l'ordonnant, vous avez bien mérité de la civilisation et de l'humanité.

LE CONSUL.

Après?

LE MINISTRE DES TRAVAUX PUBLICS.

J'ai le regret d'ajouter que les autres travaux languissent, par suite soit du manque de fonds, soit du refus des ouvriers. Nous n'avons pu rétablir encore les chemins de fer, les ponts et les routes, coupés par divers motifs depuis la révolution. Les lignes restées intactes ne fonctionnent plus ou ne fonctionneront pas longtemps, à cause de la rareté du charbon qui n'arrive plus, de l'épuisement des machines qu'on ne répare plus, et principalement à cause du petit nombre des voyageurs. Le mouvement se ralentit de jour en jour, les transactions sont suspendues. Il faudrait ranimer l'industrie.

LE CONSUL.

Que proposes-tu pour la ranimer? Voilà ce que tu aurais dû dire d'abord.

LE MINISTRE DES TRAVAUX PUBLICS.

Je me suis entendu avec le ministre du commerce et le ministre du progrès.

(*Le ministre de l'instruction publique secoue le ministre du progrès.*)

LE MINISTRE DU PROGRÈS, *s'éveillant.*

Hein!

LE MINISTRE DES TRAVAUX PUBLICS.

Nous avons fait arrêter, juger et exécuter plusieurs manufacturiers, et nous avons remis à des associations ouvrières leurs établissements, qui ont été déclarés propriétés nationales. Ce moyen, que la théorie sociale indiquait, n'a pas réussi.

LE CONSUL.

Par quelle raison?

LE MINISTRE DES TRAVAUX PUBLICS.

Les ouvriers ont eu de la peine à s'entendre. Après de longs chômages, consacrés à faire les élections, ils sont parvenus à se donner des chefs. Ils ont choisi en général les plus éloquents et les plus patriotes; cependant ceux-ci n'ont pas su se faire obéir. Le chômage a continué. Les mauvaises têtes venaient fumer leur pipe autour du poteau sur lequel on lisait : *Celui qui ne travaille pas est un voleur*. Dans quelques manufactures, les chefs ayant déployé de l'énergie, les mécontents ne se sont pas bornés à les révoquer. Croyant pouvoir les juger parce qu'ils les avaient élus, ils ont formé entre eux un tribunal, et les ont condamnés à mort...

LE MINISTRE DE L'INSTRUCTION PUBLIQUE.

Comme aristocrates.

LE MINISTRE DES TRAVAUX PUBLICS.

N'importe à quel titre, c'était toujours une illégalité. Ces sentences ont reçu leur exécution. Elles ont répandu l'indignation et la terreur parmi les bons ouvriers, et porté au comble l'audace des mauvais...

LE MINISTRE DE L'INSTRUCTION PUBLIQUE.

Cette expression est antirépublicaine : il n'y a pas de mauvais ouvriers. Respectez le peuple!

LE MINISTRE DES TRAVAUX PUBLICS.

Je retire l'expression, si elle peut blesser un sentiment que j'honore et que je partage..... Pour finir, la discorde s'est glissée dans les ateliers à propos du travail, à propos des comptes, à propos de tout. Un grand nombre d'excellents travailleurs se sont expatriés; l'anarchie est arrivée à un tel excès parmi les autres, qu'ils nous ont demandé eux-mêmes des chefs pour régir les usines et diriger les travaux. Ces chefs, demandés avec instance, ont été mal reçus.

LE MINISTRE DE L'INSTRUCTION PUBLIQUE.

Ils n'étaient pas purs.

LE MINISTRE DU PROGRÈS.

Ils n'ont pas su développer l'amour.

LE MINISTRE DES TRAVAUX PUBLICS.

Je ne veux point contredire mes honorables collègues. Ces chefs, quoique capables, se sont donné sans doute de graves torts. Ce qui le prouverait, c'est qu'ils ont été battus, chassés, et quelques-uns même assassinés.

LE MINISTRE DE L'INSTRUCTION PUBLIQUE.

C'est-à-dire punis.

LE MINISTRE DES TRAVAUX PUBLICS.

Je veux dire punis. D'autres, qui s'étaient d'abord mieux emparés des cœurs, ont disparu.

LE MINISTRE DES AFFAIRES ÉTRANGÈRES.

Avec la caisse.

LE MINISTRE DES TRAVAUX PUBLICS.

Mon honorable collègue a malheureusement raison. Ce qu'ils ont emporté était d'ailleurs peu de chose. Enfin, citoyen consul, le résumé de la situation n'est pas brillant. La plupart de nos grands établissements industriels sont fermés. Dans ceux qui tiennent encore, ou le travail manque aux bras, ou les bras manquent au travail. Peut-être faudra-t-il essayer quelques mesures assez rigoureuses, en apparence du moins.

LE MINISTRE DU PROGRÈS.

Je demande qu'on développe l'amour.

LE MINISTRE DES TRAVAUX PUBLICS.

Oui, d'abord. Ensuite il serait urgent : 1° de s'emparer, au nom de l'État, de toutes les usines, manufactures, ateliers de tout genre; 2° d'arrêter par les lois les plus sévères l'émigration des ouvriers habiles, qui devient véritablement désastreuse; 3° d'installer, dans tous les établissements industriels que le gouvernement voudra remettre en activité, une force assez respectable pour y faire régner le travail et la paix. Le commandant de cette force, qui conserverait justement le nom de force ouvrière, serait investi d'un pouvoir absolu. Il pourrait même interdire les conversations pendant les heures de travail, et mettre hors la loi tout travailleur qui s'éloignerait à une certaine distance de l'atelier.

LE MINISTRE DES AFFAIRES ÉTRANGÈRES.

C'est le régime des bagnes.

LE MINISTRE DES TRAVAUX PUBLICS.

Ma proposition doit paraître un peu sévère; mais, en mon âme et conscience, je ne vois aucun autre moyen de sauver l'industrie nationale, et d'en obtenir même la faible production qu'exigent les besoins si réduits du consommateur. En moins d'un an, la contrebande nous aura dévorés.

LE MINISTRE DU COMMERCE.

C'est vrai.

LE MINISTRE DES FINANCES.

C'est vrai.

LE MINISTRE DES TRAVAUX PUBLICS.

Remarquez que les travailleurs eux-mêmes recevront avec amour ces mesures. Premièrement, elles ont un caractère énergique et spartiate qui doit charmer des âmes républicaines; en second lieu, l'ordre qu'elles feront régner paraîtra toujours préférable au désordre actuel : les travailleurs se féliciteront de n'être plus exposés sans cesse, comme ils le sont aujourd'hui, à mourir de faim ou d'un coup de couteau; enfin, et voici le grand avantage que je vous prie de méditer, ces lois, déjà si salutaires, prépareront puissamment la féconde harmonie et la vaste communauté qui fera de nous, dans l'avenir, un peuple d'égaux et de frères.

LE MINISTRE DU PROGRÈS.

Nous y voici !

LE MINISTRE DE L'INSTRUCTION PUBLIQUE.

Tais-toi donc.

LE MINISTRE DU PROGRÈS.

Vous n'êtes que des phalanstériens et des communistes.

LE MINISTRE DE L'INSTRUCTION PUBLIQUE.

Et toi, tu n'es qu'un jobard.

LE CONSUL.

Le ministre de l'instruction publique apporte ici un langage constamment irritant. S'il ne veut pas respecter davantage les convenances, je l'invite à sortir du conseil.

LE MINISTRE DE L'INSTRUCTION PUBLIQUE.

J'apporte ici l'amour du peuple, et la foi la plus profonde à toutes les idées qui ont fait notre sainte et immortelle révolution. Je ne tiens nullement à être du conseil ; mais je tiens fort à ne pas laisser étouffer des sentiments auxquels j'ai voué ma vie.

LE CONSUL, *à part.*

Baisemain devient bien insolent ! (*Haut.*) Ces sentiments t'honorent. Honore-les toi-même en les exprimant avec modération.

LE MINISTRE DE L'INSTRUCTION PUBLIQUE, *à part.*

Il file.

LE MINISTRE DU PROGRÈS.

Baisemain est un enthousiaste, dont les paroles n'ont aucune valeur. Nous sommes de vieux amis ; je lui pardonne ses sottises. Il se croit socialiste, et il n'entend rien au socialisme. Aucun de vous n'y entend rien. Vous n'êtes tous que des politiques et des hommes d'affaires ; vous n'avez pas pour deux liards de doctrine. Vos intentions sont bonnes ; mais, au lieu d'affranchir l'humanité, vous ne rêvez que de l'asservir. Vous croyez sauver la révolution, vous la perdez. Pourquoi ne voulez-vous jamais m'écouter, jamais faire ce que je vous demande? Sachez qu'on ne fonde rien par la force, qu'on fonde tout par l'amour. Quand vous aurez renouvelé les folies sanglantes de la première révolution, vous serez bien avancés! Voilà du beau et du nouveau, de couper des têtes, d'abattre des monumens, de faire de la patrie entière un bagne immense et plein de décombres, où les citoyens tremblent, où les garde-chiourmes règnent, le pistolet au poing! Tout cela s'est essayé jadis. Qu'en est-il résulté? Des réactions et des restaurations. Au lieu de comprimer en tous sens la liberté, développez-la en tous sens, dans la morale, dans les travaux, dans les plaisirs ; faites que les hommes s'aiment, ils seront heureux, et vous aurez sauvé le monde.

LE MINISTRE DES TRAVAUX PUBLICS.

Je crois que le citoyen ministre du progrès a parfaitement raison ; mais je pense que les faits, pour le moment, ne sont pas complétement d'accord avec sa théorie, et que le premier progrès que nous avons à réaliser, c'est de vivre. Or, les ouvriers ne travaillant pas, ou parce qu'ils ne le veulent pas, ou parce qu'ils ne le peuvent pas, ils ne vivent pas, et nous non plus nous ne vivons pas. Pour les faire vivre, il faut donc les forcer à travailler. Je propose un moyen ; si le ministre du progrès en connaît un meilleur...

LE MINISTRE DU PROGRÈS.

L'amour.

LE MINISTRE DES TRAVAUX PUBLICS.

L'amour est excellent ; mais on trouverait difficilement aujourd'hui deux hommes qui consentent à s'aimer, je dis plus, qui puissent passer ensemble quelques heures sans en venir aux coups, à moins qu'un troisième placé entre eux, et assez fort, ne les empêche. Comment les amènerons-nous à s'aimer, si d'abord nous ne les contraignons à se laisser vivre?

LE MINISTRE DU PROGRÈS.

Tu me persifles, parce que, faute de m'écouter à temps, la situation s'est empirée au point de n'avoir plus d'issue pacifique. Tu crois au phalanstère, parce que tu n'as pas eu le courage de lire mes livres. C'est bien ; fais du phalanstère! fais du communisme! Assouvis de jouissances l'orgueil et la sensualité de quelques adeptes, et de misère et d'ignominie le reste du genre humain ; je verrai combien cela durera, et je rirai à mon tour.

LE CONSUL.

Terminons cet incident.

LE MINISTRE DU PROGRÈS.

Comment! un incident? Mais il s'agit de l'existence même de la révolution et du socialisme! Vous ne devriez pas sortir d'ici que la question ne soit résolue. Vous devriez y employer au besoin la nuit.

LE MINISTRE DE L'INSTRUCTION PUBLIQUE.

Crois-moi, tu n'en verrais pas plus clair dans tes idées, ni nous non plus.

LE MINISTRE DU PROGRÈS.

Toi, je te regarde comme tout à fait inintellectuel. Je m'adresse au consul, il doit comprendre la situation. Est-ce que tu n'es pas épouvanté, citoyen consul, de l'état des choses et de l'état des esprits? Est-ce que tu vois en tout ce qu'on te propose un moyen de sortir de ce labyrinthe de folies où nous marchons, les pieds dans le sang? Le sang monte, monte d'heure en heure. Nous en avons jusqu'aux genoux, nous en aurons bientôt jusqu'aux lèvres, nous y serons noyés et étouffés. Le fleuve roule du sang et des têtes coupées..... Un autre l'avait vu déjà ; son âme est entrée en moi, pleine d'horreur pour les crimes passés, et condamnée à les voir s'accomplir encore. Fouquier-Tinville était bon. Je m'en doutais... je le vois maintenant aux transports d'amour que j'éprouve... J'aime l'humanité, je veux qu'elle soit heureuse... Vous, vous êtes des meurtriers; vous êtes des prêtres. Exterminons les prêtres... Ils ont une idole muette et voilée; ils lui donnent du sang. Vous dites : « Le salut par le sang ; » je dis : « Le salut par l'amour. » O amour, amour, tu ne me jugeras pas avec ces coupables! Je t'ai toujours chanté, ils ne t'ont jamais compris. Si Lamartine avait été philosophe, lui et moi nous aurions possédé le monde, et nous ne lui aurions fait porter que des liens de fleurs; mais Lamartine est incomplet.... ce que un est à trois. Quant à ceux-ci, ils ne sont point; ils n'ont point d'ailes; ils sont faits pour ramper dans cette fange rouge et chaude qui se forme de sang versé. Dieu de Gnide, écrase ces reptiles qui rongent la chair des cadavres; écrase-les, et développe l'amour!

LE CONSUL. (*Il sonne; des huissiers paraissent.*)

Reconduisez chez lui le ministre du progrès, atteint d'aliénation mentale.

LE MINISTRE DU PROGRÈS.

Dieu d'amour, écrase-les! (*On l'emmène.*)

LE MINISTRE DES AFFAIRES ÉTRANGÈRES.

Le pauvre diable est décidément fou.

LE CONSUL.

Il l'a toujours été.

LE MINISTRE DE L'INSTRUCTION PUBLIQUE.

Nous ne devons pas cesser d'honorer en lui l'un des pères de la république sociale.

LE MINISTRE DES AFFAIRES ÉTRANGÈRES.

Assurément.

LE CONSUL.

Le ministre du commerce a la parole.

LE MINISTRE DU COMMERCE.

Le ministre des travaux publics a parlé pour moi. Il n'y a plus de commeree, parce qu'il n'y a plus d'industrie. — Je dois soumettre au consul un plan singulier et même extravagant en apparence, mais cependant réalisable, et qui pourrait faire entrer quelque argent dans les coffres de l'État, en même temps qu'il nous soulagerait d'un embarras politique. Nous avons beaucoup de femmes prisonnières. Elles gênent; elles tiennent leur place comme les hommes. Il faut les nourrir, ou les laisser mourir de faim, ou multiplier des exécutions qui ne paraissent pas toujours suffisamment motivées. Plusieurs compagnies de spéculateurs s'offrent à nous dégager de ce trop-plein. Ils les exporteraient dans les pays où les femmes manquent, et où celles d'Europe sont particulièrement recherchées, à Tripoli, au Maroc, à Tunis, en Perse, en Californie. Ils recevraient d'assez fortes commissions pour pouvoir payer eux-mêmes à l'État une patente considérable.

LE CONSUL.

Quelle monstruosité !

LE MINISTRE DES AFFAIRES ÉTRANGÈRES.

C'est la traite.

LE MINISTRE DE L'INSTRUCTION PUBLIQUE.

Comment ! la traite ?

LE MINISTRE DES TRAVAUX PUBLICS.

L'expression me semble exagérée. Je ne vois pas

ce que l'exportation a de plus affreux que la déportation ou la transportation.

LE MINISTRE DU COMMERCE.

On pourra n'exporter que celles qui donneront leur consentement ; elles ne se trouveraient pas en petit nombre. Toutes les mesures d'ailleurs seraient prises pour que l'opération se fît avec convenance et humanité.

LE MINISTRE DES AFFAIRES ÉTRANGÈRES.

Mais quand même vous n'exporteriez que les femmes qui voudraient partir, plusieurs ont des maris, des familles, dont vous devez respecter les droits.

LE MINISTRE DE L'INSTRUCTION PUBLIQUE.

Les droits! cette parole est étrange. Après l'État, personne n'a de droits sur l'individu que l'individu lui-même. Le ministre des affaires étrangères oublie perpétuellement les résultats et l'esprit de la révolution dont il est le ministre. Ignore-t-il que déjà le divorce a rendu les droits égaux dans le ménage? que la petite famille, la famille *caste,* doit disparaître graduellement, mais rapidement, dans cette grande famille humanitaire qui s'appelle la patrie, et qui s'appellera un jour le genre humain?

Le projet du ministre du commerce mérite d'être pris en sérieuse considération, non-seulement par le côté économique et politique, mais surtout au point de vue social, moral et civilisateur. Il nous offre l'occasion de briser quelques-uns des préjugés qui limitent encore la puissance de l'État. Autrefois on se croyait bien hardi de soutenir que l'enfant n'appartient pas à la famille, mais qu'il appartient à l'État. Cette vérité frappait inutilement des yeux aveugles sur tout le reste. On ne pouvait la formuler, qu'elle ne soulevât partout d'ineptes clameurs. Elle a triomphé; les enfants aujourd'hui appartiennent sans conteste à l'État; il les coule dans son moule, il les élève, il en dispose. Bientôt il leur distribuera les vocations et leur assignera les aptitudes. Montrez maintenant que l'individu n'est pas plus que l'enfant dans cette main sage et puissante qui ordonne de tout au service de tous. Votre droit n'est pas douteux. Créateurs d'un ordre social nouveau, vous avez les droits de l'inventeur sur la matière première qu'il transforme, qu'il pétrit pour en faire un chef-d'œuvre. Que sont d'ailleurs les individus sur qui vous ferez la première expérience? Des criminels. Les femmes qu'il s'agit d'exporter invoqueraient en vain le prétendu droit de rester dans la grande famille nationale; elles l'ont trahie, elles en sont du moins soupçonnées. Rejetez-les, et que, coupables ici contre la civilisation, elles en deviennent ailleurs les apôtres. Chez nous, elles étaient les agents du despotisme; dans les pays moins avancés où elles iront vivre, elles seront les missionnaires de la liberté. Ne craignez pas de leur faire franchir même les murs du sérail; ces murs tomberont aussitôt qu'elles y seront renfermées. (*Murmures d'approbation.*)

LE CONSUL, *à part.*

Il a vraiment du talent, cet animal-là! (*haut.*) Les paroles éloquentes que je viens d'entendre ont produit sur mon esprit une impression que je ne dissimulerai pas. Néanmoins mon opinion n'est pas entièrement formée. Le ministre du commerce me présentera sans délai un rapport détaillé sur cette affaire.

LE MINISTRE DE L'INSTRUCTION PUBLIQUE, *à part.*

Il file!

LE MINISTRE DES AFFAIRES ÉTRANGÈRES, *à part.*

Le lâche!

LE MINISTRE DES FINANCES.

Nulle recette, rien en caisse, des dettes partout, voilà le bilan des finances. Je demande qu'on adopte au plus vite le projet d'exportation proposé par le ministre du commerce. Il me permettra d'assurer pendant quelques jours au moins le service de la police, et de poursuivre certaines réquisitions importantes. Nous sommes en pourparler avec divers spéculateurs étrangers pour la vente des musées, des collections et des bibliothèques. Concluons; faisons argent de ces objets inutiles.

LE MINISTRE DES AFFAIRES ÉTRANGÈRES.

Ils sont inutiles, mais ils sont beaux; le peuple regrettera de les perdre.

LE MINISTRE DES FINANCES.

Le peuple s'en moque bien! Il préfère l'ombre du houblon à l'ombre des chênes, et une gaudriole lithographiée à toutes les toiles de Raphaël.

LE MINISTRE DES AFFAIRES ÉTRANGÈRES.

Il faudrait s'attacher à former son goût.

LE MINISTRE DES FINANCES.

Il demande qu'on s'attache à lui donner du pain.

LE CONSUL, *au ministre des finances.*

Continue.

LE MINISTRE DES FINANCES.

Je n'ai plus rien à dire. L'État n'a eu besoin que d'un décret pour payer toutes ses dettes antérieures à la révolution ; il a fait, depuis, un peu d'argent et beaucoup de dettes nouvelles, grâce aux moyens que vous connaissez : maintenant, il ne peut plus faire ni argent ni dettes que par des coups de hasard. La planche aux bons d'État ne produit qu'un papier sans aucune valeur ; les propriétés nationales ne rapportent rien. On ne les achète pas, ou on ne les paye pas, ou ceux qui s'en emparent ne les cultivent pas. Le numéraire a disparu totalement ; la famine nous menace. Il n'y a pas de combinaison, pas de force qui n'échoue contre la force inerte du fait.

LE CONSUL.

N'as-tu rien à proposer ?

LE MINISTRE DES FINANCES.

Rien d'efficace et que j'espère accomplir, surtout étant servi comme je le suis.

LE CONSUL.

Tu as cependant régénéré ton administration ?

LE MINISTRE DES FINANCES.

Que trop ! On m'a fait placer des milliers d'anciens prisonniers pour dettes, faillis, banqueroutiers, sous prétexte qu'ils avaient été victimes de la tyrannie du capital. Ils ne valent pas les aristocrates dont nous avons purgé la finance. Leur incapacité, leur improbité, sont de plus en plus révoltantes.

LE MINISTRE DE L'INSTRUCTION PUBLIQUE.

Et toi aussi, Samuel, tu attaques les socialistes!

LE MINISTRE DES FINANCES.

Oui; c'est par trop fort. Je prévoyais bien, en les nommant, qu'ils voudraient se remplumer, et j'étais disposé, suivant ton conseil, à fermer les yeux; mais c'est trop fort. Par Mammon, quels artistes! Après trente ans passés dans les affaires et dans la politique, je n'avais pas idée de cela!

LE MINISTRE DES AFFAIRES ÉTRANGÈRES, *à part.*

Décidément, c'est fort!

LE CONSUL.

Samuel, tu es ministre des finances pour trouver de l'argent. Trouves-en, ou donne ta démission.

LE MINISTRE DES FINANCES.

Tu es consul pour faire régner l'ordre. Réduis au silence les conspirateurs, fais trembler les fripons, emploie des hommes capables et honnêtes, rétablis la confiance et le crédit ; je te trouverai de l'argent.

UN HUISSIER.

Le citoyen commandant supérieur de la force ouvrière.

(*Entre le Vengeur. Il s'assied en silence.*)

IX.

LE MINISTRE DES AFFAIRES ÉTRANGÈRES, *à part.*

Voici le maître.

LE CONSUL.

Le commandant supérieur a-t-il quelque communication à faire?

LE VENGEUR.

Aucune.

LE CONSUL.

La parole est au ministre de l'instruction publique.

LE MINISTRE DE L'INSTRUCTION PUBLIQUE.

J'apporte des détails consolants. Les mesures énergiques décrétées immédiatement après l'avénement de la république sociale ont été couronnées du succès le plus flatteur. Les colléges de l'État sont pleins, les autres n'existent plus. Je n'ai eu que peu d'épurations à faire pour rendre le corps enseignant complétement digne de la haute mission dont il avait l'instinct, et à laquelle dès longtemps il se préparait. Le socialisme a pris naissance parmi nous; il y comptait ses apôtres les plus actifs, ses coadjuteurs les plus utiles. C'est par notre travail incessant que le jésuitisme, l'obscurantisme, ont été minés, renversés, anéantis. Personne aujourd'hui ne nous contestera cette gloire. Le corps enseignant peut donc lever la tête, et dire avec un saint orgueil : «S'il y a des socialistes, c'est moi qui les ai formés, c'est par moi qu'ils ont vaincu.»

(*Approbation.*)

LE CONSUL.

C'est vrai.

LE MINISTRE DES AFFAIRES ÉTRANGÈRES.

Très-vrai.

LE MINISTRE DE L'INSTRUCTION PUBLIQUE.

La république sociale n'a point compté, pour ainsi dire, d'adversaires dans nos rangs. Saluée dès le premier jour avec un enthousiasme unanime, c'est trop peu dire qu'elle est obéie et honorée : elle est adorée. Son esprit règne partout, coule partout à pleins bords. Elle remplit de la grandeur et de la beauté de ses maximes jusqu'au cœur des plus jeunes enfants. Donnez-moi trois ans, j'en aurai fini avec tous les préjugés qui arrêtent encore l'essor du monde dans les voies glorieuses qu'il s'ouvre en ce moment par le feu et par le fer. Dans trois ans, la contre-révolution ne pourra plus rien; eût-elle à ses ordres vingt armées, elle ne pourra plus rien contre la puissance de l'idée, fortifiée à cette source féconde où boivent aujourd'hui toutes nos jeunes générations. Ce que vous voyez, ce que vous admirez d'élans généreux et irrésistibles vers le bonheur et vers la liberté, n'est pas comparable aux résultats que vous donnera l'effort unanime et sans frein du corps enseignant.

LE MINISTRE DES AFFAIRES ÉTRANGÈRES.

Je le crois.

LE MINISTRE DE L'INSTRUCTION PUBLIQUE.

Ce que tu ne crois pas et ce que tu pourras voir, c'est l'extinction définitive des haines et des malheurs qu'entraîne, depuis la création du monde, l'antagonisme barbare de la morale et de la liberté. Cette lutte anarchique cessera, suivant la parole des révélateurs, pour faire place à l'harmonie éternelle. Délivré des fausses solutions qui affaiblissent sa conscience et qui l'égarent, l'homme se donnera pour but de jouir; il s'imposera le bonheur. Libérateurs du genre humain, je vous annonce la bonne nouvelle. Hosanna! la cause de la jouissance est gagnée, gagnée dès à présent! Dussions-nous rétrograder encore une fois, des choses ont été dites à l'homme et à l'enfant, que l'homme et l'enfant n'oublieront plus. Le lent effort de la pensée humaine a triomphé, Dieu est vaincu; il est vaincu, il est vaincu! Il a reculé devant l'homme. Que ceux qui croient en lui se préparent à le voir mourir. Nous sommes cent mille : depuis le dernier village jusqu'au sommet de la hiérarchie sociale, nous tenons dans nos mains la conscience humaine; nous la tenons à jamais; nous enseignons, nous prêchons, nous catéchisons; aucune voix ne s'élève contre la nôtre, aucune influence ne le dispute à notre influence, et nous disons partout, à toute oreille : « Dieu est vaincu, il est vaincu; ses temples tombent, ses prêtres sont muets, ses fidèles sont écrasés; il n'a plus de foudre, il n'a plus d'enfer; il est vaincu! »

LE MINISTRE DES AFFAIRES ÉTRANGÈRES.

Je n'en voudrais pas jurer.

LES AUTRES MINISTRES.

Silence, donc! Continue, Baisemain.

LE MINISTRE DE LA MARINE.

Chante-nous l'hymne de la délivrance.

LE MINISTRE DE L'INSTRUCTION PUBLIQUE.

Oui, citoyens, mes amis, mes frères, nous sommes délivrés, et l'humanité est délivrée. Tenez pour accompli ce grand résultat, qui semblait hier encore si loin de nous. Mais ce que l'on croyait solide était déjà rompu. Tout l'édifice de la vieille morale a croulé, comme ces cadavres qui tombent en poudre au premier attouchement. Il faut maintenant que cette poussière même s'envole. La république sociale y a pourvu en décrétant l'éducation uniforme, gratuite et obligatoire, et en chargeant le corps enseignant de cette mission auguste. Il saura la remplir. Au milieu des décombres de l'ancienne société, seul il reste debout pour façonner la société nouvelle. Ainsi les premiers chrétiens sont sortis des catacombes, vainqueurs du passé, maîtres de l'avenir. Partout une organisation habile nous avait préparé le terrain, partout nous l'avons occupé sans résistance. L'instituteur est le curé, le recteur est l'évêque, le grand conseil est le sacré collége, le ministre est le patriarche de la doctrine universelle. Nous avons vaincu par le doute, nous saurons régner par l'affirmation et gouverner par la foi. Ne craignez pas que le corps enseignant laisse entamer les vérités dont il a le dépôt, et permette d'élever autel contre autel. La tactique dont il s'est servi a réussi trop bien pour qu'il souffre qu'on l'emploie contre lui. Vous l'avez compris; comptez sur sa vigilance pour faire exécuter les lois qui garantissent le peuple de tout enseignement contraire à celui de la révolution. Toute voix suspecte qui voudra s'élever sur un point quelconque du territoire sera immédiatement étouffée.

LE MINISTRE DES AFFAIRES ÉTRANGÈRES.

C'est l'inquisition.

LE MINISTRE DE L'INSTRUCTION PUBLIQUE.

Oui, l'inquisition pour la liberté. Le corps enseignant ne rougira pas de l'employer, et saura l'exercer, s'il le faut, avec rigueur. Pourquoi donc le fanatisme aurait-il la permission de relever la tête plutôt que le royalisme, l'aristocratie ou la ploutocratie? Monarchien, aristocrate, riche ou jésuite, c'est tout un. Je ne vois dans celui qui veut ranimer la superstition, comme dans celui qui veut relever le trône, qu'un traître et qu'un rebelle.

LE MINISTRE DES AFFAIRES ÉTRANGÈRES.

A tout homme la liberté!

LE MINISTRE DE L'INSTRUCTION PUBLIQUE.

A tout rebelle la mort!

LE MINISTRE DE LA MARINE.

Bravo, Baisemain!

LE VENGEUR.

Tu parles comme il faut agir. (*Sensation.*)

LE CONSUL, *à part.*

Voilà des paroles de sang.

LE MINISTRE DES AFFAIRES ÉTRANGÈRES, *à part.*

Ils ont soif.

LE MINISTRE DE L'INSTRUCTION PUBLIQUE.

Citoyens, un seul danger menace l'instruction publique, ou plutôt un seul obstacle s'oppose à son action. Les fonds manquent. Le service de l'instruction gratuite exige une dotation considérable. Confiants dans l'avenir, les instituteurs multiplient les efforts et les sacrifices. En attendant que le trésor puisse les rétribuer selon leurs services et leur rang, je demande qu'ils soient affranchis de tout impôt immobilier et personnel...

LE MINISTRE DES AFFAIRES ÉTRANGÈRES.

C'est la mainmorte.

LE MINISTRE DE L'INSTRUCTION PUBLIQUE.

Et qu'un prélèvement se fasse à leur profit sur tout revenu dépassant deux mille francs.

LE MINISTRE DES AFFAIRES ÉTRANGÈRES.

C'est la dîme.

LE VENGEUR.

Rien ne me semble plus juste. Parmi mes hommes, je reconnais à la pureté de leurs sentiments tous ceux qui ont passé par les mains des instituteurs communaux.

LE CONSUL, *au ministre de l'instruction publique.*

Tu prépareras le décret, et tu le feras précéder d'un rapport.

LE MINISTRE DE L'INSTRUCTION PUBLIQUE, *bas au Vengeur.*

Je te remercie.

LE CONSUL.

La parole est au ministre de la justice.

LE MINISTRE DE LA JUSTICE.

Citoyens, à travers les difficultés inséparables

d'une création, la nouvelle institution judiciaire commence à fonctionner admirablement. Je ne vous parle pas des tribunaux politiques; leur dévouement et leur énergie sont au-dessus de tout éloge. Ils ont fait justice, et ils ont tiré vengeance de tous les oppresseurs du peuple, de tous les persécuteurs de la liberté, de tous ces Cosaques en soutane, en robe et en habit brodé, qui rêvaient de s'imposer encore au genre humain. Tout a fléchi, tout s'est courbé, tout a passé sous le niveau. Le peuple voudrait des maîtres, qu'il n'en trouverait plus; la race en est anéantie; il n'a plus d'autre maître que lui-même.

LE MINISTRE DES AFFAIRES ÉTRANGÈRES, *à part.*

Celui-là peut suffire.

LE MINISTRE DE LA JUSTICE.

La grande institution du jury électif en matière civile, cette création à laquelle les plus fervents socialistes n'osaient croire, marche pour ainsi dire toute seule. Le pauvre, maintenant, n'a plus à craindre la prépondérance de la richesse et les ruses de la jurisprudence. Le bon sens et l'équité seuls prononcent et rendent sans frais leurs arrêts, dont les juges eux-mêmes, descendus de leurs sièges, assurent l'exécution. Ainsi beaucoup de pauvres, injustement dépossédés, sont rentrés dans les biens qu'on leur avait ravis de temps immémorial.

LE MINISTRE DES AFFAIRES ÉTRANGÈRES.

Et ceux qui les possédaient de temps immémorial en ont été dépouillés.

LE MINISTRE DE LA JUSTICE.

Non; ils les ont restitués, après en avoir dix fois et vingt fois reçu le prix des pauvres, qui les ont si longtemps cultivés pour eux... Je m'étonne que l'on conteste la justice de cette opération. Dans mes discours, dans mes écrits, dans mon journal, ne l'ai-je pas vingt et cent fois indiquée comme le vœu du peuple et le besoin même de la conscience publique? C'est alors qu'il fallait réclamer; mais alors on voulait conquérir la popularité socialiste, et on se taisait.

LE MINISTRE DES AFFAIRES ÉTRANGÈRES.

Tu as raison. Honte et malheur à qui s'est tu lorsqu'il fallait parler !

LE MINISTRE DE L'INSTRUCTION PUBLIQUE.

Honte et malheur à toi, car tu n'as pas parlé!

LE MINISTRE DES AFFAIRES ÉTRANGÈRES.

Oui, honte et malheur à moi!

LE MINISTRE DE L'INSTRUCTION PUBLIQUE.

Ainsi tu renies le socialisme?

LE MINISTRE DES AFFAIRES ÉTRANGÈRES.

Je renie le brigandage.

LE MINISTRE DE L'INSTRUCTION PUBLIQUE.

Tu mérites la mort.

LE MINISTRE DES AFFAIRES ÉTRANGÈRES.

Je le sais, et c'est pourquoi je ne marche qu'avec la vie de plusieurs d'entre vous dans les mains.

LE MINISTRE DE L'INSTRUCTION PUBLIQUE.

Assassin!

LE MINISTRE DES AFFAIRES ÉTRANGÈRES.

Tu te trompes, Baisemain, je n'assassine pas; et j'y ai quelque mérite quand je vois ta face et quand j'entends tes discours. Sais-tu ce qui te sauve? C'est qu'en t'écoutant je commence à croire en Dieu et à lui demander pardon. Je ne veux plus me souiller du sang d'aucun homme, pas même du tien, misérable! Mais que personne ne porte la main sur moi!

LE VENGEUR.

Cessons ces bravades et ces menaces. Nous sommes ici pour donner nos avis au consul, et pour les donner en liberté.

LE MINISTRE DE L'INSTRUCTION PUBLIQUE.

J'ai cédé à un emportement qu'on trouvera naturel. Je m'en excuse.

LE MINISTRE DES AFFAIRES ÉTRANGÈRES.

Je prie aussi le consul de m'excuser.

LE CONSUL.

Dépose tes armes, ne crains rien ; je ne partage point tes opinions, mais tu as le droit de les exprimer.

LE MINISTRE DES AFFAIRES ÉTRANGÈRES.

Je place ma liberté sous ta protection et sous celle du commandant de la force ouvrière : quand tu m'enverras devant les juges, j'irai.

(*Il remet ses pistolets au consul.*)

LE CONSUL.

Au nom de la république et de la fraternité, réconciliez-vous.

LE MINISTRE DES AFFAIRES ÉTRANGÈRES.

Soit !

LE MINISTRE DE L'INSTRUCTION PUBLIQUE.

Il n'y a point de haine dans mon cœur.

(*Ils se donnent la main.*)

LE MINISTRE DE LA JUSTICE.

Touchant exemple de candeur républicaine ! Le

mutuel pardon que s'accordent devant nous deux adversaires généreux m'encourage à proposer au conseil un grand acte de réparation sociale. Cet acte ferait couler bien des larmes heureuses ; il suffirait pour illustrer et pour sanctifier à jamais dans l'histoire la part que nous avons prise au gouvernement de notre pays.

LE MINISTRE DES AFFAIRES ÉTRANGÈRES, *à part.*

Quel pot de crème au sang va-t-il nous servir ?

LE MINISTRE DE LA JUSTICE.

Citoyens, en même temps que nous sommes sévères et implacables pour les fauteurs du despotisme et de la superstition, et que nous poursuivons par le fer et par le feu ce crime des crimes, sachons prouver au monde que nous croyons à la bonté, à l'excellence de la nature humaine. A mesure que la justice nous enlève des citoyens et des frères, demandons à la clémence, ou plutôt à cette même justice, de nous en donner d'autres. Il existe dans les prisons, dans les cachots, dans les bagnes, des multitudes de malheureux enfants du peuple que l'on a qualifiés longtemps, que l'on qualifie encore de criminels, et qui sont simplement, aux yeux de la philanthropie et de la raison, les victimes du milieu déplorable et subversif où ils ont vécu. J'ai vu de près, comme avocat, beaucoup de ces infortunés. J'atteste que j'ai trouvé en eux plus de sentiments généreux, plus d'aspirations énergiques et fortes vers la justice et la liberté, qu'il ne s'en rencontrait souvent chez leurs accusateurs et chez leurs juges. Proscrits par une société qui leur reprochait d'avoir voulu participer à ses jouissances, ils se sont cabrés et révoltés. Ce sont des âmes indignées, ce ne sont point des âmes corrompues...

LE MINISTRE DES AFFAIRES ÉTRANGÈRES.

Au contraire !

LE MINISTRE DE LA JUSTICE.

Ce ne sont point surtout des cœurs ingrats ni de faibles intelligences. Qu'ont-ils fait pour la plupart? Ils ont bravé des préjugés que vous voulez, que vous devez abolir; ils ont obéi à des instincts que vous reconnaissez respectables et sacrés; ils ont été condamnés par des juges que vous avez déclarés indignes de rendre la justice. Nulle part la république sociale n'a été mieux comprise, saluée avec plus d'espérance et d'amour. «Ah! s'écriait dernièrement un de ces proscrits, répétant une parole célèbre, je ne sais pas si la révolution a été faite pour moi, mais je sens que je suis fait pour elle!» N'êtes-vous pas touchés, citoyens, de cette confiance et de cet amour d'un pauvre banni? Il n'espérait plus. Son cachot était muré, il y demeurait voué aux fers et à l'infamie; mais la république sociale apparaît, et n'a qu'un mot à dire pour qu'il sorte du tombeau. Ce mot, prononcez-le, citoyens, non-seulement pour lui, mais pour ses frères! Vous ne ferez d'ailleurs que vous conformer à la pratique constante des révolutions. Toutes ont senti qu'elles avaient des amis dans ces lieux de douleur, où les abus renversés savouraient de lâches vengeances longtemps après leur chute; toutes ont fait quelque chose pour ces prétendus criminels, en qui souvent, je l'ose dire, elles devaient saluer des précurseurs. Citoyens, grâce ou plutôt justice pour les Galilées de la république sociale! Que la révolution sociale, la plus complète, la plus radicale et la dernière de toutes, fasse pour les victimes de la vieille justice et de la vieille morale plus que toutes les autres n'ont fait: qu'elle donne ce soufflet aux préjugés; qu'elle affiche dans le monde et dans l'histoire ce témoignage de sa puissance; qu'elle ne craigne pas de ressusciter les morts. Rompez les portes des cachots; rappelez en masse à la vie, à la liberté, à l'honneur, ceux qu'une justice aveugle et barbare a osé croire indignes de la vie, de la liberté et de l'honneur. Vous consolerez cinquante mille familles éplorées, vous donnerez à la patrie cinquante mille citoyens, à la république sociale cinquante mille soldats. Ne craignez point quelques retours au mal, ils seront rares comme le mal lui-même va le devenir; ou plutôt je suis convaincu qu'il n'y en aura pas. Ces pauvres cœurs s'élèveront à la hauteur du bienfait. Relevés par vous, réintégrés dans tous les droits, dans toute la dignité du citoyen, admissibles à tous les emplois, comment voulez-vous qu'ils ne deviennent pas vertueux?

LE MINISTRE DES AFFAIRES ÉTRANGÈRES.

Ils ont d'ailleurs si peu de chose à faire!

LE CONSUL.

Le ministre du progrès est devenu fou tout à l'heure : je crains qu'il n'y ait une épidémie de folie dans le conseil. La parole est au ministre de l'intérieur..

LE VENGEUR.

Un moment ! Je ne trouve pas que la proposition du ministre de la justice mérite d'être tournée en dérision.

LE MINISTRE DE L'INSTRUCTION PUBLIQUE.

Ni moi ; son argumentation me paraît aussi forte qu'éloquente.

LE MINISTRE DE LA MARINE.

Cette amnistie aurait quelque chose de titanesque et d'incommensurable qui me séduit.

LE MINISTRE DE L'INTÉRIEUR.

Je ne vois pas pourquoi la société n'essayerait point d'un pardon généreux envers des hommes plus égarés que coupables.

LE VENGEUR.

J'ai besoin de soldats.

LE MINISTRE DES AFFAIRES ÉTRANGÈRES.

Moi, j'ai besoin d'ambassadeurs, le ministre des finances a besoin de percepteurs, le ministre de la guerre a besoin d'intendants ; à l'exception de l'instruction publique, qui est au complet, tous les ministères ont besoin d'hommes sûrs. Le ministre de la justice va nous donner ce qu'il nous faut, et il lui restera de quoi se pourvoir lui-même!

LE MINISTRE DE LA JUSTICE.

Tu ne crois donc pas à la perfectibilité de l'âme humaine?

LE MINISTRE DES AFFAIRES ÉTRANGÈRES.

Non.

LE MINISTRE DE LA JUSTICE.

Alors tu n'es pas révolutionnaire.

LE MINISTRE DES AFFAIRES ÉTRANGÈRES.

C'est connu.

LE CONSUL.

Ne discutez pas davantage. Rien de semblable à ce que l'on propose n'aura lieu tant que je garderai le pouvoir.

LE VENGEUR.

Tu manques de foi.

LE CONSUL.

C'est possible. Je ne manquerai pas de conscience... D'ailleurs, je ne refuse point d'accorder des grâces isolées et motivées en aussi grand nombre qu'il le faudra.

LE MINISTRE DE LA JUSTICE.

L'effet moral ne sera pas le même.

LE CONSUL.

La parole est au ministre de l'intérieur.

LE MINISTRE DE LA JUSTICE.

Cependant...

LE CONSUL.

Tu n'as pas la parole.

LE MINISTRE DE LA JUSTICE.

Je donne ma démission.

LE CONSUL.

Je l'accepte. (*Le ministre de la justice sort.*)

X.

LE MINISTRE DE L'INTÉRIEUR.

Citoyens, nous faisons une grande expérience. Pour ne rien dissimuler, elle a ses résultats douteux et ses côtés effrayants. Si nous n'avions pas vu de nos yeux combien toute autre forme de gouvernement est devenue impossible, nous pourrions douter que la nation fût mûre pour la république sociale; mais loin de moi ce doute impie! En somme, au milieu de ces convulsions, la vieille société se dissout jusque dans les principes faux et menteurs sur lesquels elle était basée. La famille, la propriété, ne sont plus que des mots ; la religion est à peine un souvenir. Voilà ce que nous avons gagné. A côté de ces avantages, de ces gains réels, se présente un péril : le désordre est partout, partout il est au comble. Il faut le vaincre par la force, et au besoin par la terreur. Personne ne veut travailler, personne ne veut obéir ; l'action du gouvernement est nulle, même dans les parties les plus socialistes du territoire. Il importe de supprimer au plus vite toute espèce de publication, d'interdire toute espèce de réunion, de défendre le séjour des villes aux habitants des campagnes, de couper toute communication entre les bourgeois et les paysans. En un mot, la liberté de locomotion doit être suspendue, sauf pour les besoins reconnus essentiels. En outre, il conviendrait d'appliquer immédiatement à l'agriculture le système de surveillance proposé pour l'industrie. Si nous ne rétablissons pas la paix dans les campagnes, nous périrons par la famine avant peu. Rien de plus certain.

LE CONSUL.

Mais comment rétablir la paix? Voilà le problème.

LE MINISTRE DE L'INTÉRIEUR.

Il faut partout organiser tous les bons citoyens en garde ouvrière mobile, infanterie, cavalerie et artillerie. Cette garde, divisée dans chaque district en autant de détachements que la nécessité l'exigera, parcourra sans relâche le territoire, où elle devra faire régner le travail et la paix. Tout paysan qui ne travaillera pas sera puni des peines les plus sévères ; tout terrain en friche sera confisqué, et devra être cultivé par l'ancien propriétaire au profit du trésor public.

LE MINISTRE DES AFFAIRES ÉTRANGÈRES.

Et comment vivra ta garde ouvrière?

LE MINISTRE DE L'INTÉRIEUR.

Elle sera entretenue et soldée par les habitants dont elle protégera le travail et dont elle garantira la sécurité.

LE MINISTRE DES AFFAIRES ÉTRANGÈRES.

C'est le régime turc, avec beaucoup d'aggravations.

LE MINISTRE DE L'INTÉRIEUR.

Turc ou maure, nul autre régime ne peut mettre en sûreté les précieuses conquêtes de la révolution démocratique et sociale.

LE MINISTRE DE L'INSTRUCTION PUBLIQUE.

Si nous n'acceptons pas ce moyen, la réaction nous déborde, l'esprit humain fait un pas en arrière.

LE CONSUL.

Mais ce moyen est odieux.

LE MINISTRE DE L'INSTRUCTION PUBLIQUE.

Ce qui serait odieux, c'est que la révolution fût livrée pieds et poings liés aux Cosaques de l'extérieur et de l'intérieur.

LE MINISTRE DES AFFAIRES ÉTRANGÈRES.

Tes gardes ouvriers mobiles, tu ne les appelles pas des Cosaques!

LE MINISTRE DE L'INSTRUCTION PUBLIQUE.

Non; je n'ai pas l'habitude de blasphémer.

LE CONSUL.

Citoyen ministre de l'intérieur, tes services démocratiques t'ont naturalisé, et tu es devenu l'un de nos plus chers concitoyens; mais tu n'es pas né parmi nous, et ce n'est pas t'injurier de dire que tu connais mal nos mœurs. Ce que tu proposes, c'est tout simplement une guerre civile ajoutée à celle que nous subissons déjà. Ce n'est plus un certain nombre de provinces insurgées que le gouvernement central devra contenir, ce sera le pays tout entier. La garde ouvrière mobile, en supposant qu'elle ne se débande point, que ses chefs ne trahissent point, sera écharpée en quelques jours.

LE VENGEUR.

Tu t'abuses. Le pays est mûr pour toutes les dominations, pour celle-là comme pour une autre. Il serait facile de nous renverser, il nous est facile de nous maintenir. Terrifions seulement nos ennemis, et rassurons nos complices. Maintenant que voici les parts faites, ceux qui sont pourvus ne demandent qu'à conserver. Ils accepteront tout maître qu'ils croiront décidé à reconnaître les faits accomplis, dût-il nous envoyer à la guillotine, nous, leurs libérateurs; mais, s'ils nous voient forts, ils auront toujours plus de confiance en nous. Prévenons le péril; n'attendons pas un succès signalé de nos ennemis de l'intérieur, n'attendons pas l'approche d'une armée étrangère. Soyons terribles, c'est notre salut, c'est notre devoir. Avec nous, la liberté tombe. Serrons d'une main plus ferme ce pouvoir qu'on nous ravirait trop aisément, et qui est le dernier boulevard de la liberté. En même temps, pour assurer à la fois toutes nos conquêtes, écrasons chez nous les restes trop remuants de l'esprit individuel. Exigeons de tous, des socialistes eux-mêmes, cet esprit de dévouement, de sacrifice, d'abnégation absolue devant l'État, sans lequel nous ne serons ni égaux, ni frères, ni libres. Nous avons changé beaucoup de choses; il nous en reste à changer une encore, c'est la nature humaine. Ce peuple-ci n'a pas le sentiment de la communauté; aucun peuple ne l'a eu. On ne l'a vu que dans les congrégations chrétiennes. Ce que la superstition a fait, la raison, la vérité, le peuvent faire ; la crainte aussi le peut, à défaut de mobiles meilleurs. La superstition est une crainte. Si on nous aime moins qu'on n'a aimé Dieu, on ne craindra pas moins nos baïonnettes qu'on n'a craint l'enfer. Donc, par force ou par amour, nous inculquerons au peuple le sentiment de la communauté. Nous avons mis le pied sur l'espèce humaine: ne le levons pas qu'elle n'ait pris le pli. Au nom de la patrie, au nom du socialisme, au nom de notre propre intérêt et du sien même, j'invite de la façon la plus pressante le consul à prendre en considération les deux projets dont nous venons de nous occuper : celui du ministre de la justice sur la libération des malheureux condamnés, et celui du ministre de l'intérieur sur l'organisation d'une force mobile destinée à assurer le travail et la paix dans les campagnes. Les deux projets se tiennent par un lien visible, et que, pour mon compte, je ne veux pas cacher. Je suis pour la réhabilitation éclatante des victimes de la justice humaine ; cette réhabilitation leur est due. Les révolutions ne se font pas pour les heureux. Non-seulement il faut délivrer les prisonniers, les galériens, les voleurs, mais il faut leur témoigner une grande et loyale confiance ; il faut leur donner des armes en même temps que des droits. Bien dirigés, ces hommes constitueront la force révolutionnaire la plus redoutable, la plus invincible et la plus fidèle. Avec eux, nous commanderons les campagnes, nous y ferons pousser du blé et des soldats, et nous serons en mesure de tenir tête aux réactions et aux invasions. Autrement, attendons-nous à périr. (*Il se lève.*) Si quelqu'un ici veut périr, périr avec la révolution, périr sans se défendre, ce n'est pas moi !

TOUS, *excepté le consul et le ministre des affaires étrangères.*

Ni moi ! ni moi ! Vive la république sociale !

LE MINISTRE DES AFFAIRES ÉTRANGÈRES.

Voilà la question de cabinet posée.

LE VENGEUR.

J'ai dit mon avis, je ne suis plus nécessaire au conseil. (*Il sort. Les ministres le suivent, à l'exception du ministre des affaires étrangères.*)

XI.

LE MINISTRE DES AFFAIRES ÉTRANGÈRES.

Nous serons fusillés aujourd'hui ou demain ; mais je ne suis pas d'humeur à donner ma vie gratis. Je reprends mes pistolets. (*Il les regarde.*) Je les ai pris dans l'appartement du prince royal, lorsque nous venions de chasser le roi. J'étais loin de prévoir le premier usage, et le dernier probablement, que j'en ferai... Une certaine justice ne laisse pas de se manifester au milieu de ce chaos où nous avons précipité le monde. Comme elle m'atteint, elle atteindra aussi le Vengeur et les autres. (*Au consul.*) Tu avais sous la main de si bonnes armes, et tu n'as pas brûlé la cervelle à ce galérien ! (*Le consul ne répond pas.*) Il n'entend point ; il est sourd d'épouvante. Pauvre sot, ambitieux et poltron, qui as marché vers le pouvoir suprême sans jamais perdre de vue la potence ! Le voilà parvenu au terme de sa course. Il voudrait bien être encore à griffonner ses procédures sous la surveillance du tyran ! Je gage qu'il ne saura pas même mourir, et qu'il finira par tomber dans un égout en fuyant le supplice. (*Il le secoue.*) A quoi te résous-tu ?

LE CONSUL.

On ne pourra jamais prouver que j'aie violé la constitution !

LE MINISTRE DES AFFAIRES ÉTRANGÈRES.

Là ! n'en étais-je pas sûr ? Eh ! mon ami, ne t'occupe pas de plaider. Nous ne serons point jugés par des docteurs en droit. Oublie ta science, souviens-toi que tu es consul, et que tu portes une épée.

LE CONSUL.

Tu as raison. Ce sont des bêtes enragées. Ils nous tueront sans aucune des formes protectrices de la justice. Il faut fuir.

LE MINISTRE DES AFFAIRES ÉTRANGÈRES.

N'as-tu donc absolument aucun moyen de défense?

LE CONSUL.

Si fait, grâce à Dieu. Viens avec moi; j'ai des déguisements tout préparés, et je connais une issue secrète pour sortir d'ici.

LE MINISTRE DES AFFAIRES ÉTRANGÈRES.

Voyons, voyons, tu n'as pas si peu de courage! Avant de fuir, il faut voir si on ne peut pas résister.

LE CONSUL.

Je suis perdu. Ils conspirent, et le peuple m'abandonnera. Ils m'ont fait consul pour user ma popularité et mieux combiner leurs coups. A présent la garde nationale est désarmée; le peuple, mitraillé par eux en mon nom, me hait. Infâme peuple! J'ai été son idole, il va me traîner aux gémonies. Nous sommes sous la griffe et dans la gueule des tigres.

LE MINISTRE DES AFFAIRES ÉTRANGÈRES.

Patere legem quam ipse fecisti. (Entre le secrétaire.)

LE CONSUL.

Ah! te voilà. Eh bien! que sais-tu?

LE SECRÉTAIRE.

Je sais qu'une conspiration des ministres va éclater pour porter le Vengeur à la dictature, et qu'il faut gagner au plus vite les quartiers commerçants. Le Vengeur a fait fusiller tantôt plusieurs chefs de maisons chez lesquels on a trouvé des armes; il en est résulté une certaine émotion. On s'attroupe, on se barricade contre la force ouvrière. Ta présence au milieu des bourgeois insurgés doublera leur courage. Ils croiront avoir la légalité pour eux.

LE CONSUL.

Ils l'auraient en effet... Allons... Mais nous n'arriverons jamais jusque-là.

LE MINISTRE DES AFFAIRES ÉTRANGÈRES.

Essaye toujours.

LE CONSUL.

Je suis accablé de fatigue, je suis malade.

LE MINISTRE DES AFFAIRES ÉTRANGÈRES.

Le lâche!

LE CONSUL.

Ne m'insulte pas, mon pauvre ami. Veux-tu te brouiller avec moi au moment de mourir?

LE MINISTRE DES AFFAIRES ÉTRANGÈRES.

Comment, malheureux! tu as fait ce que nous

t'avons vu faire ; tu as soufflé partout les émeutes, les révolutions ; tu as déclaré la guerre au monde, et tu l'as allumée dans ton pays ; tu as renversé les lois, détruit les fortunes, institué les tribunaux révolutionnaires, plongé un peuple immense dans l'angoisse et dans le sang ; tu as fait tout cela, et lorsqu'il se trouve encore de braves gens pour te défendre, tu n'essayeras pas d'aller mourir au milieu d'eux ! Tu es plus vil que les bandits qui te tueront tout à l'heure à coups de pieds.

LE CONSUL.

Mon pauvre ami, ménage-moi. Ce que j'ai fait, je ne l'ai pas fait par méchanceté, mais par vanité et par peur. Si tu savais comme tous ces coquins-là ont toujours pesé sur moi ! Demande à mon secrétaire, il te le dira.

LE MINISTRE DES AFFAIRES ÉTRANGÈRES.

Viens tout de suite, ou je te brûle la cervelle ici, immédiatement.

LE CONSUL.

Eh bien, allons ! Mais nous serons massacrés par la canaille. (*Ils veulent sortir.*)

UN SOLDAT, *au consul.*

Tu es prisonnier.

LE CONSUL, *au ministre des affaires étrangères.*

Vois-tu!

LE MINISTRE DES AFFAIRES ÉTRANGÈRES.

De quel droit et par l'ordre de qui le consul est-il prisonnier?

LE SOLDAT.

Du droit et par l'ordre du consul.

LE SECRÉTAIRE.

Mais le consul est ici, le voilà.

LE SOLDAT.

Je serais porté à croire qu'il y en a un autre, et que c'est l'autre qui est le bon, vu que c'est le plus nouveau.

LE MINISTRE DES AFFAIRES ÉTRANGÈRES.

Laisse-nous sortir; il y va de ton existence et du salut de la patrie.

LE SOLDAT.

Assez causé. Étant à cheval sur la consigne, ça ne me coûterait rien du tout de te passer ma baïonnette dans le ventre.

LE MINISTRE DES AFFAIRES ÉTRANGÈRES, *bas au consul et au secrétaire.*

Nous avons encore chance d'échapper. Nous

sommes trois, ce soldat est seul. Défaisons-nous de lui. Nous gagnerons ensuite le passage secret.

LE CONSUL.

Ah! mon Dieu! ah! mon Dieu!

LE MINISTRE DES AFFAIRES ÉTRANGÈRES.

Comme il devient dévot! Quel Dieu invoque-t-il, ce destructeur d'églises?

LE SECRÉTAIRE.

Il serait embarrassé de le dire... Tu es armé?

LE MINISTRE DES AFFAIRES ÉTRANGÈRES.

J'ai des pistolets.

LE CONSUL.

Ah! mon Dieu! ah! mon Dieu!

LE SECRÉTAIRE.

Mon poignard fera moins de bruit. (*Au consul.*) Tiens, prends ce pistolet; il est à deux coups : l'un pour l'ennemi qui te serrerait de trop près; l'autre, en cas de nécessité, pour toi, si le cœur t'en dit.

LE CONSUL.

Ah! mon Dieu! ah! mon Dieu!

LE SECRÉTAIRE.

Il n'aura pas même le courage de fuir.

LE MINISTRE DES AFFAIRES ÉTRANGÈRES.

Observe un curieux phénomène : il maigrit à vue d'œil. Laissons-le là.

LE SECRÉTAIRE.

Encore une fois, veux-tu tenter de te sauver avec nous ?

LE CONSUL.

Mes amis, mes amis, vous allez me compromettre.

LE SECRÉTAIRE.

Silence ! (*Au ministre des affaires étrangères.*) Tiens-toi prêt. Tu vas voir donner un joli coup de couteau. J'ai pris des leçons d'un Italien... (*Il ouvre la porte; le soldat l'arrête.*) Je ne suis pas le consul, moi ; je puis sortir.

LE SOLDAT.

Ni toi, ni un autre.

LE SECRÉTAIRE.

J'ai un laisser-passer.

LE SOLDAT.

Je m'en moque.

LE SECRÉTAIRE.

Appelle ton officier. (*Le soldat se retourne. Il est frappé et tombe. Le ministre et le secré-*

taire se sauvent. Des gens armés accourent. Ils trouvent le soldat mort et le consul évanoui.)

XII.

Une Église convertie en Prison.

SIMPLET.

Aïe ! aïe ! Oh ! là là ! oh ! là là ! Qu'il fait froid ici !

PROTAGORAS.

Ce pauvre garçon est bien importun. Voilà une heure qu'il m'empêche de dormir.

SIMPLET.

Aïe ! aïe !

PROTAGORAS.

Vous souffrez donc beaucoup, mon ami ?

SIMPLET.

Des fraîcheurs que j'ai attrapées en prison, jointes à d'anciennes blessures attrapées en liberté, me font un mal du diable tous les matins.

PROTAGORAS.

Il faut prendre patience.

SIMPLET.

J'espère ne point en manquer. Ces cris que la douleur m'arrache ne sont plus des murmures contre la douleur.

PROTAGORAS.

Oh! oh! trouverais-je ici un stoïcien? Vous me paraissez avoir du caractère, mon ami.

SIMPLET.

Moi! Je ne suis qu'un lâche et un imbécile. J'ai cédé à toutes mes passions, je me suis laissé entraîner à toutes les sottises.

PROTAGORAS.

Accepter, comme vous le faites, la douleur, ce n'est ni d'un imbécile ni d'un lâche.

SIMPLET.

J'accepte la douleur, parce que je l'ai méritée. Aïe! aïe! Qu'il fait froid!

PROTAGORAS.

C'est vrai. (*Il se serre dans son manteau.*) Mais, mon ami, comment croyez-vous avoir mérité la douleur?

SIMPLET.

En faisant le mal.

PROTAGORAS.

Vous m'étonnez. Sauriez-vous me dire ce que vous appelez le mal?

SIMPLET.

Connaissez-vous la religion catholique?

PROTAGORAS.

Celle-là et beaucoup d'autres.

SIMPLET.

Il suffit de connaître celle-là pour savoir ce qui est bien et ce qui est mal.

PROTAGORAS.

Mais celle-là n'est pas la seule.

SIMPLET.

C'est la seule, parce que c'est la vraie. Il n'y a pas deux religions, puisqu'il n'y a pas deux Dieux.

PROTAGORAS. (*Bas.*)

Il parle comme Joas. (*Haut.*) Qui vous prouve qu'il n'y a pas deux Dieux?

SIMPLET.

La foi nous l'enseigne ; la raison et tout ce que nous voyons nous le prouve. La terre et l'homme sont évidemment l'œuvre d'un seul créateur, qui les a faits l'un pour l'autre.

PROTAGORAS.

C'est un argument. Cependant l'homme est si double, si multiple, si divers ! Il ne faudrait pas s'étonner que deux puissances y eussent travaillé. L'homme ! voilà un grand mystère, mon ami.

SIMPLET.

J'ai dit cela, j'ai fait ces difficultés et bien d'autres au chrétien qui m'a instruit.

PROTAGORAS.

Vous avez donc lu des livres de philosophie, mon cher ?

SIMPLET.

Moi ? par exemple ! Ces difficultés me sont venues toutes seules dès qu'on m'a dit de ne plus boire, de ne plus me mettre en colère, de ne plus me débaucher d'aucune façon. Dam ! ça m'a paru dur, et j'aurais fait un livre pour prouver que je devais forcément me permettre tout ce que me conseillaient mes passions. Oui ; mais que me restait-il à dire contre les voleurs, les assassins, les brigands de toute espèce qui veulent jouir sans travailler ?

PROTAGORAS.

Cependant...

SIMPLET.

Laissez donc ! Vous parlez à un ancien socialiste. Prouvez-moi que vous devez avoir un manteau, et moi pas. Vous me direz : « J'ai acheté mon manteau. » Je vous dirai : « J'ai froid. » Je vous tuerai pour avoir votre manteau, un autre me tuera pour me le prendre ; cet autre, à son tour, sera tué. On se tuera tant que durera le manteau. Tâchez d'arranger les choses avec votre homme double ou avec votre double Dieu. Celui qui conseille le mal aura toujours raison, et nous continuerons de nous manger. L'homme n'est pas double ; il est libre, intelligent, et par le péché il est devenu imparfait. Voilà le mystère.

PROTAGORAS.

Vous sauriez expliquer ce mystère, mon ami?

SIMPLET.

Tous ceux qui connaissent la religion le peuvent expliquer. Vous êtes donc comme Nicodème, vous?

PROTAGORAS.

Quel Nicodème?

SIMPLET.

C'est ce bourgeois qui allait voir Notre-Seigneur

la nuit, et qui ne savait rien, quoiqu'il passât pour savant. Il était là, bouche béante, questionnant toujours, et s'étonnant de tout. Notre-Seigneur lui dit : « Quoi ! vous êtes docteur, et vous ignorez ces choses? » Je vous lirai ce passage dans l'Évangile, si vous voulez ; c'est très-beau. Pour en revenir à l'homme, en présence d'une résolution à prendre, d'une action morale à faire, on sent qu'on est libre, et qu'on peut user bien ou mal de sa liberté. Si j'ai envie de trop boire et que je m'en abstienne ; si j'ai envie de mentir et que je m'oblige à dire la vérité ; si j'ai envie de m'enorgueillir et que je m'humilie, je ne suis pas deux hommes pour cela, je n'ai pas été formé par deux Dieux, mais par un seul, qui veut que je lui obéisse librement. C'est ce qui prouve que la religion est vraie.

PROTAGORAS.

Comment? Je ne vois pas clairement la conséquence.

SIMPLET.

Elle est pourtant facile à voir. La religion nous rend compte de ces mouvements contraires qui s'opèrent en nous ; elle nous dit d'où ils viennent, à quoi ils tendent ; elle seconde les bons, elle combat les mauvais ; elle annonce des punitions plus fortes que toutes les séductions du mal ; elle promet des récompenses plus grandes que tous les sacrifices ; elle met la lumière dans les idées, la paix dans le cœur ; elle s'applique à l'âme, enfin, comme un vêtement dont les mesures sont justes, qui touche partout, et qui ne gêne nulle part. J'en conclus qu'elle est faite pour l'homme, comme l'homme est fait pour le monde ; et que tout sort de la même main, c'est-à-dire de la main de Dieu. Ce qui sort de la main de Dieu est parfait, et ce qui est parfait est vrai.

PROTAGORAS.

Il y a des objections, mon ami ; il y en a de très-fortes. Le mystère de l'humanité a reçu une autre solution.

SIMPLET.

Comme le mystère de la soif ; il y a deux solutions : la fontaine et le cabaret. Quand j'ai bu à la fontaine, je suis désaltéré ; quand j'ai bu au cabaret, j'ai encore soif, et de plus je suis ivre. Par la solution chrétienne, je suis honnête homme ; par les autres, j'étais ivrogne, émeutier, bête féroce. La solution chrétienne me rend frère de Jésus-

Christ, et me mène à la vie éternelle, où je jouirai de la présence de mon Créateur. Les autres solutions m'ont valu un œil crevé, un bras cassé, une jambe infirme. Quant aux accidents qui menacent mon cou, je n'en dis rien ; je n'y songe plus depuis que mes remords se sont changés en repentirs. Mais vous, citoyen, vous n'auriez pas tort d'y penser un peu. Nous sommes sur un petit sentier qui mène tout droit à la guillotine. Si de plus savants que moi vous parlent de Dieu, ne fermez pas l'oreille. Il fait bon d'avoir la conscience tranquille, lorsqu'on demeure ici.

PROTAGORAS.

C'est donc ici qu'on vous a fait connaître la religion ?

SIMPLET.

Oui.

PROTAGORAS.

Celui qui vous a catéchisé est un habile homme.

SIMPLET.

Voulez-vous savoir comment il s'y est pris ?

PROTAGORAS.

J'en serais curieux.

SIMPLET.

J'avais froid, il m'a donné la moitié de ses vêtements. Voilà sa malice.

(*Entre le père Alexis, en costume de geôlier*).

LE PÈRE ALEXIS.

Simplet, ton déjeuner est prêt.

SIMPLET. (*Bas*.)

Père, un mot à ce pauvre homme ; il ne sait rien de rien. C'est un savant. (*Il sort*.)

XIII.

PROTAGORAS, *regardant le père Alexis*.

J'ai déjà vu ce geôlier.

LE PÈRE ALEXIS.

Vous croyez me reconnaître, illustre Protagoras?

PROTAGORAS.

En effet.

LE PÈRE ALEXIS.

En des temps plus paisibles vous me vîtes souvent à votre cours, et nous disputâmes quelquefois. Mais l'adversaire ne demanda jamais qu'à devenir un ami. Je suis le père Alexis, de la compagnie de Jésus.

PROTAGORAS.

Tout s'explique! Je causais avec un de vos néophytes, mon révérend père, et je vous en fais compliment.

LE PÈRE ALEXIS.

Mon ami Simplet.

PROTAGORAS.

Pas si simple! Il me paraît déterminé.

LE PÈRE ALEXIS.

C'est une petite conquête qui ne vous fait nul tort. Simplet n'était pas éclectique.

PROTAGORAS.

Je m'etonne de vous trouver ici.

LE PÈRE ALEXIS.

La merveille est que j'y sois libre et fonctionnaire de l'État, moi, membre d'une congrégation non autorisée!... Mais, par bonheur, on n'a pas songé à me faire jurer les quatre articles de 1682. Moyennant un peu de persévérance et, je l'avoue, un peu de ruse, je me suis introduit. Vous devinez à quoi je m'occupe. J'ai fait ma cellule d'une chapelle semblable à celle-ci. Le confessionnal et l'autel y sont encore, je m'en sers.

PROTAGORAS.

Avec tout cela, un beau jour on vous coupera la tête.

LE PÈRE ALEXIS.

Ce sera un beau jour. Tertullien me dit qu'il n'est pas nécessaire que je vive, mais que je serve Dieu.

PROTAGORAS.

Et votre foi n'est point ébranlée ?

LE PÈRE ALEXIS.

Jamais ma foi ne fut soutenue et enflammée par plus de miracles. Je pourrais dire qu'après vingt années de sacerdoce, en entrant ici je ne connaissais pas encore la miséricorde du Sauveur. Je vois la charité produire des fruits abondants sur cette terre aride ; je vois l'espérance fleurir sur les marches de l'échafaud ; je vois la vie germer dans le sang. Chaque jour je recueille des repentirs précieux, des larmes saintes. Ce grand naufrage donne au ciel d'abondantes épaves ! L'enfer a semé, Dieu moissonne.

PROTAGORAS.

Vous me paraissez n'être point fâché de lier les gerbes.

LE PÈRE ALEXIS.

S'il dépendait de moi d'ouvrir les portes de cette prison, je ne me contenterais pas de les ouvrir, je les ferais arracher. Mais enfin le but essentiel de la vie étant de bien mourir, je considère aussi les choses de ce point de vue, et j'estime que Dieu fait une immense grâce à beaucoup de ceux qu'il envoie ici. C'est un carrefour où les yeux sont forcés de s'ouvrir sur la route qu'il faut prendre. Ceux qui se dirigent vers le ciel gagnent tout. Ils sont nombreux.

PROTAGORAS.

Mais les autres?

LE PÈRE ALEXIS.

Ils sont à plaindre, mais non pas de perdre la vie.

PROTAGORAS.

Vous en parlez à votre aise, mon révérend père. Pour moi, j'aimerais à vivre dans ma maison, et à mourir le plus tard possible dans mon lit.

LE PÈRE ALEXIS.

Votre goût est naturel. Cependant vous avouerez qu'il serait plus sage d'aimer purement et simplement ce que Dieu veut; de s'accommoder de la maison, même quand c'est un cachot, du lit, même quand c'est un gibet, et de s'occuper là, comme ailleurs, de l'éternelle demeure de l'âme. Voilà le but. Le reste n'est que l'agrément ou l'inconvénient passager du voyage, et mérite peu d'arrêter nos pensées. Qu'importe plus ou moins d'aise à l'auberge, et plus ou moins de poussière sur le chemin?

PROTAGORAS.

Il importe assez, à mon avis. Finalement, le but est obscur. Tout le monde y va, personne n'en revient. Qui me prouvera que le voyage n'est pas la chose même, au lieu de n'être, comme vous dites, que le moyen? L'immortalité, grand mot! grand problème! Est-ce la vie et la jouissance? est-ce le sommeil? est-ce l'ennui? Y a-t-il une immortalité pour les êtres qui ne laissent d'eux aucun souvenir? Nous avons lu et fait là-dessus beaucoup de volumes. Mais qui en sait plus, du philosophe qui écrit le livre, ou du rat qui le ronge? Dans ce doute, les hommes ont raison de n'être pas indifférents à la longueur et à la commodité du chemin. J'y tiendrais fort, je l'avoue.

LE PÈRE ALEXIS.

Dois-je en conclure que votre foi ne se trouve plus aussi assurée que la mienne?

PROTAGORAS.

Nullement.

LE PÈRE ALEXIS.

Cependant, il ne semble pas qu'elle vous soit ici de grand secours.

PROTAGORAS.

Ma foi, à moi, n'est point tenue de me consoler, ni de me faire aimer la souffrance et la mort.

LE PÈRE ALEXIS.

Convenez qu'elle y aurait de la peine.

PROTAGORAS.

Elle m'éclaire, et c'est assez.

LE PÈRE ALEXIS.

Si je ne craignais d'être indiscret, je vous prierais de me dire ce qu'elle vous fait voir.

PROTAGORAS.

Elle me fait voir, mon révérend père, un avenir

prochain, où ma philosophie sera encore, et où la vôtre ne sera plus.

LE PÈRE ALEXIS.

Véritablement, je vous confesse que je vois tout le contraire.

PROTAGORAS.

Regardez donc ce qui tombe.

LE PÈRE ALEXIS.

Ce qui tombe est votre œuvre. Ces gouvernements emportés au moindre choc, ces institutions faites, défaites, refaites, toujours impuissantes, toujours fragiles, toujours ridicules; ces doctrines fécondes seulement en monstruosités, tout cela, mon cher adversaire, est bel et bien de votre façon. Tout cela tombe et vous était fort nécessaire. Vous l'avez inventé et combiné contre nous. Nous vous avons dit que le marteau du scepticisme pourrait bien abattre notre édifice, mais qu'il broierait jusqu'aux matériaux du vôtre; que vous pourriez bien d'une certaine façon ôter Dieu de la société, mais qu'alors la société croulerait, et vous écraserait sous ses ruines. Vous avez voulu faire l'expérience ; vous la faites, vous n'y résisterez pas.

PROTAGORAS.

J'admets que nous nous en trouvions mal ; vous en trouvez-vous si bien? Notre œuvre tombe, soit! elle nous écrase, soit encore! Dans ces ruines sans limites, dans ces décombres et dans ce tombeau du monde, que devenez-vous?

LE PÈRE ALEXIS.

Ce que devient le grain dans la terre : nous germons. Je vois comme vous ce qui tombe et ce qu'on arrache ; vous ne voyez pas comme moi ce qui repousse et se relève. Vous avez chassé Dieu de la société ; vous ne l'avez chassé ni du ciel ni du cœur de l'homme. Vous êtes perdus, parce qu'il vous faut pour régner une législation savante et un grand attirail de forces matérielles qui ne sont plus, ou qui sont désorganisées. Pour tout reconstruire, il nous suffit, à nous, que la nature humaine reste telle que Dieu l'a faite, avec son invincible besoin de vivre et de croire.

PROTAGORAS.

J'admire le prodige de votre entêtement. Parce que vous avez durant un certain nombre de siècles fait fléchir la nature humaine sous le poids merveilleux de vos doctrines, vous croyez l'avoir changée, et vous ne pouvez comprendre qu'elle retourne à son primitif instinct. N'avez-vous pas entendu ce mot, prononcé un jour par je ne sais quel butor démocratique : *L'humanité veut jouir ?*

LE PÈRE ALEXIS.

Je l'ai entendu.

PROTAGORAS.

L'axiome est sans décence et sans littérature ; mais c'est la vérité. *L'humanité veut jouir :* voilà le mot du siècle ! il ne vous laisse rien à faire.

LE PÈRE ALEXIS.

Vous vous trompez. Ce mot, dont je ne nie point la vérité, ne me désespère nullement. Je sais que l'humanité veut jouir ; mais, dans mon humble opinion, elle ne tardera pas à se lasser des jouissances qu'elle s'est procurées en s'éloignant de nous. Elle viendra nous en demander d'autres.

PROTAGORAS.

Ne le croyez pas. Elle aimera mieux périr que de reprendre le joug.

LE PÈRE ALEXIS.

Peut-être qu'au lieu de croire qu'elle reprend le joug, elle croira, non sans quelques bonnes raisons, le briser. L'état dans lequel nous sommes, et qui fait de tout citoyen un bourreau ou un proscrit, l'appelez-vous un état de liberté ?

PROTAGORAS.

Cet état ne peut durer.

LE PÈRE ALEXIS.

Comment peut-il finir?

PROTAGORAS.

Un maître, un homme fort viendra.

LE PÈRE ALEXIS.

Un maître, un homme fort ne vient jamais seul ; il a autour de lui des contre-maîtres, des soldats, et au-dessous de lui des esclaves. Ce maître sera de votre avis, ou n'en sera point ; il vous persécutera, ou il en persécutera d'autres. Il fera, pendant un certain temps peut-être, régner l'ordre ; il ne fera pas régner la liberté et la justice : je dis cette justice devant laquelle tout s'incline, qui ne frappe pas des vaincus, mais des coupables, et qui voit la conscience même des criminels se soumettre à ses arrêts. Nous en avons essayé plusieurs de ces hommes forts. Qu'ont-ils fait? Ils ont laissé la société plus malade, plus affaiblie qu'ils ne l'avaient prise ; l'ordre matériel à la merci des derniers conspirateurs de cabaret, l'ordre moral à la merci des derniers sophistes, ou, pour employer vos expressions, à la merci des derniers butors. Si le nouvel homme fort qui doit venir n'apporte que ce qu'ont apporté les autres, il durera ce qu'ont duré les autres, et il léguera aux vers la société, totalement avilie par les voluptés et par le despotisme. Vous triompherez, et vous mourrez. Votre triomphe définitif ne peut être que la destruction du genre humain.

PROTAGORAS.

Encore une fois, mon révérend père, le genre humain périra plutôt que de revenir à vous.

LE PÈRE ALEXIS.

Je ne sais ce qu'il ferait s'il avait le choix. Mais il ne dépend pas du genre humain de périr. Il a son œuvre à consommer ; il attendra, pour disparaître, que le doigt de Dieu arrête la course des siècles sur l'immobile cadran de l'éternité. Ni vous ni moi ne savons quand sonnera l'heure dernière, et quand se lèvera le jour sans lendemain. Je sais seulement qu'avant que le monde passe, Dieu l'aura vaincu.

PROTAGORAS.

Oui, au jugement dernier. Si nous nous lançons

dans les articles de foi, je vous avertis, mon révérend père, que j'ai rayé celui-là de mon *Credo*.

LE PÈRE ALEXIS.

Je le sais. Je sais également que vos raisons pour le rejeter ne valent pas celles que j'ai d'y croire. Mais je ne vous ajourne pas si loin. Vivez seulement la vie ordinaire, et vous verrez qui doit l'emporter, même en ce siècle et en ce monde, du Dieu mort de la scolastique, ou du Dieu à naître de la philosophie.

PROTAGORAS.

Mais, mon révérend père, regardez donc où vous êtes. Écoutez de quels cris et de quels chants retentissent maintenant ces voûtes; voyez ces autels brisés. Vous m'entretenez de la puissance de votre Dieu : nous causons dans son tombeau, et vous ne parlez de lui qu'à voix basse, de peur qu'un mécréant, venant à vous entendre, n'arrose du sang du prêtre le sanctuaire déjà cent fois insulté.

L'arche sainte est muette, et ne rend plus d'oracles.

LE PÈRE ALEXIS.

Et quel temps fut jamais plus fertile en miracles ?

Je connais dans ce temple plus de fidèles qu'il n'en renfermait aux jours de sa splendeur;

j'y entends soupirer le repentir et chanter l'espérance; je sens que mon Dieu est vivant, je sais qu'il a des martyrs, et j'annonce sa victoire. Sang de martyrs, semence de martyrs! Dieu nous livrant, comme il s'est livré lui-même, aux haines du monde, nous a donné comme à lui la fécondité dans la mort. Partout où l'homme a creusé le tombeau d'un saint, Dieu a fait le berceau d'une église. Pour remplacer nos pères, il nous naît des fils. J'enseigne dans cette prison, d'autres le font ailleurs. Nous rejeter dans les catacombes, c'est nous retremper à l'air natal. C'est là que nous savons quel est notre Dieu, et que nous bénissons l'immensité de ses miséricordes. Deux jeunes gens se sont échappés cette nuit de la prison, au péril de leur vie et de la mienne. Je leur ai indiqué la retraite d'un évêque; ils rentreront demain, prêtres *in æternum*. Le monde, dites-vous, n'est plus chrétien? Je vous atteste qu'il l'est encore; et là même où il ne l'est plus, il se souvient de l'avoir été. Il s'en souvient si bien, que la philosophie active s'efforce aujourd'hui de lui arracher la mémoire. Vous nous accusiez d'abêtir le genre humain : vos élèves le veulent décapiter. Dernier trait à l'apologie frappante et involontaire que Dieu les condamne à faire incessamment du gouvernement spirituel et temporel de l'Église, tant décrié par vous. Est-ce que partout le bourreau ne parodie point le prêtre? Le socialisme est-il autre chose qu'un impuissant effort de l'orgueil philosophique pour réaliser par la force, par le sang, par le crime, tout ce que l'Église obtenait par la réprimande et par l'amour? En blasphémant le christianisme, le monde y aspire. Il s'en apercevra, et ne se laissera point arrêter dans son retour par les vanités bafouées et les orgueils flagellés qui lui conseilleront le suicide. La raison humaine elle-même secondera les influences de la miséricorde. Elle entendra ce dilemme que lui posent sans cesse tant de catastrophes : *Ou le Christ, ou la mort!* et elle voudra reconquérir la vie. (*On entend le canon et la fusillade.*)

PROTAGORAS.

Qu'est-ce?

LE PÈRE ALEXIS.

C'est le dilemme. (*Entre Simplet.*)

SIMPLET.

Encore une révolution! Le consul est renversé, et le Vengeur prend la dictature.

PROTAGORAS.

Le Vengeur !

SIMPLET.

On dit que Galuchet sera général en chef de la force ouvrière, et on s'attend à un massacre des prisons.

PROTAGORAS, *bas*.

Mon révérend père...

LE PÈRE ALEXIS.

Achevez, monsieur.

PROTAGORAS.

Puisque vous avez pu faire évader ces jeunes gens...

LE PÈRE ALEXIS.

Je vous entends. Ne doutez pas que je ne veuille vous sauver.

SIMPLET, *bas*.

Père...

LE PÈRE ALEXIS.

Parle, mon enfant.

SIMPLET.

Je voudrais bien me confesser tout de suite.

LE PÈRE ALEXIS.

Viens. *(Ils sortent.)*

PROTAGORAS.

Il veut me sauver... bien ; mais comment l'entend-il? Pourvu qu'il n'y ait pas là-dessous quelque restriction mentale!

XIV.

La haute cour sociale et fraternelle.

(Chenu siége comme président. Les juges sont Requin, Labiche, l'ancien portier Ducrot, Rheto. Griffard remplit les fonctions d'accusateur public.)

CHENU.

Est-ce pour aujourd'hui? Voilà cinq minutes que l'on fait attendre la haute cour. Pourquoi l'accusé ne paraît-il pas?

L'HUISSIER.

Citoyen président, il ne peut pas marcher ; il faut qu'on l'apporte.

CHENU.

Qui nous empêche d'en expédier d'autres en attendant?

GRIFFARD, *à l'huissier.*

Fais comparaître la femme Grimblot.

L'HUISSIER.

La voici. (*Catherine Grimblot s'avance.*)

GRIFFARD.

L'accusée a commis plusieurs crimes. 1° Elle a souvent regretté que son mari soit mort pour la sainte cause de la république sociale, et elle a ainsi outragé la mémoire d'un héros que pleure la patrie. 2° Elle a parlé contre la liberté de la presse quand la presse était encore libre, et violemment insulté notre ci-devant ami Baisemain, qui depuis... mais alors il était vertueux! 3° Elle faisait partie de la secte des apitoyeuses, et elle a été complice de la femme Lavaur, en ce moment soustraite à notre justice pour raison d'État. 4° Elle a enseigné des pratiques superstitieuses aux enfants du peuple, et même à ses propres enfants... Une mère! 5° Enfin, elle a recueilli et soigné l'ex-général Hermann, que vous allez condamner tout à l'heure. Néanmoins, en considération de la mémoire de son mari, je ne demande contre l'accusée que la peine de l'exportation.

CHENU.

Femme Grimblot, avoues-tu tes crimes ?

CATHERINE GRIMBLOT.

Je m'en glorifie.

GRIFFARD.

Ah ! tu t'en glorifies ! (*Aux juges.*) Je demande sa tête.

CHENU.

Je recueille les voix.

REQUIN.

La mort.

LABICHE.

La mort.

DUCROT.

La mort.

RHETO.

La... (*Il hésite.*) La déportation.

CHENU.

Hein ?...

RHETO, *d'une voix faible.*

Je veux dire la mort.

CHENU.

Fais donc attention.

RHETO.

La mort. (*Il prend une bouteille placée devant les juges, se verse un verre de vin et le vide avec précipitation.*)

CHENU.

A l'unanimité, Madeleine Grimblot est condamnée à mort.

L'HUISSIER.

Voici l'ex-général Hermann. (*On apporte au pied du tribunal un vieillard impotent.*)

GRIFFARD.

Ce vieillard s'est montré en public revêtu des hochets dont la faveur des tyrans avait flatté sa vanité. Au milieu d'un peuple libre et socialiste, il voulait faire encore partie d'une prétendue Légion d'honneur, et il a ainsi méconnu la sainte égalité. De plus, en déclamant contre la juste sentence qui a frappé son fils, il a manqué de respect envers la justice. Il mérite la mort.

CHENU, *à l'accusé.*

Que réponds-tu?

HERMANN.

Vive le roi!

REQUIN.

La mort.

LABICHE.

La mort.

DUCROT.

La mort.

RHETO, *hésitant.*

Mille morts ! (*Il boit.*)

CHENU, *au général.*

Culotte de peau, tu ne crieras pas longtemps Vive le roi ! Je te condamne à mort, et je regrette de ne pouvoir te faire endurer autant de fois le supplice qu'il y a de voix ici pour t'y envoyer.

HERMANN.

Ce serait encore moins que je n'ai reçu de blessures pour la patrie. Vive le roi ! (*On l'emporte.*)

CHENU, *aux huissiers.*

Jetez-moi ce vieux fou par terre, dans la cour, en attendant le tombereau.

(*On amène une femme âgée.*)

CHENU.

Qu'est-ce que c'est que ça ?

GRIFFARD.

Personne ne connaît cette vieille ; mais il suffit

de la regarder pour voir qu'elle a appartenu à la classe des oppresseurs du peuple. Elle ne veut pas dire son nom : c'est qu'elle a intérêt à le cacher.

CHENU.

Parbleu !

GRIFFARD.

Je l'accuse d'avoir désiré le renversement de la république démocratique et sociale, et je requiers contre elle la peine des traîtres.

CHENU.

Allons, la vieille, défends-toi, et tâche de ne pas radoter trop longtemps.

LA VIEILLE FEMME.

Messieurs, ayez la bonté de m'adresser vos questions par écrit ; je suis très-sourde.

CHENU.

Alors tu as conspiré sourdement. (*Il rit.*) Tu n'en es que plus coupable. Je vais aux voix.

REQUIN.

La mort.

LABICHE.

La mort.

DUCROT.

La mort.

RHETO.

N'y aurait-il pas lieu... ?

CHENU.

Hein ?

RHETO.

La mort. (*Il boit*).

CHENU.

A l'unanimité. (*Il indique d'un geste à la vieille femme qu'elle aura la tête coupée.*)

LA VIEILLE FEMME.

Jésus, Marie, Joseph ! (*Elle fait le signe de la croix.*)

UN HOMME DANS L'AUDITOIRE.

C'est une injustice !

CHENU.

Amenez celui qui insulte la haute cour.

L'HOMME.

Pas besoin qu'on m'amène, je viens tout seul. Je connais la citoyenne accusée. C'est une brave femme qui n'a jamais fait de mal à personne ; au contraire. Elle était riche, et elle donnait tout aux pauvres.

CHENU.

C'est-à-dire qu'elle leur faisait quelques restitutions.

L'HOMME.

Moi qui vous parle, étant malade, je l'ai vue dans mon taudis; elle venait me soigner et me consoler.

CHENU.

Te parlait-elle de religion?

L'HOMME.

Eh bien oui! quoi?

CHENU.

C'est cela. Tâche de te taire, ou je t'envoie en paradis avec elle.

(*On amène un jeune homme et une jeune femme.*)

GRIFFARD.

Ces deux individus ont été saisis en flagrant délit de pratiques superstitieuses, à genoux devant l'autel où un prêtre, qu'ils ont fait échapper, venait de leur donner une soi-disant bénédiction nuptiale. L'acte superstitieux est un crime; avoir fait échapper le prêtre en est un autre. Ils sont doublement coupables.

CHENU.

Imbéciles! Qu'est-ce qui vous empêchait de vous marier librement, philosophiquement et républicainement?

LE JEUNE HOMME.

Nous sommes chrétiens.

CHENU.

Bon! tu arranges ton affaire en disant cela! Voyons, vous êtes jeunes, vous m'intéressez, et il y a encore moyen de vous sauver. Voulez-vous vous démarier?

LA JEUNE FEMME.

Dieu nous a unis pour l'éternité.

CHENU.

Ça n'ira pas loin, l'éternité, ma belle! Laisse-là ton Dieu et ton mari; prends un autre homme, et qu'il prenne une autre femme. Je vais vous marier tout de suite, moi, et vous irez faire la noce chacun de votre côté.

LE JEUNE HOMME.

Pourquoi nous insultez-vous, quand vous pouvez nous faire mourir?

CHENU.

Un moment. Si tu veux mourir, ça n'est pas difficile; mais ta soi-disant femme pourrait être d'un autre avis. Parle, citoyenne : veux-tu te démarier? Il s'agit de coucher ce soir dans la fosse avec un cadavre, ou dans un lit avec un vivant.

LA JEUNE FEMME.

Mon cœur est à mon époux, ma vie est à Dieu.

CHENU.

Quels enragés! Voyons : celui qui voudra se démarier, non-seulement se sauvera, mais sauvera l'autre.

(*Les deux époux se regardent un moment en silence, puis se donnent la main.*)

LA JEUNE FEMME.

Nous mourrons ensemble.

CHENU, *avec colère.*

Aux voix!

REQUIN.

La mort.

LABICHE.

La mort.

DUCROT.

La mort.

RHETO.

Il me semble que...

CHENU, *furieux.*

Quoi?

RHETO.

La mort. (*Il boit.*)

CHENU, *aux deux époux.*

Mourez ensemble, mes pigeons.

(*On amène l'auteur.*)

GRIFFARD.

Voici aux pieds de la haute cour l'auteur de plusieurs détestables pamphlets antisocialistes, où l'on ne sait ce qui l'emporte du sens moral dépravé, ou du goût littéraire abâtardi. Ce misérable a prêté aux plus illustres citoyens des sentiments bas, féroces, et un langage ignoble; il a tourné en dérision le patriotisme et la sensibilité des âmes républicaines; il a constamment servi la cause des riches et des heureux; il a osé dire que l'avénement du socialisme serait une catastrophe pour la civilisation; enfin, par son fanatisme, détesté même de ses amis, il n'a pas moins nui à la vraie religion qu'il n'a voulu nuire au socialisme. On en trouverait au besoin la preuve dans les journaux religieux et réactionnaires de l'époque. Qu'il reçoive enfin la punition qu'il a méritée!

CHENU, *à l'auteur.*

Défends-toi.

L'AUTEUR.

A quoi bon?

CHENU.

Tu connais le sort qui t'attend ?

L'AUTEUR.

Aussi bien que je connais mes juges.

CHENU.

Quel dommage qu'on ne roue plus ! (*Il fait signe aux jurés.*)

REQUIN.

La mort.

LABICHE.

La mort.

DUCROT.

La mort.

RHETO, *à part.*

Ce n'est pas ma voix qui le sauverait... (*Haut.*) La mort. (*Il boit.*)

CHENU.

Enlevé !

L'AUTEUR.

Gloire à Dieu !

(*On amène Baisemain. — Sensation.*)

GRIFFARD.

Citoyens membres de la haute sociale et fraternelle, mon cœur est navré. Comment pourrais-je, sans douleur, voir comparaître devant vous, pêle-mêle avec des absolutistes avérés ou des traîtres obscurs, celui qui fut notre frère et notre ami, celui que nous nommions avec orgueil l'éloquent Baisemain? Ame de Brutus, je t'invoque! Répands en moi, verse sur ces magistrats augustes tes pures et sublimes inspirations! J'accuse Baisemain d'avoir cherché à se faire et de s'être fait une popularité dangereuse, et de nature à faciliter de mauvais desseins contre le dictateur. Je l'accuse d'avoir voulu séduire le peuple en lui développant des théories sensualistes, dont la réalisation, si elle est possible, ne peut être que fort éloignée. Je l'accuse d'avoir troublé les consciences en professant ouvertement l'athéisme. Je l'accuse enfin d'immoralité dans ses doctrines et dans ses mœurs. Ses doctrines ne tendent qu'à donner au peuple le goût peu républicain des jouissances et de la bonne chère; ses mœurs sont déplorables, et vous savez tous avec quel éclat il vient de répudier la citoyenne illustre qui s'était généreusement donnée à lui.

CHENU.

Pauvre Térébenthine!

GRIFFARD.

Citoyens, votre rôle est terrible, mais il est grand. Étouffez l'amitié, si elle vous conseille une fausse et dangereuse clémence. Songez à Brutus qui condamna ses fils, et bientôt après immola César.

RHETO.

Oh! oh!

GRIFFARD.

Quoi?

RHETO.

Ce n'est pas le même Brutus.

GRIFFARD.

Pédant, va! Je maintiens mes conclusions, et je requiers contre Baisemain la peine des traîtres.

CHENU.

Baisemain, nous t'écoutons.

BAISEMAIN.

Mes amis, mes bons amis, je suis malade. Accordez-moi une remise.

CHENU.

Allons donc! Tu sais que nous sommes pressés.

BAISEMAIN.

Je demande un défenseur.

CHENU.

Aux accusés patriotes la loi accorde des défenseurs patriotes; elle en refuse aux traîtres.

BAISEMAIN.

Je vois que vous voulez m'assassiner.

CHENU.

Défends-toi, et n'insulte pas la haute cour.

BAISEMAIN.

Vous êtes des scélérats.

CHENU.

C'est tout ce que tu as à dire?

BAISEMAIN.

J'en appelle à la postérité; la postérité me vengera.

CHENU.

Elle sera bien bonne! Je vais aux voix.

REQUIN.

La mort.

LABICHE.

La mort.

DUCROT.

La mort.

RHETO.

La mort.

CHENU.

La mort. (*A l'huissier.*) Il doit y en avoir maintenant assez pour un convoi. Voici tes feuilles de route. A un autre !

(*On amène un accusé. La séance continue.*)

XV.

Une Place publique.

(Le père Alexis se tient debout sur les marches d'une église en ruine. Simplet est près de lui. Les passants sont peu nombreux ; quelques-uns s'arrêtent et attendent.)

UN PASSANT, *à une marchande de petits gâteaux.*

Dites-moi, citoyenne, ce qu'on attend.

LA MARCHANDE.

C'est la charrette qui va passer.

LE PASSANT.

Ah ! (*Il s'éloigne.*)

LA MARCHANDE.

Il n'y a plus moyen de rien faire. Dans les premiers temps on se serait attroupé, et j'aurais vendu tous mes gâteaux ; mais à présent le monde n'est pas même curieux. (*Criant.*) Tout chauds, tout chauds les gâteaux de Nanterre!

UN AUTRE PASSANT.

Eh! la marchande, donne-moi un gâteau.

LA MARCHANDE.

Voilà, citoyen. Il est tout chaud.

LE PASSANT.

Combien te dois-je?

LA MARCHANDE.

C'est vingt-cinq francs.

LE PASSANT.

Tiens (*Il lui donne un billet*), rends-moi soixante-quinze francs. Nous allons voir passer un fameux brigand tout à l'heure.

LA MARCHANDE.

Qui donc?

LE PASSANT.

Le traître Baisemain.

LA MARCHANDE.

Ah! il est pincé? C'est bien fait.

LE PASSANT.

Il me semble que ça ne produit pas une grande sensation dans le peuple?

LA MARCHANDE.

Ah! bah! un de plus, un de moins, on n'y prend pas garde. Si c'était des riches encore, ça amuserait le peuple. Mais à présent que les riches sont finis, personne ne s'intéresse aux exécutions. C'est la même chose que si on voyait passer une charrette de veaux. Votre Baisemain, je ne le connais pas, moi.

LE PASSANT.

Il a pourtant fait assez de bruit. Il voulait renverser le Vengeur.

LA MARCHANDE.

Ah! parlez-moi de celui-là. En voilà un qui est populaire, et qu'on voudra voir quand il sera sur la charrette! c'est ça qui fera un mouvement! Ce jour-là, je ne serai pas embarrassée de placer ma marchandise.

LE PASSANT.

Ah! ah! tu tiens des propos séditieux, toi? Je t'arrête. (*Il l'emmène malgré ses cris; le peuple reste silencieux.*)

SIMPLET.

Père, vous feriez bien de rentrer. Je vois de

mauvaises figures qui vous observent. Si vous étiez reconnu...

LE PÈRE ALEXIS.

Sois tranquille, mon enfant; Dieu me défendra. As-tu pu prévenir les condamnés que je serais à cette place?

SIMPLET.

Oui, je l'ai dit à l'un d'eux; mais vous savez combien il y a d'espions et de traîtres. Je crains d'avoir été entendu de gens que je ne connais pas.

LE PÈRE ALEXIS.

A la grâce de Dieu! Quelques-uns de ces malheureux savent que je serai là pour leur donner une dernière absolution. Il me serait plus avantageux de mourir que de frustrer leur attente. (*Rumeur au loin.*)

SIMPLET.

Père, les voici. Je m'assieds à vos pieds, comme il est convenu, pour vous faire reconnaître. A la grâce de Dieu!

LE PÈRE ALEXIS.

C'est bien, mon ami. Prions.

(*La charrette s'avance, escortée de quelques soldats, et suivie d'une centaine de vagabonds qui chantent des refrains politiques ou qui insultent les condamnés. Les deux jeunes époux sont assis l'un près de l'autre, se tenant la main; la vieille dame et Catherine Grimblot récitent le chapelet. Le général et un autre condamné soutiennent Baisemain.)*

LE GÉNÉRAL, *à l'autre condamné.*

Vous avez raison; personne n'est innocent.

LE CONDAMNÉ.

Et Dieu seul est juste.

LE GÉNÉRAL.

Sa justice est terrible.

LE CONDAMNÉ.

Sa miséricorde est infinie. Pour quelques années qu'il nous prend et que nous aurions pu remplir de crimes, il nous offre la récompense qu'il donne à ceux qui ne l'ont jamais méconnu. Jetons-nous dans ses bras généreusement; reconnaissons nos fautes, acceptons l'expiation, et nous aurons le pardon.

LE GÉNÉRAL.

Je vous remercie de ce que vous me dites. Je ne crains pas la mort, et cependant vos paroles me font du bien.

LE CONDAMNÉ.

Allons, digne homme, mourez comme Duguesclin, Bayard et Turenne. Regrettez tout ce qui dans votre vie n'a pas été suivant la loi de Dieu, et bientôt vous verrez dans sa gloire le vainqueur du monde.

LE GÉNÉRAL.

Je le veux du fond de l'âme ; mais je vous avoue que je ne sais point de prière.

LE CONDAMNÉ.

En voici une que je n'ai cessé de répéter depuis certain jour où je l'ai apprise des lèvres d'un saint. Elle est courte : « Mon Dieu, je vous demande ce « que demandait le larron pénitent (1). »

LE GÉNÉRAL.

Merci, je ne l'oublierai pas. (*Montrant Baisemain.*) Voilà un malheureux qui aurait grand besoin de se reconnaître. Dites-lui donc un mot.

LE CONDAMNÉ.

Il l'entendra mieux de vous.

LE GÉNÉRAL, *à Baisemain.*

Eh bien, mon cher, songez-vous que nous allons paraître devant Dieu?

(1) Peto quod petivit latro pœnitens.

BAISEMAIN.

Je suis innocent.

LE GÉNÉRAL.

Il ne s'agit pas de cela, mon ami.

BAISEMAIN.

Peuple, on t'abuse ! (*Huées.*) Ah ! que le peuple est ingrat ! (*Il retombe dans sa stupeur. Le général et l'autre condamné échangent un regard triste. La charrette débouche sur la place.*)

CATHERINE GRIMBLOT.

Nous sommes en présence du prêtre qui doit nous donner l'absolution, avec les indulgences de la bonne mort. (*A la jeune femme.*) Madame, dites le *Confiteor* pour tous les chrétiens qui sont ici, et qui vont mourir.

LE CONDAMNÉ, *au général.*

Suivez bien cette prière que je vais redire ; c'est notre pourvoi en grâce : il ne sera pas rejeté. « Dieu « éternel, ceux qui ressusciteront te saluent, te « confessent et t'adorent ! »

(*La jeune femme récite le* Confiteor. *Les condamnés inclinent la tête. Le père Alexis, les mains jointes et les yeux au ciel, prononce les paroles de l'absolution. — La charrette passe.*)

LE GÉNÉRAL.

Il me semble que je viens de faire ma première communion.

LE CONDAMNÉ.

Dimitte nobis debita nostra, sicut et nos dimittimus debitoribus nostris.

BAISEMAIN.

Je suis innocent!

XVI.

La Campagne.

(Une troupe d'hommes armés de faux, de bâtons et de fusils.)

JACQUES BONHOMME.

Mille tonnerres! je bous d'impatience. Ils n'arriveront pas : allons les chercher. Si je n'en tue trois ou quatre aujourd'hui, je deviendrai fou. Depuis ce matin je compte là-dessus; il m'en faut!

LE CHEF.

Calmez-vous. Ils passeront par ici, et ne nous échapperont point. Personne ne serait plus fâché que moi de les manquer.

JACQUES BONHOMME.

Les brigands! jamais ils ne me payeront mes deux fils morts et mon bien volé : un bien que j'avais hérité de mon père et agrandi par vingt ans de travail!

LE CHEF.

Nous sommes logés tous à la même enseigne. J'avais une maison, et je m'asseyais à table tous les dimanches entre mon père, ma mère et huit enfants. Mon père a été assassiné, ma mère est morte d'effroi, ma femme de faim, à la porte de sa maison; mes fils sont emprisonnés, mes filles... Allez, compagnons, j'ai bien pris mes mesures, et je vous promets qu'ils passeront par ici! Ils seront une centaine. Laissons-les s'engager dans le bois : pas un n'en sortira.

GERVAIS.

Eux massacrés, il faudra nous porter à marche forcée sur le village d'où ils viennent, y arriver cette nuit, et le mettre à feu et à sang. Les habitants, quoique suspects à présent aux socialistes, ne valent pas mieux. Ce sont tous voleurs qui se pillent les uns les autres après avoir pillé les honnêtes gens. Nous n'avons pas besoin de regarder où nous frapperons, nous n'atteindrons jamais que des scélérats.

LE CHEF.

Quand pourrons-nous en faire autant dans la capitale ?

JACQUES BONHOMME.

Je ne tiens à vivre que pour aller là servir certaines pratiques.

LE CHEF.

Tous nos maux viennent des villes ; elles payeront tout avec usure.

GERVAIS.

Vous n'iriez pas dans les régions de l'ouest, vous? La vie et la mort y sont moins dures qu'ici, mais ils font des prisonniers... Ce ne serait pas votre goût.

LE CHEF.

Ni le vôtre, je pense.

JACQUES BONHOMME.

Ni le mien ! Au commencement, je suis allé dans l'Ouest, parce que j'ai un peu connu la famille de Lavaur. Pour avoir du courage, ils en ont ; personne ne peut dire le contraire. Mais quand j'ai vu tant de prêtres avec eux, j'ai dit : Ça n'est pas ça ! Il ne me faut pas des patenôtres, il me faut du sang. Dans l'Ouest ils se battent, ici on se mange...

LE PETIT GERVAIS, *accourant.*

Voici les galériens ! le préfet Guyot est avec eux.

LE CHEF.

Notre dernier poste commencera le feu à bout portant ; on se lèvera au premier coup de fusil. Face à terre et silence !

(*La colonne mobile paraît et s'engage dans le bois. Guyot et le commandant viennent à l'arrière-garde.*)

GUYOT.

Pas l'ombre d'un insurgé ! Citoyen commandant, reçois mes félicitations. Le travail et la tranquillité règnent dans ton district.

LE COMMANDANT.

Par malheur, l'abondance n'y règne pas, citoyen préfet. Nous avons beau nous faire craindre des paysans, ils se décident encore mieux à recevoir des coups de bâton qu'à nous tremper la soupe. Et tu verras qu'ils finiront par se joindre tous aux révoltés pour nous écraser.

GUYOT.

Ensuite ils s'entre-dévoreront. Ceux qui ont pris ne voudront jamais rendre ; ceux qui ont été dépouillés voudront reprendre plus qu'on ne leur a pris.

LE COMMANDANT.

C'est-à-dire qu'ils s'égorgeront perpétuellement, en criant les uns contre les autres : *Au voleur!*

GUYOT.

Oui, jusqu'à ce qu'il n'y ait plus personne. Je commence à croire que les socialistes ont entrepris une besogne au-dessus de leurs forces.

LE COMMANDANT.

A moins qu'ils n'aient voulu tout simplement dépeupler la terre... Quel temps pour ceux qui aiment la paix!

GUYOT.

Tout le monde soupire après la paix; mais voilà le malheur : personne ne la peut faire. Quand les révolutions sont commencées, c'est le diable, rien ne peut les finir. On croyait saisir la liberté, on tombe dans l'esclavage ; on croyait assurer son bien-être, on ne fait que son malheur et celui d'autrui !

LE COMMANDANT.

Dire que nous ne sommes même pas libres de rester tranquilles, et qu'il nous faut ravager notre pays, ou être guillotinés !

GUYOT.

Et tout cela pour nous reposer un jour sous la trique des Cosaques ! car ils vont arriver. Divisés comme nous le sommes, nous ne résisterons guère.

LE COMMANDANT.

Quelle résistance veux-tu que fassent des gens que leurs concitoyens humilient, volent et assassinent ? Quand les Cosaques seraient aussi insolents, aussi pillards, aussi féroces que nous, ils auront toujours plus de discipline, et les citoyens ne subiront plus du moins l'avanie d'être insultés dans leur propre langue. Je m'explique aujourd'hui bien des choses qui m'étonnaient. A voir ce que nous voyons, on apprend l'histoire !... Ce que je ne puis concevoir, c'est que les deux républiques séparatistes du nord et de l'ouest ne nous aient point culbutés.

GUYOT.

Elles n'y ont pas renoncé. D'après les dernières nouvelles, que j'ai reçues il y a quinze jours, les constitutionnels étant parvenus à se faire un dictateur, ont écrasé leurs socialistes. Ils vont sans doute s'affermir à présent. Les catholiques sont maîtres absolus dans l'Ouest : on ne voit pas chez eux l'ombre d'un socialiste. S'ils donnent la main aux constitutionnels, la république sociale est flambée.

LE COMMANDANT.

Ils se sont bien conduits, les gens de l'Ouest!

GUYOT.

Oui, ils ont été l'âme de la résistance. Leur fanatisme les mettant d'accord, leur pays est devenu tout de suite une forteresse imprenable. Le Vengeur doit se repentir d'avoir délivré Valentin de Lavaur, quand le gouvernement provisoire voulait le faire arrêter.

LE COMMANDANT.

Il lui a fait payer assez cher sa générosité. Sais-tu cela ?

GUYOT.

Qu'est-ce que l'on sait, maintenant qu'il n'y a plus de journaux?

LE COMMANDANT.

Madame de Lavaur était cachée dans la capitale, soignant sa mère et menant la vie d'une sœur de Charité. Elle a été découverte, trahie, je crois. Le Vengeur a mis la main sur elle, l'a envoyée dans une ville assiégée par les catholiques, et a fait dire à Valentin, qui dirigeait le siége, que, le jour de l'assaut, sa femme serait attachée à l'endroit le plus menacé des remparts.

GUYOT.

C'est bien l'homme !

LE COMMANDANT.

Valentin rassemble son conseil. Ayant montré la nécessité d'enlever la ville, il ajoute que l'affaire sera meurtrière, et que plusieurs y perdront leurs parents et leurs fils. Personne ne bronche, tout le monde veut l'assaut. Valentin commande le feu, monte le premier sur la brèche, et voit parmi les morts le cadavre de sa femme. Il le fait enlever sans prononcer un mot, de peur que ses hommes exaspérés ne massacrent les prisonniers.

GUYOT.

En voilà un sur qui la révolution a passé comme

un cylindre de fer ! Son père et sa mère ont été tués du même coup, devant moi.

LE COMMANDANT.

Et faire encore la guerre avec tant d'humanité ! Ces gens-là sont étonnants.

GUYOT.

Oui, mais quel fanatisme ! Dans leur fédération, ils vivent comme des capucins. Les prêtres y gouvernent, et la civilisation recule. Ils ne veulent pas de spectacles, ils vont à la messe tous les jours. C'est une vie bien triste.

LE COMMANDANT.

Pas plus triste que la nôtre... Je suis revenu de beaucoup d'illusions.

GUYOT.

Moi aussi ; mais... (*On entend un coup de fusil.*)

JACQUES BONHOMME, *se levant.*

Reçois enfin ton compte ! (*Il tire, Guyot tombe. Combat et carnage.*)

XVII.

(Champ dépendant de l'ancienne ferme de Gervais. On aperçoit les bâtiments ruinés par l'incendie. Des paysans travaillent, deux soldats de la force ouvrière mobile les regardent.)

PREMIER SOLDAT.

Voilà des clampins qui n'entament pas l'ouvrage de bonne grâce. Vois quelles mines renfrognées !

SECOND SOLDAT.

Et quels regards farouches ils jettent sur nous !

PREMIER SOLDAT.

Si les camarades n'étaient pas à la ferme et si nous n'avions pas nos fusils tout chargés, ils chercheraient à nous faire un mauvais parti, tiens, ces pataudς-là !

SECOND SOLDAT.

Possible que le commandant a usé d'imprudence en ne nous laissant qu'une douzaine dans un pays si mal disposé pour la sociale.

PREMIER SOLDAT.

Ton commandant, ne m'en parle pas ! C'est un mélancolique. As-tu vu comme il nous a recommandé la douceur envers ces pauvres paysans? Prenez donc garde de faire de la peine aux paysans de *Monsieur!* Des gueux qui rechignent lorsqu'on leur commande de travailler pour la république, et qui refusent de sustenter ses défenseurs! Où ont-ils caché leur vin?

SECOND SOLDAT.

Ils ont dit au commandant que tout a été brûlé par l'aristo qui possédait la ferme avant la sociale, et qu'ils ont dépropriétisé.

PREMIER SOLDAT.

Laisse donc! Est-ce que ça brûle, du méchant vin de village? Ils l'ont caché pour que nous n'en buvions pas, parce que nous sommes de vrais socialistes, nous! Je veux le dégommer, ton commandant. Il croit tout ce que lui disent les traîtres. Je ne sais pas où nous avons eu l'esprit de nommer une pareille bête.

SECOND SOLDAT.

Tu sais bien qu'on l'a reconnu capable.

PREMIER SOLDAT.

Voilà! Parce qu'on sait lire, parce qu'on a eu des parents qui vous ont fait élever avec la sueur du peuple, on est propre à tout et on a les places. Malheureux peuple, tu seras toujours la proie de l'aristocratie !

SECOND SOLDAT.

Mais, grognard, pour tenir des comptes, pour envoyer des rapports et des ordres, pour recevoir des instructions, pour faire des proclamations, il faut bien savoir lire et écrire ?

PREMIER SOLDAT.

De quoi ? Est-ce qu'on ne peut pas avoir un secrétaire ? Une supposition que nous nous serions élus, nous aurions bien su lui dicter ce qu'il écrit, peut-être !

SECOND SOLDAT.

Attends. Quand tout le monde saura lire et écrire, il n'y aura plus d'injustice. Paris n'a pas été fait en un jour.

PREMIER SOLDAT.

Oui, attends ! Tu ne vois pas que nous sommes exploités, et qu'avant que tout le monde soit instruit, ceux qui ont l'instruction à présent feront des lois aristocratiques en leur faveur.

SECOND SOLDAT.

Alors qu'est-ce que tu veux ?

PREMIER SOLDAT.

Je veux abolir les priviléges, sacristi! car je vois qu'il n'y a pas encore d'égalité. Je demande que ceux qui ont de l'instruction ne puissent rien être, afin qu'ils n'abusent plus de leurs moyens, et que les places soient tirées au sort entre les autres.

SECOND SOLDAT.

Tu n'obtiendras pas ça.

PREMIER SOLDAT.

Pourquoi donc? Est-ce que ça ne serait pas bien?

SECOND SOLDAT.

Si; mais tu ne l'obtiendras pas.

PREMIER SOLDAT.

Je te demande pourquoi?

SECOND SOLDAT.

Parce qu'il n'y aura jamais de justice sur la terre, vois-tu; parce que toujours les uns pâtiront sous les autres : les petits sous les grands, les faibles sous les forts, les simples sous les fins. Voilà mon idée. Qu'est-ce qu'on n'a pas fait, depuis des temps, pour établir le bonheur et l'égalité, et qu'un chacun ait sa part? On a tout bousculé, on en a tué des cent et des mille, et des millions et des milliasses; et pour changer, ça ne va pas mieux. On trouve toujours des petits et des grands, des faibles et des forts; et plus il y a de gens escoffiés, plus on en voit qui se plaignent. A preuve, nous deux. Alors je prends mon parti. Je me dis: Je n'ai ni père, ni mère, ni ami, ni rien; je me moque de tout, je me moque de la république sociale et autre, et je ne me charge plus du bonheur de l'humanité. Tout cela n'est que de la blague; nous avons été refaits. C'est une bêtise de nous dire qu'on jouira sur la terre. Mon système politique à présent, c'est de tâcher de faire mes trois repas par jour.

PREMIER SOLDAT.

Tu deviens donc matérialiste? Tu abandonnes donc l'Idée?

SECOND SOLDAT.

L'Idée? Je l'embaume! Qu'est-ce que c'est, l'Idée? Je n'en sais rien, ni toi non plus.

PREMIER SOLDAT.

C'est égal; je persévère. Je ne peux pas abandonner ça, c'est trop beau. Une vraie égalité, là, une parfaite liberté; plus de riches, plus d'exploiteurs, tous les hommes républicains socialistes, et tous les socialistes vivant en frères !... Est-il possible que ça ne te fasse plus d'effet?

SECOND SOLDAT.

Ça me fait l'effet de la reine des blagues. Demande à ces paysans ce qu'ils en pensent de la liberté, de l'égalité et de la fraternité. Ils se sont volés réciproquement tant qu'ils ont pu, ils se sont flanqué des coups de fusil, ils se sont brûlés, estropiés ; et nous venons les contraindre à cultiver les champs pour le compte du gouvernement, tandis que nous mangeons le reste de leurs provisions.

PREMIER SOLDAT.

Tant pis pour eux. Ils n'avaient qu'à être meilleurs socialistes. S'ils se sacrifiaient volontairement à la patrie, nous ne serions pas obligés de les faire travailler comme des nègres. (*Élevant la voix.*) Eh là-bas, citoyens ! Tâchez de ne pas vous endormir.

SECOND SOLDAT, *chantant.*

Sème le champ, prolétaire ;
C'est l'oisif qui récoltera.

PREMIER SOLDAT.

Tais-toi. Tu n'es plus digne de chanter les hymnes socialistes. (*Ils s'éloignent.*)

PREMIER PAYSAN.

Qu'est-ce qu'il chante, le galérien? Ils ont des mots que je ne comprends pas

SECOND PAYSAN.

Il chante que nous prenons la peine, et qu'ils auront le gain.

PREMIER PAYSAN.

Non contents de nous voler, ils se moquent de nous.

SECOND PAYSAN.

En avons-nous enduré, depuis leur maudite révolution!

PREMIER PAYSAN.

Ça s'était annoncé si bien! Qu'est-ce qu'il y avait de plus juste? Chacun la même part, plus d'impôts, tout à l'égalité.

SECOND PAYSAN.

Et aujourd'hui!...

PREMIER PAYSAN.

C'est qu'on n'a pas été raisonnable. Il aurait fallu laisser quelque chose aux riches, et que personne n'en prît plus que les autres. Ça a fait des disputes et des batailles qui ont attiré ces gredins de la ville. Je l'avais toujours dit : Méfiez-vous; prenez à ceux qui ont trop, mais ne faites pas d'injustice ! Si on s'était contenté de partager avec ce pauvre Gervais, il n'aurait peut-être pas mis le feu partout.

SECOND PAYSAN.

Que veux-tu? Ce qui est fait est fait. Il faudrait tâcher de sauver notre reste... Voilà des mangeurs de soldats qui ne nous laisseront rien pour l'hiver...

PREMIER PAYSAN.

Et le moyen de les renvoyer?

SECOND PAYSAN.

Il ne faut pas les renvoyer. Il faut qu'ils restent ici... et qu'ils ne mangent plus.

PREMIER PAYSAN.

Hein?

SECOND PAYSAN.

A Bromeil, on en a aussi depuis huit jours; on en a également à Puiseaux, à Givraines et dans d'autres endroits... On n'en veut plus nulle part,

Tu sais comment ils se conduisent... Ils rançonnent, ils insultent, ils pillent tout.

PREMIER PAYSAN.

Eh bien?

SECOND PAYSAN.

Eh bien, on tombera dessus, on les enterrera; et quand le gouvernement enverra chercher de leurs nouvelles, dix communes seront sur pied, et auront leurs fusils pour répondre. Ça gagnera de proche en proche, et nous verrons. Qu'en dis-tu? Veux-tu en être? Nous sommes déjà ici une trentaine, résolus d'en finir.

PREMIER PAYSAN.

Au fait, qu'est-ce que nous avons à perdre?... Encore mieux vaut mourir tout de suite d'un coup de fusil que de vivre comme nous vivons... Je te demande une chose.

SECOND PAYSAN.

Parle.

PREMIER PAYSAN.

Si tu me voyais blessé gravement, hors d'état de me sauver, aurais-tu le cœur de m'achever?

SECOND PAYSAN.

Si c'est ton idée? oui.

PREMIER PAYSAN.

Eh bien, ça va. Quand?

SECOND PAYSAN.

Le jour tombe... Dans une heure.

PREMIER PAYSAN.

J'en suis. (*On entend un coup de feu.*) Qu'est-ce? Je vois des hommes qui attaquent les soldats dans la masure.

SECOND PAYSAN.

Ce sont sans doute les gens de Bromeil. Allons les aider.

PREMIER PAYSAN.

Attends! Voici deux soldats qui se sauvent. Ils n'ont que des briquets, nous avons des pioches, et il nous vient des renforts. Faisons leur affaire. (*Aux soldats.*) Halte-là!

PREMIER SOLDAT.

Citoyens, nous sommes trahis. Au nom de la république et de l'humanité, sauvez-nous!

SECOND SOLDAT.

Laisse-toi tuer; crois-tu que tu vas les attendrir?

PREMIER SOLDAT.

Citoyens, égorgerez-vous vos frères?

SECOND SOLDAT.

Ils vont se gêner!

UN PAYSAN.

Nous sommes vos frères, à présent. Tout à l'heure nous étions des pataudś... Allons, il faut mourir.

PREMIER SOLDAT.

Citoyens...

UN PAYSAN.

Tiens, citoyen. (*Il l'abat d'un coup de pioche.*)

PREMIER SOLDAT.

Eh bien, sacré mille noms... Vive la soc! (*Il se tord et meurt en blasphémant.*)

UN PAYSAN, *au second soldat.*

A ton tour.

SECOND SOLDAT.

Un moment, les amis! il y a peut-être moyen de s'arranger. Je vois que ça va mal pour la soc; si vous voulez, je servirai avec vous.

LES PAYSANS.

Non; crève! (*Ils lèvent leurs pioches.*)

SECOND SOLDAT.

Attendez donc... Vous voyez bien que je ne peux

pas me sauver... Tenez, je jette mon sabre... Je connais un trésor.

LES PAYSANS.

Où ça?

SECOND SOLDAT.

Si vous me tuez, je ne vous le dirai pas.

UN PAYSAN.

Il se moque de nous.

LES AUTRES.

Faut voir.

SECOND SOLDAT.

Des écus de six francs et des louis d'or tout neufs. C'est le magot des anciens seigneurs. Nous l'avons découvert pas loin d'ici. Me donnerez-vous ma part?...

LES PAYSANS.

Oui. Mène-nous au trésor.

SECOND SOLDAT, *à part.*

Le trésor, c'est le temps; il s'agit de le gagner. (*Haut.*) Eh bien, non; je ne veux pas trahir la république : j'aime mieux mourir.

LES PAYSANS.

Allons, sois raisonnable, on ne te fera pas de mal.

SECOND SOLDAT.

Tuez-moi. Vive la soc!

UN PAYSAN.

Il ne connaît pas de trésor, il n'y en a pas : il nous entortille.

SECOND SOLDAT.

Quand vous m'aurez tué, vous n'aurez qu'à chercher dans mes poches ; vous trouverez un petit échantillon de la chose, et vous serez crânement vexés de n'avoir pas tout... Ça me consolera.

LES PAYSANS.

Conduis-nous au trésor, tu auras ta part.

SECOND SOLDAT.

Je veux un quart pour moi seul, et tout en or. C'est à prendre ou à laisser.

LES PAYSANS.

Viens, tu auras ton quart.

SECOND SOLDAT.

En or?

LES PAYSANS.

Oui.

SECOND SOLDAT.

Eh bien, lâchez-moi. Vous voilà quatre ou cinq. Deux suffisent pour me garder. Que les autres aillent chercher des paniers, des torches et une échelle, la plus longue qu'ils pourront trouver. Ne dites rien. Il ne faut pas que tout le village vienne avec nous.

(*Les paysans se consultent un moment. Deux d'entre eux restent auprès du soldat, les autres s'éloignent.*)

SECOND SOLDAT, *à part.*

Ça prend! Ce que c'est que d'avoir vu jouer des mélodrames, et de connaître l'avarice des villageois! Attention, maintenant! (*A l'un des deux paysans.*) Vois donc un peu le gousset du camarade : il doit n'être pas vide.

(*Les deux paysans courent au mort; le soldat les suit, et les frappe d'un poignard pendant qu'ils dépouillent le cadavre. Il s'empare ensuite d'une blouse et d'un bonnet.*)

Ni vu ni connu, je t'embrouille! (*Il se sauve.*)

(Place du village. Les habitants sont rassemblés en grand nombre devant l'église en décombres.)

UN VIELLARD.

Ils étaient douze, il n'en reste pas un. Tous

sont tués. On les tue partout dans les environs.

UN JEUNE PAYSAN, *accourant.*

Sauvez-vous! Nous allons tous périr. Savez-vous qui sont ceux qui viennent de tuer les soldats? ce sont les Gervais!

CRIS D'ÉPOUVANTE DANS LA FOULE.

Les Gervais!

LE JEUNE PAYSAN.

Ils sont une bande; ils vont mettre le pays à feu et à sang. Pas de grâce à attendre d'eux.

UNE FEMME.

Les voilà! (*Coups de fusil; plusieurs personnes tombent, les autres fuient.*)

GERVAIS, *les yeux étincelants, au comble de la fureur.*

Feu! feu! Tuez tout, brûlez tout. Il n'y a dans ce pays que des voleurs et des scélérats. Ah! gredins! c'est moi, c'est Gervais!

JACQUES BONHOMME.

Il faut qu'après nous ce soit comme si le monde recommençait!

XVIII.

Avant-postes de l'armée catholique.

(Les paysans sont divisés par groupes sous les arbres. Les uns dorment, les autres causent ; d'autres disent ensemble le chapelet. Au pied d'un chêne, un religieux franciscain entend ceux qui veulent se confesser. Il est nuit. Simplet entre, et met son fusil aux faisceaux.)

BENOÎT.

Eh bien ! comment s'est passée votre faction, mon brave camarade ?

SIMPLET.

Parfaitement, capitaine.

BENOÎT.

L'air est un peu vif ce matin.

SIMPLET.

Il fera chaud dans quelques heures, je vous en réponds. Ils crient là-bas, dans leur camp, comme des enragés. On brûlera de la poudre à la pointe du jour.

BENOÎT.

On nous a envoyé du vin. Voulez-vous boire un coup ?

SIMPLET.

Merci. Après la messe, je ne dis pas.

BENOÎT. (*Il lui serre la main.*)

Tout le monde a fait comme vous, et le baril que nous avons reçu n'est pas encore entamé. J'espère que nous nous battrons bien, car chacun de nous peut regarder en face la mort.

SIMPLET.

Ma foi, ce n'est pas moi qui la crains... Et pourtant j'ai quelque chose sur la conscience.

BENOÎT.

Eh bien ! le père est toujours là, mon ami. Vous pouvez lui parler.

SIMPLET.

Ça ne dépend pas de lui. C'est un autre homme dont je voudrais le pardon. Je n'ose le lui demander. On m'a dit que je le mettrais peut-être à une trop forte épreuve en le lui demandant. Mais jusque-là le remords me poursuit. Il est plus fort que l'absolution, il trouble toujours mon cœur, et jamais il ne l'a tant troublé que cette nuit.

BENOÎT.

Mettez votre confiance en Dieu. Ce qui est pardonné est pardonné. Dieu ne reprend pas sa parole.

SIMPLET.

J'espère en Dieu ; mais j'ai beau faire, ça me charge. Tenez, il n'y a qu'un moment, en faisant ma faction, je songeais à cet affreux moment de ma vie. Il me semblait que j'y étais encore, et mes cheveux se dressaient sur ma tête. J'ai cru même voir... c'était une illusion.

UN PAYSAN.

Quoi donc?

SIMPLET.

Des gens qui sont au ciel. Et comment croire que j'irai les y rejoindre? Mes bons camarades, si vous voulez, je vous dirai cela. Ça me soulagera, et vous prierez pour moi, car j'ai dans l'idée que je ne vivrai pas encore vingt-quatre heures.

BENOÎT.

Eh bien! dites. Nous prierons pour vous.

(*Quelques paysans se rassemblent autour de Simplet. Valentin de Lavaur, enveloppé d'un manteau, se glisse parmi eux. Il fait signe à Benoît, qui le reconnaît, de garder le silence.*)

SIMPLET.

C'était le jour de la révolution. J'étais avec d'autres socialistes dans une maison du quartier noble, qu'on avait pillée pour faire soi-disant une barricade. Un socialiste, ou plutôt un brigand qui se disait socialiste et qui ne cherchait qu'à voler, me fit boire, et ensuite il m'entraîna au premier étage, dans un appartement où nous trouvâmes un vieillard d'une grande taille et d'une figure imposante, avec sa femme, douce et majestueuse comme une sainte. Les brigands voulaient les assassiner, pour voler à leur aise et compromettre le peuple. Afin de nous rendre complices de leur crime, ils disaient aux malheureux comme moi qui se trouvaient là, que ce vieillard était un aristocrate; qu'il s'était baigné dans le sang du peuple; enfin, qu'il avait proposé à tous les propriétaires du quartier d'empoisonner leur vin et de le faire boire aux ouvriers. Notre chef voulait défendre ces pauvres vieillards; mais il était lâche. Après quelques efforts, il se laissa chasser.

BENOÎT.

Qu'arriva-t-il ensuite?

SIMPLET, *avec effort.*

Vous allez avoir horreur de moi; mais je soulagerai mon âme. Le comte était assis, calme, immobile; il tenait dans ses mains un crucifix, et il nous regardait en face, ayant plus l'air de notre juge que de notre victime. Sa femme se tenait à genoux auprès de lui. Nous l'insultions, il ne bougeait pas; nous le couchions en joue, il ne pâlissait pas. Tout à coup un des bandits crie : *Feu!* vingt coups de fusil partent à la fois; les deux vieillards tombent.

(*Les paysans poussent un cri d'horreur et s'écartent de Simplet. Benoît et Valentin restent seuls près de lui.*)

SIMPLET.

Braves gens, ayez pitié de moi. Je ne voulais pas les tuer! Si j'ai fait feu, ce que j'ignore, j'atteste Dieu que ce fut par un mouvement machinal. Les fumées du vin se dissipèrent aussitôt. Je me précipitai pour secourir les victimes. Je ne pus que recueillir leurs dernières paroles, et un instant après je fus frappé moi-même. J'en réchappai, mais mon socialisme n'en réchappa point. Le comte, rassemblant ses forces avant de mourir, s'était écrié : *Mon Dieu! je remets mon âme entre vos mains*; et la comtesse, me regardant pendant que je la relevais, avait murmuré : *Dites à mon fils...* Il ne s'est guère passé de jours, guère de nuits surtout, que je n'aie entendu ces paroles, aussi nettes que si les personnes étaient là... Vous pouvez croire que ça ne m'a pas nui pour me convertir et m'aider à prier le bon Dieu.

BENOÎT.

On se convertirait à moins.

SIMPLET.

Oui, tout à l'heure encore, pendant ma faction, je les voyais, pâles, sanglants et paisibles. Ils passaient, comme poussés et ramenés par le vent de la nuit, qui m'apportait les lointaines clameurs du camp socialiste. Chaque fois, le comte murmurait : *Mon Dieu, je remets mon âme entre vos mains ;* chaque fois, la comtesse, avec son même visage plein de douceur, me répétait : *Dites à mon fils...*

VALENTIN. (*Il écarte son manteau et pose la main sur l'épaule de Simplet.*)

Mon ami, savez-vous leurs noms?

(*Simplet regarde Valentin, le reconnaît, et tombe à ses pieds en sanglotant.*)

VALENTIN.

Mon ami, combattez tout à l'heure avec courage ; et si vous devez mourir, mourez en paix.

SIMPLET.

Vous me pardonnez?

VALENTIN.

Comme ils vous ont pardonné, comme je prie Dieu de me pardonner. Je bénis Dieu de ce qu'il a fait pour vous, et je lui rends grâce de la consolation immense qu'il m'accorde en ce moment. Relevez-vous, mon ami.

SIMPLET.

Je n'ai tant de fois échappé à la mort que pour venir à vos pieds; j'y voudrais expirer.

VALENTIN.

Relève-toi, mon frère; tu as épuisé l'expiation comme j'avais épuisé la douleur. Entrons ensemble et l'un par l'autre dans le repos... (*Les mains levées au ciel.*) Ombres saintes, vous ne troublerez plus l'âme de ce pauvre pécheur! Il s'est acquitté envers vous; il m'a dit ce que je devais entendre; et c'est moi qui vous verrai désormais, rayonnantes de paix et de gloire!

(*Une clochette se fait entendre; les paysans se rangent autour d'un autel qu'ils ont dressé. Valentin et Benoit s'agenouillent à côté de Simplet prosterné.*)

LE FRANCISCAIN, *en habits sacerdotaux, debout devant l'autel.*

Mes frères, je vais dire la sainte messe. Plusieurs l'entendront peut-être pour la dernière fois, et nul d'entre nous ne sait s'il verra la fin du jour. Élevons donc nos cœurs vers Dieu, prions-le de nous purifier lui-même par le repentir ; soyons tels qu'il faut être à ce moment suprême, qui décidera de l'éternité. Tout à l'heure, à ma voix, sur cet autel dressé de vos mains, Jésus-Christ va descendre pour renouveler le sacrifice par lequel il nous a rachetés. Renouvelons le nôtre. Par amour pour nous, il s'est fait notre victime ; par amour pour lui, soyons ses martyrs; donnons notre vie en témoignage qu'il est Dieu, et que seul il a sauvé et sauvera le monde.

Mes frères, malgré nos fautes et nos misères, qui sont sans nombre, ayons confiance en notre Rédempteur, pour qui nous voulons vivre et mourir. Il se glorifie devant son Père de n'avoir perdu aucun de ceux qui lui ont été donnés. Vous lui avez été donnés ; il ne vous perdra pas. Vous combattrez dans quelques heures : je vous annonce la victoire. Elle est à vous si vous le voulez ; non pas la victoire sur un ennemi qui résistera ou qui pliera, selon la volonté de Dieu, toujours adorable ; mais la grande victoire qui est le but de la vie, la vraie victoire qui mène au vrai triomphe, même par le chemin des revers. Vainqueurs ou vaincus, soyez chrétiens, restez chrétiens ; servez Jésus, priez Marie : vous obtiendrez Dieu pour récompense dans la gloire éternelle. Et quand le méchant, vous ayant écrasés, se croira sûr de son triomphe, Dieu, bénissant votre défaite, fera ce que vous aviez voulu. *Voluntatem timentium se faciet, et deprecationem eorum exaudiet, et salvos faciet eos.* Il fera la volonté de ceux qui le craignent, il exaucera leurs prières, et il les sauvera. (*La messe commence*).

XIX.

Salle du Conseil dans la capitale de la fédération de l'Ouest.

(Les membres du conseil, en petit nombre, ecclésiastiques, paysans, soldats et bourgeois, sont agenouillés devant un grand crucifix qui s'élève au fond de la salle. Un évêque, placé à la droite du président, achève la prière.)

VALENTIN DE LAVAUR, *président.*

La séance est ouverte. — Messieurs, la république sociale vous a demandé la paix ; elle n'a obtenu qu'une trêve, accordée uniquement en considération de l'invasion qui menace nos anciens concitoyens. La trêve est conclue. Les socialistes, se fiant à notre parole, ont dégarni leur frontière. La partie de leur armée qui n'est pas occupée à comprimer l'intérieur est maintenant en présence de l'ennemi. Une bataille décisive est imminente : le résultat ne semble pas douteux. Je vais me rendre sur le point de notre territoire le plus rapproché du théâtre de ce grand événement. Nous sommes neutres entre les parties belligérantes. Nous ne voulons point défendre la cause des socialistes, hostile à Dieu et aux hommes; mais nous ne pouvons oublier que si les socialistes sont nos persécuteurs, ils furent aussi nos concitoyens, nos amis, nos frères ; qu'ils parlent la même langue que nous, que le sol qu'ils vont arroser de leur sang, après l'avoir arrosé du nôtre, a été pour nous aussi et sera encore, je l'espère, le sol de la patrie. Entre les athées qui ont répudié notre Dieu et leurs ennemis étrangers, dont le schisme répudie notre Église, nous laissons le ciel porter ses justes arrêts. Qu'il nous rende dignes seulement de combattre le vainqueur! C'est à quoi je vais me préparer, le cas échéant, suivant le devoir que vous m'en avez fait. La guerre ne se conduit plus aujourd'hui suivant l'usage ancien des nations civilisées. En perdant la crainte de Dieu, les hommes, et même les gouvernements, ont perdu celle des malédictions de la postérité. L'agression est déloyale et la victoire sauvage. Si l'on essayait de nous surprendre par une attaque soudaine, croyez que votre président saura mourir au milieu des braves soldats que vous lui confiez. Nous opposerons à l'ennemi, quel qu'il soit, une barrière qu'il ne franchira pas avant que vous n'ayez eu le temps du moins de rassembler et d'organiser toutes vos forces.

Messieurs, nous nous sommes donné une grande tâche ; elle n'est point achevée. Néanmoins, ce que nous avons accompli avec l'aide de Dieu doit nous remplir d'une invincible espérance. Après bien des efforts et bien des combats, dans un lambeau de la patrie déchirée nous nous sommes fait une nouvelle patrie. Une république chrétienne s'est échappée, sanglante, mais pure et pleine de vie, des serres de la république sociale. Tout ce que la folie furieuse de nos anciens concitoyens veut abattre et anéantir, se relève et prospère parmi nous. Le peuple qui nous a donné sa confiance n'avait jamais outragé les autels du Christ; béni dès ce monde, il a été choisi pour les défendre. Plus sage que tant de faux sages qui se sont perdus eux-mêmes après avoir abusé les multitudes, ce généreux peuple a discerné la pierre angulaire de l'édifice social. Il a posé la famille, la propriété, l'ordre et la paix sur le seul fondement qui les puisse porter; il a voulu et su n'être libre que sous la loi du devoir. Grâce à son courage, nous avons bâti pendant que la terre tremblait. Nous avons donné sur la terre un asile à Dieu, insolemment et follement chassé de partout; nous lui avons rendu un royaume parmi les hommes. Il y règne, maître de toutes les volontés, appui de tous les courages, espoir et consolation de tous les cœurs. Vous savez quelles bénédictions nous ont récompensés, quels prodiges nous ont soutenus, quels miracles nous ont sauvés. Tous nous sentons cette vertu secrète qui sort de la tombe de nos martyrs, et qui nous anime à suivre leur exemple; mais, comme nous devenons plus forts après qu'ils ont péri, ne semble-t-il pas que leur sang enrichit le sol en même temps qu'il crie pour nous vers le ciel? En vain le père meurt et le fils est au combat : la charrue, guidée par la débile main des enfants et des femmes, n'en creuse pas un sillon moins fécond, et le citoyen revenu de la guerre trouve son champ couvert d'une moisson qu'il n'a pas semée. Nous avons pu, presque sans argent et sans impôts, soutenir une lutte gigantesque. Le culte est célébré partout avec dignité et même avec magnificence; l'instruction est distribuée partout, jusque dans nos camps; les malades sont soignés partout, les pauvres assistés partout, et nous n'avons ni budget des cultes, ni budget de l'instruction publique, ni budget des pauvres. Pour subvenir à de si grands besoins et à de si pressants devoirs, il nous a suffi d'accueillir les prêtres, les religieux, les saintes femmes que la république sociale n'a pu égorger. Cette armée de serviteurs et d'esclaves volontaires du pauvre s'est mise à l'œuvre avec tout le zèle de la charité et de la liberté; elle a prié et travaillé pendant que nous combattions; elle a élevé l'esprit public à un degré de vertu et de foi que nous-mêmes n'espérions pas.

Cet esprit est notre salut; il sera le salut de l'humanité. C'est pour l'avoir étouffé que les sociétés succombent ; elles ne se relèveront, comme nous, et ne renaîtront qu'avec lui. Lui seul, nous le voyons, inspire et soutient les dévouements sans nombre que nécessitent les misères inhérentes à la condition humaine ; lui seul, en donnant satisfaction et soulagement à ces misères, contient, apaise, supprime, dans la foule des petits et des derniers d'ici-bas, les révoltes formidables de l'orgueil, de l'envie, du désespoir. En lui sont vraiment la liberté, l'égalité et la fraternité. Par lui, nous avons pu réaliser bien au delà tout ce que le socialisme prétendait faire. Le socialisme annonçait une création nouvelle, et il expire en enfantant le néant. Nous avons humblement invoqué l'esprit de foi, et l'immuable vérité se manifeste, nouvelle et toujours la même, par une résurrection.

Messieurs, nous devons à l'humanité et à nous de ne point laisser l'ardente flamme du christianisme s'éteindre ou s'affaiblir au sein d'un peuple si bon, si sage, si vaillant, dont elle fait le bonheur, et qu'elle couronne de tant de gloire. Ce premier de tous les devoirs a été la loi de nos relations avec la république constitutionnelle. Nous sommes en parfait rapport d'amitié, d'alliance, nous faisons cause commune contre les socialistes; mais vous n'avez pas voulu conclure une union plus complète, quelque désirable et avantageuse qu'elle parût d'ailleurs. La république constitutionnelle, née en même temps que nous, des mêmes événements, des mêmes périls, des mêmes efforts, est fondée sur des principes différents. Elle n'apprécie pas comme nous la cause des désastres dont nous avons souffert, et n'est pas en mesure de la combattre par les mêmes moyens. Nous ne pouvons pas comprendre et pratiquer de la même manière ce que nous appelons la liberté. Les mœurs et l'opinion y exigent des lois qui nous seraient funestes, et en repoussent d'autres que nous jugeons indispensables. Séparés, nous vivons en paix; unis, nous aurions bientôt la guerre. Beaucoup de besoins identiques, un mutuel désir de concorde et d'agrandissement, parviendront peut-être à nous mettre complétement d'accord. Assurés, quoi qu'il advienne, qu'on ne traitera point de nous sans nous, et déterminés à ne rien perdre de ce que nous avons conquis pour la liberté présente et pour la splendeur future de l'Église, nous attendrons sans impatience le jour où, sur l'autel relevé de la grande patrie, nous pourrons brûler tous nos drapeaux, pour n'en avoir plus qu'un seul aux mains de la justice et de la paix.

Des propositions graves ont été faites par plusieurs d'entre vous et par moi-même, touchant la constitution définitive du pouvoir. Elles étaient prématurées, elles le seraient encore. Attendons les événements ; nous le pouvons sans péril, grâce à l'harmonie qui règne parmi nous. Quand nous aurons complété nos institutions religieuses et civiles, quand nous aurons bien assis nos lois sur la base éternelle, alors il sera temps de voir si nous devons garder une tribune ou faire un roi. Nous ne sommes point partisans du gouvernement représentatif. Nous savons trop qu'il est fécond en discordes, que l'autorité n'y prend point racine, que les brigues y sont naturelles, que les partis s'y forment aisément. Sans cesse il soulève des discussions où la subtilité triomphe aux dépens de la bonne foi, où la passion du moment l'emporte sur le bon sens et sur la justice ; par une pente rapide et fatale, il met bientôt la vérité sociale à la merci des *pourquoi* du sophisme et de l'ignorance. Mais si nous avons jugé sous toutes ses formes le gouvernement populaire, nous avons pu juger aussi la monarchie. La source des poisons qui ont corrompu le monde s'est ouverte d'abord dans le cœur et dans les conseils des princes. C'est là que se formèrent les premières entreprises, c'est de là que partirent les premiers coups contre la souveraineté de Dieu. C'est là que l'autorité, se changeant en despotisme, outre-passa ses droits, méconnut sa mission, cessa d'être bienfaisante, devint corruptrice pour devenir absolue, et perdit sa force en l'exagérant. Quand de toutes parts le monde, épouvanté de l'anarchie démagogique, s'apprête à relever les trônes, souvenons-nous que la foudre tombant sur eux y a trouvé plus de conspirateurs que d'innocents. Il n'y a guère de penchants mauvais dans l'homme que les systèmes modernes de gouvernement ne développent; tous semblent avoir été combinés pour et par la présomption, l'envie et l'orgueil; mais les abus qu'entraîne la domination d'un seul sont à peine moins effrayants. Jamais la sagesse humaine n'aura le pouvoir de les prévenir tous; cependant, elle peut en diminuer le nombre. Prenons le temps d'y réfléchir. Que notre constitution future, puisque nous sommes condamnés à faire une constitution, ne soit ni la vaine théorie d'un philosophe, ni la puérile imitation d'une loi étrangère, ni le frivole ouvrage d'une passion et d'un jour. Qu'elle naisse des mœurs, des usages, des besoins, de la foi du peuple. Tout peuple est fait pour l'autorité, et l'accepte. Un peuple chrétien a droit à la liberté, et se pervertit dans la servitude. Cherchons à pondérer le pouvoir par des libertés réelles placées à l'abri de ses empiétements, par des situations collectives et personnelles qui le contiennent sans altérer sa force et sans menacer sa durée. Cette solution, loin d'être impossible, se réalise en quelque sorte d'elle-même sous nos yeux, par le seul effet des mœurs chrétiennes. Consacrons deux grandes indépendances qui existent de fait au milieu de nous : celle de l'Église d'abord, celle de la Commune ensuite. Dans la liberté de la Commune, laissons naître la liberté de la corporation. La corporation est une famille secourable et sévère : sa charité, toujours prête, épargne à l'État beaucoup de sacrifices ; la surveillance, toujours acceptée, épargne à la loi beaucoup de rigueurs. Au sein de ces libertés naturelles, ne craignons point de voir s'élever des priviléges non moins naturels et non moins utiles : constituons et fondons de grandes familles nationales, en respectant la propriété des services et de la gloire. Depuis près d'un siècle, les peuples sont le jouet d'une immense et grossière supercherie. On les a garrottés et dépouillés en leur promettant la liberté et la richesse; sous prétexte de les émanciper, on leur a donné des armes pour ravager leur propre héritage; et les ruines qu'ils ont faites n'ont pu dissiper entièrement l'ivresse de destruction qui s'est emparée d'eux. Ces ineptes mensonges aveuglent encore beaucoup d'esprits qu'ils ne séduisent plus. Méprisons-les et rejetons-les. Que dans notre pays, préservé du vertige, l'homme, soumis au sein de la liberté, et libre au sein de l'égalité, puisse bâtir autre chose qu'une fortune; qu'il puisse laisser à ses enfants, avec un nom plus glorieux, un rang supérieur, une aptitude plus particulière à servir le pays. L'égalité démocratique est une chimère de l'incapacité jalouse. Les peuples sont faits pour être gouvernés; et malheur à ceux qui n'entretiennent pas parmi eux des races de gouvernement, et qui voient perpétuellement arriver à leur tête des hommes que l'ordre n'appelait point à ce grand office, et que l'éducation n'y a point préparés! L'aristocratie joue dans une nation le rôle de ces grands arbres placés sur le versant des montagnes, pour arrêter la chute des terres et rompre la violence des ouragans. Si je voulais exprimer d'un mot la constitution sous laquelle il me semble que nos enfants devront vivre, je dirais que chaque commune y sera un groupe de petites républiques, et que tous ces groupes, où le patronage aristocratique exercera son influence, auront pour lien fédéral la monarchie. C'est ainsi, je le crois et je l'espère, que nous résoudrons, l'Église aidant (rien n'est plus possible sans elle), le problème d'un bon État social, où l'individu doit être libre et le peuple gouverné. (*Adhésion.*)

Je m'arrête, Messieurs; le moment n'est pas venu de délibérer. Je vous laisse seulement en partant cette pensée, qui me semble être l'expression la plus générale de vos sentiments et de vos vœux. Il me convenait, mieux qu'à d'autres peut-être, de la formuler. Je ne puis, même à mon insu, me trouver sous l'empire d'aucune préoccupation personnelle, et je n'ai plus à faire aucun effort pour n'appartenir qu'à Dieu et à vos intérêts, qui sont ceux de la patrie. Le dernier coup de fusil tiré dans notre dernière bataille a atteint le dernier de mes parents ; il vient de mourir... Je puis, sans scrupule, vous conseiller d'honorer par des priviléges les noms des serviteurs de l'État : le mien finit avec moi. Vous savez que ma vie publique doit finir aussi, comme mon pouvoir, au même instant que vos périls. Vous avez bien voulu renoncer à me décerner une récompense : vous n'auriez pu me voter qu'un tombeau. Et que pourraient ajouter même vos suffrages, à la gloire d'être enseveli dans cette terre, rachetée du joug de l'impiété par le sang de nos martyrs?

UN MEMBRE.

Je demande la parole. Messieurs, la commission chargée d'examiner la conduite et les demandes des réfugiés m'a nommé son rapporteur. Les mesures que je viens vous proposer en son nom intéressent profondément la religion et l'ordre public. Le discours de notre président me dispensera de tout développement et de toute insistance.

Nous avons, sans hésiter, donné asile à tous ceux qui ont pu fuir les bourreaux de la république sociale. Parmi les premiers qu'elle a effrayés se trouvent, en grand nombre, ses précurseurs, ses apôtres, ses fondateurs. Ils ont craint avec raison leur ouvrage ; cependant ils semblent ne l'avoir pas compris. Peu d'entre eux ont ouvert les yeux sur les conséquences de leurs doctrines, peu d'entre eux se repentent de les avoir prêchées, peu d'entre eux s'astreignent aux devoirs que leur situation leur impose envers nous. Les discours qu'ils tiennent, les tentatives qu'ils font, les demandes dont ils nous fatiguent, et les licences qu'on leur voit prendre, ont éveillé l'attention du gouvernement. Votre commission les a questionnés, et les a trouvés incorrigibles. Cependant il a été convenu qu'avant d'user de rigueur, il fallait leur donner un avertissement solennel et sévère. Les plus importants sont ici. Voulez-vous qu'un membre se rende près d'eux en vertu d'une délégation spéciale du Conseil, ou voulez-vous qu'ils viennent à votre barre ?

BENOÎT.

Je prie le conseil de les appeler à la barre, et M. le président de leur parler en notre présence, afin que nous profitions de ce qui leur sera dit, et qu'ils sachent que nous le pensons tous. (*Adhésion.*)

VALENTIN DE LAVAUR (*à l'huissier*).

Introduisez ces messieurs.

(Les réfugiés sont introduits. On voit parmi eux plusieurs anciens personnages politiques importants, ministres, présidents, orateurs, écrivains.)

XX.

VALENTIN DE LAVAUR *(aux réfugiés).*

Messieurs, depuis quelque temps le Conseil a dû penser que vous ne vous rendiez pas exactement compte de votre situation dans cette république, et il se trouve à regret obligé de vous en instruire. Je vous parle en sa présence et en son nom. Vous n'êtes pas ici des citoyens, messieurs, mais des hôtes. La république en vous accueillant n'a entendu vous donner aucun droit politique, encore moins, par conséquent, des priviléges qu'elle n'accorde à personne. Il semble que vous ne pouviez pas vous abuser sur ce point. Nous ne vous avons pas offert de marcher sous nos drapeaux; quelques-uns d'entre vous ont sollicité cet honneur sans l'obtenir, parce qu'avant de répandre son sang pour notre cause, il faut des conditions que vous ne remplissez pas. La première de toutes est l'amour de nos lois ; nous ne voulons pour les défendre que des gens qui les aiment : mais si vous n'êtes pas admis à les défendre comme nous, vous êtes autant que nous tenus de les respecter.

Nous sommes chrétiens, enfants soumis de l'Église catholique romaine ; et quand je dis *nous*, je dis le pays tout entier, depuis le chef du pouvoir jusqu'au dernier mendiant. Il n'y a d'autre signe sur nos drapeaux que la croix ; il n'y a d'autre effigie sur notre monnaie que celle du Sauveur ; nous ne donnons d'autre fondement à nos codes que les commandements de Dieu et de l'Église. Toute notre législation repose sur cette base sacrée, toutes nos institutions en découlent. C'est ce que vous n'ignorez pas.

Vous, messieurs, à différents titres et sous différents noms, vous êtes hostiles à la religion catholique ; vous l'avez combattue, niée, décriée, et, autant qu'il était en vous, ruinée. Tel a été dans la spéculation le but de vos écrits, dans la politique le résultat de vos actes, dans la vie privée l'enseignement de vos mœurs. Il est naturel que, ne croyant pas ce que nous croyons, ne jugeant ni du bien ni du mal comme nous en jugeons, et ne plaçant ni votre bonheur ni votre espérance où nous plaçons les nôtres, vous ne vouliez aussi rien de ce que nous voulons. Mais, messieurs, nous pensons que vous vous êtes trompés en politique, en philosophie, en morale, et que vous vous trompez encore ; nous le pensons si fermement, que ce n'est plus une chose à discuter entre nous. Nous sommes ici vos blessés. Difficilement vous trouveriez dans ce conseil, dans tout le pays, un homme dont le cœur n'ait pas saigné cruellement par suite de vos doctrines et de vos œuvres. Si je priais de se lever tous ceux ici qui ont perdu, non leur fortune, cela ne compte plus, mais leurs plus proches parents et leurs plus chers amis, dans les révolutions que vous avez provoquées et déchaînées, bien peu resteraient assis. (*Tous les membres du conseil se lèvent spontanément.*)

VALENTIN.

Et moi aussi je me lève, pour mon père, ma mère et ma femme assassinés, et toute ma famille éteinte dans le sang!... (*Il se rassied.*)

Or, messieurs, vous ne pensez point comme nous, nous ne vous demandons point de parler comme nous; mais nous vous demandons de vous taire. Il est triste et surprenant que vous ne sachiez point respecter les croyances d'un pays qui a été pour vous si généreux, et qu'on vous entende publiquement injurier la croix, vous qui l'avez pu voir sur le cadavre de tous ceux qui sont morts pour vous assurer un abri !

Nous ne voulons point que ce scandale continue ; nous ne voulons point que vous fassiez parmi nous des sceptiques, des incrédules, des matérialistes, des athées; que vous jetiez dans ce pays religieux les semences d'une future république sociale. Vous demandez à ouvrir des cours, à publier des livres, à faire des journaux. Toutes ces permissions vous sont refusées. Personne ici n'a besoin ni de votre science, ni de votre littérature, ni de vos opinions. Plusieurs d'entre vous ont essayé de faire courir des pamphlets manuscrits : ce sont là, il faut que vous l'entendiez, des lâchetés et des crimes. Que ceux à qui ne suffisent pas les subsides que le gouvernement leur accorde, cherchent à les augmenter par un travail honnête; mais pour cette industrie de la plume, de la parole et du crayon, qui fut jusqu'à présent la vôtre, vous ne l'exercerez point chez nous. N'en avez-vous aucune autre? Alors sachez vivre, comme nous tous, du pain de nos paysans et de nos soldats. Et s'il vous est nécessaire de produire vos idées, d'écrire des romans, de faire des journaux, des pamphlets, des caricatures, et de jouir enfin de ce que vous appelez la liberté de penser, désignez la frontière où vous souhaitez d'être conduits. Nos lois ne permettent pas de penser tout haut comme vous le faites.

Si vos âmes ne sont point affligées et consternées des crimes qui ont souillé le monde, les nôtres en porteront le poids jusqu'au jour de l'éternelle paix qu'elles espèrent. Vous n'outragerez point notre espérance et notre consolation ; vous ne blasphémerez point le Dieu qui nous a sauvés ; surtout nous ne permettrons point que vous versiez dans l'âme et dans le cœur des peuples les poisons qui leur font aimer la ruine et le sang.

Il y a un pays en Europe, c'est le nôtre, où l'homme peut encore s'asseoir au seuil de sa maison, près d'une femme dévouée, et se reposer de ses fatigues en regardant les jeux de ses enfants. Nous ne vous permettrons pas d'ôter à cet homme pacifique et bon l'ombre de son toit, l'affection de sa femme et l'amour de ses enfants.

Je vous ai dit ce que nous pensons tous.

LES MEMBRES DU CONSEIL.

Oui! tous! tous!

VALENTIN DE LAVAUR.

Vous pouvez vous retirer. (*Les réfugiés se retirent. La séance continue.*)

XXI.

La Capitale de la république sociale.

(Rue silencieuse et déserte. Plusieurs maisons en ruine. L'herbe pousse entre les pavés. A l'extrémité, la rue est coupée par une barricade, au bas de laquelle se cache un homme déguenillé. Un autre homme, en blouse, franchit la barricade. Ces deux hommes, se voyant face à face, s'observent avec une certaine inquiétude.)

L'HOMME DÉGUENILLÉ.

Citoyen, je suis un pauvre ouvrier sans ouvrage. J'ai faim.

L'HOMME EN BLOUSE.

Moi aussi.

L'HOMME DÉGUENILLÉ.

Mais tu as de quoi manger, toi : tu portes un pain sous ta blouse.

L'HOMME EN BLOUSE.

Moi ?

L'HOMME DÉGUENILLÉ.

Je le sais; je t'ai suivi. Deux fois par semaine, tu vas chercher ce pain à l'entrée du faubourg. Donne-m'en un morceau.

L'HOMME EN BLOUSE.

Ce pain... si tu savais ce qu'il me coûte! est tout ce que j'ai pour nourrir une femme et trois enfants.

L'HOMME DÉGUENILLÉ.

Donne-m'en un morceau; je n'ai pas mangé depuis deux jours. Il faut que je mange, ou que je meure. (*Il montre un pistolet.*)

L'HOMME EN BLOUSE.

Je suis armé aussi.

L'HOMME DÉGUENILLÉ.

Donne-moi un morceau de pain, et ne nous tuons pas. Si par hasard on venait au bruit et qu'on te trouvât un pain, tes enfants ne verraient ni le pain ni toi.

L'HOMME EN BLOUSE.

Prends;... mais tu m'arraches le cœur. (*Il lui donne un peu de pain.*)

L'HOMME DÉGUENILLÉ.

Mon pauvre ami, j'en suis bien fâché. Je te dirais, si cela pouvait te consoler, que tu sauves la vie à un homme de lettres célèbre, à un ancien ministre, à un membre marquant de plusieurs gouvernements provisoires.

L'HOMME EN BLOUSE.

Cela ne me console aucunement.

L'HOMME DÉGUENILLÉ.

Je ne t'en veux point.

L'HOMME EN BLOUSE.

Et moi, s'il est nécessaire de te montrer ce que tu as fait avec tant d'autres, je t'apprends que tu manges la dernière bouchée de pain d'un millionnaire.

L'HOMME DÉGUENILLÉ.

Tu ne m'apprends rien. Pour se procurer deux pains toutes les semaines, il faut avoir un reste de coffre assez bien garni. Mais le temps approche où tu pourras refaire ta fortune. Quant à moi, mon industrie est pour longtemps supprimée. Si tu avais par la suite besoin d'un précepteur...

L'HOMME EN BLOUSE.

Je ne te choisirais pas.

L'HOMME DÉGUENILLÉ.

Je sais tenir une classe, et je suis d'une assez jolie force sur la guitare. L'enseignement serait ma vocation. Cependant je me contenterais d'être valet de chambre ou portier. Je vaux mieux que ma mine et mes anciennes professions. Je suis devenu honnête homme, je voudrais faire une bonne fin.

L'HOMME EN BLOUSE.

Espères-tu vraiment que nous sortions bientôt de l'affreux état où nous sommes?

L'HOMME DÉGUENILLÉ.

Nous avions annoncé aux Cosaques que nous irions délivrer nos frères les Russes. Les Cosaques nous ont répondu qu'ils viendraient délivrer leurs frères les honnêtes gens. Je ne crois pas que nous délivrions les Russes.

L'HOMME EN BLOUSE.

Quelle humiliation!

L'HOMME DÉGUENILLÉ.

Que veux-tu? C'est le moment d'avoir de la philosophie. L'humiliation sera peu de chose, si nous en sommes quittes pour cela.

L'HOMME EN BLOUSE.

Je ne puis m'accoutumer à cette pensée, de voir l'étranger maître chez nous.

L'HOMME DÉGUENILLÉ.

Que serait-ce donc, si tu étais à ma place? Moi qui ai fait tant d'articles contre le souverain barbare, qui me suis tant moqué de lui, et qui, plus tard, élevé aux fonctions publiques, l'ai abîmé sous tant de beaux discours!... Bah!

L'HOMME EN BLOUSE.

S'il entre ici, que feras-tu?

L'HOMME DÉGUENILLÉ.

Que veux-tu que je fasse? Si je ne trouve pas autrement à vivre, je lui adresserai des sonnets, dans l'espoir qu'il me répondra des tabatières.

L'HOMME EN BLOUSE.

Véritablement tu as de la philosophie... Sais-tu quelque chose de nouveau?

L'HOMME DÉGUENILLÉ.

Je sais qu'il est défendu de donner les mauvaises nouvelles.

L'HOMME EN BLOUSE.

Mais les bonnes?

L'HOMME DÉGUENILLÉ.

Oh! pour les bonnes, c'est différent. Nous avions un dernier général qui semblait capable. A la suite d'un combat dont ses soldats ont paru fiers, il a été arrêté par l'ordre du dictateur et fusillé cette nuit.

L'HOMME EN BLOUSE.

L'assaut ne peut tarder?

L'HOMME DÉGUENILLÉ.

Fi donc! les murailles de la capitale du socialisme vont tout à l'heure se déplacer d'elles-mêmes, et par leur masse mettre l'ennemi en fuite. (*Coup de canon.*)

L'HOMME EN BLOUSE.

En attendant, voici son canon.

L'HOMME DÉGUENILLÉ.

C'est le nôtre. Ne lis-tu pas les bulletins? Tous les coups de l'ennemi ratent; aucun ne porte. (*Une bombe tombe dans la rue.*) Tu vois bien! Si tu m'en crois, nous irons causer ailleurs. (*On entend une cavalcade.*)

L'HOMME EN BLOUSE.

Qu'est-ce qui vient là?

L'HOMME DÉGUENILLÉ.

Fuyons! c'est le Vengeur. Nous avons moins à

craindre des boulets de l'ennemi que de ce fou furieux et des bandits qui l'accompagnent.

(*Ils sortent.*)

XXII.

LE VENGEUR. (*Il est à cheval, seul, à vingt pas d'une faible escorte.*)

Je suis vaincu. L'humanité m'échappe et retourne au joug du Christ. Ce qu'elle a souffert ne m'a pas donné la joie que j'en attendais. (*Il regarde autour de lui.*) Elle se souviendra de moi pourtant ! Voici le grand bazar, le centre de l'activité, des richesses, des plaisirs. Voici ces rues traversées jadis de tant d'équipages, illuminées de tant de feux, décorées de tant de merveilles. Je les ai parcourues alors, inconnu, méprisé, chargé de misère, dévoré d'envie. L'herbe y pousse aujourd'hui sous les pieds de mon cheval, et ce qu'elles conservent d'habitants se cache dans les ruines quand je passe ! Qui m'aurait dit que je verrais cela, et que mes vœux ne seraient pas remplis, et que mon cœur ne serait pas content, et que ma fureur, déchaînée au milieu de ce sang et de ces ruines, rugirait de son impuissance ?...

(*Entre Galuchet, à cheval, suivi de Chenu, Griffard et quelques autres.*) Qu'y a-t-il?

GALUCHET.

La brèche est ouverte; l'assaut sera donné dans une heure; la troupe hésite, et le peuple murmure. Il faut capituler.

LE VENGEUR.

Il faut mourir, et que l'ennemi ne trouve ici que des cadavres et des ruines.

GALUCHET.

Il faut capituler.

CHENU, GRIFFARD ET LES AUTRES.

Il faut capituler! il faut se rendre!

VOIX DANS L'ESCORTE.

A bas le dictateur!

LE VENGEUR, *se tournant vers l'escorte.*

Traîtres et lâches! (*Il tire son épée.*)

GALUCHET, *passant derrière le Vengeur.*

Tiens, voilà ton affaire! (*Il le frappe.*)

CHENU.

Tiens, brigand, oppresseur du peuple! (*Il frappe.*)

GRIFFARD ET LES AUTRES.

Tiens! tiens! (*Tous frappent. Le Vengeur tombe percé de cent coups.*)

GALUCHET.

Mes amis, le tyran est mort! Souvenez-vous que c'est moi qui l'ai tué! Nous sommes libres! Vive la paix! vive le commerce! vive le plaisir! vive l'Empereur! (*A Chenu.*) Vite, en parlementaire aux avant-postes! et n'oublie rien de ce que tu dois dire. (*Ils sortent. Presque au même instant le père Alexis franchit la barricade.*)

XXIII.

LE PÈRE ALEXIS.

Grand Dieu, grand Dieu, juge terrible! c'est assez de colère! Miséricorde, ô mon Dieu! (*Il aperçoit le Vengeur.*) Voici l'homme qu'on vient de massacrer. Voyons s'il respire encore. (*Il s'approche du Vengeur, le relève, et l'assied contre un mur.*) Mon frère! mon frère!

LE VENGEUR, *avec effort.*

Qui es-tu?

LE PÈRE ALEXIS.

Je suis prêtre, et je viens vous ouvrir le ciel.

LE VENGEUR.

Il n'y a pas de ciel pour moi.

LE PÈRE ALEXIS.

Qui que vous soyez et quoi que vous ayez fait, le ciel ne se fermera pas à votre repentir.

LE VENGEUR.

Laisse-moi ! je suis le Vengeur, et je ne veux pas me repentir. *(Il meurt.)*

LE PÈRE ALEXIS.

Malheureux ! le seul VENGEUR est là-haut ; tu n'étais que la vengeance ! *(Il ferme les yeux du cadavre, prie un moment, et s'éloigne.)*

ÉPILOGUE.

(La scène est dans l'empire des Ombres, région des voleurs.)

MANDRIN, UN AUTRE.

MANDRIN.

Voici un nouveau venu dont la mine n'est guère modeste. Il a eu sans doute quelques affaires d'éclat, et il croit, comme tous ceux qui arrivent aujourd'hui, qu'on ne savait rien faire autrefois. L'histoire est bien négligée maintenant en Europe. Monsieur, votre serviteur.

L'AUTRE.

Salut, frère.

MANDRIN.

Frère ! Vous le prenez sur un ton familier. Sans doute nous sommes frères de destinée actuellement, et nous le fûmes de profession. Néanmoins, il y a chez nous aussi des grades et des renommées dignes de respect, du moins entre nous. Vous parlez à un chef de bande.

L'AUTRE.

Et toi, tu parles à un chef du peuple.

MANDRIN.

Oh! oh! Vous le dites en un sens moral et philosophique? autrement vous seriez logé dans le quartier des conquérants, et vous êtes ici dans celui des voleurs.

L'AUTRE.

Je m'en étonne un peu, car enfin j'ai commandé de nombreuses troupes.

MANDRIN.

Moi aussi.

L'AUTRE.

J'ai battu monnaie.

MANDRIN.

Moi aussi.

L'AUTRE.

J'ai condamné à mort.

MANDRIN.

Moi aussi.

L'AUTRE.

Et j'ai fait des lois.

MANDRIN.

Moi pas. Vraiment, vous avez fait des lois?

L'AUTRE.

Beaucoup, et elles étaient appliquées par des juges en robes noires et en robes rouges; de vrais juges, semblables à ceux qui nous rouaient et nous pendaient de ton temps. Je leur donnais des décorations qu'ils portaient en rendant la justice.

MANDRIN.

Et vous êtes mort dans votre lit?

L'AUTRE.

Non.

MANDRIN.

Vous avez été tué en expédition?

L'AUTRE.

Non.

MANDRIN.

Ah! ah! de sorte qu'au bout du compte on nous juge toujours, et on nous pend comme par le passé?

L'AUTRE.

Du tout. Nous mourons avec les honneurs de la guerre. On nous fusille, et cela s'appelle un assassinat.

MANDRIN.

Voilà du merveilleux.

L'AUTRE.

Les bourgeois nous plaignent, ils prennent le deuil.

MANDRIN.

Les bourgeois!

L'AUTRE.

Les bourgeois, le menu peuple et quelques grands seigneurs. Ils font entre eux des souscriptions afin de nous élever des monuments. Tel que tu me vois, j'aurai prochainement trois ou quatre statues sur les places publiques.

MANDRIN.

Ah! c'est trop fort! Vous m'en faites accroire.

L'AUTRE.

Tu me vois dans le costume où j'étais quand je suis mort. Pour me témoigner plus de considération et s'excuser du crime qu'il allait commettre, le roi qui m'a vaincu, et qui était mon souverain légitime, m'a fait fusiller l'épée au côté. Vois cette épée; admires-en le travail et la richesse.

MANDRIN.

C'est une épée royale. Que d'intelligence et d'amis il aura fallu pour s'en emparer!

L'AUTRE.

Elle m'a été apportée en grande pompe dans mon palais, au milieu de mes gardes, par une députation représentant des milliers de gens qui s'étaient cotisés pour me faire ce cadeau. C'est ce que l'on appelle une épée d'honneur. Que lis-tu sur la lame ?

MANDRIN.

A travers des guirlandes de laurier et de chêne, je lis ces mots : *Au destructeur des préjugés, la démocratie sociale reconnaissante.*

L'AUTRE.

De ce côté tu vois mon nom, avec la liste des villes que j'ai prises... et administrées.

MANDRIN.

Est-il possible ? Quelles villes ! quelles prises ! Et l'on dit que les capitales sont si riches à présent !... Ah ! monseigneur, pardon de vous avoir abordé si cavalièrement. Je croyais que Mandrin pouvait se présenter avec une certaine fierté parmi les hommes de son espèce ; mais, je le confesse, Mandrin n'est qu'un grimaud, un petit filou, un misérable tire-laine... Quand je pense que pour mes débuts j'ai honteusement fait le mouchoir, et que dans ma splendeur je ne dédaignais pas d'arrêter le coche et de détrousser quelque compagnie de marchands dans les bois!...

L'AUTRE.

Ah! tu es Mandrin?

MANDRIN.

Je suis le pauvre Louis Mandrin, dont a beaucoup parlé jadis, et que les enfants entendaient nommer comme un voleur de quelque talent. J'avais cent cavaliers, je faisais trembler la province; il m'est arrivé de faire fuir la maréchaussée, et de traverser en armes plusieurs villes du roi..., de méchantes bourgades, sur lesquelles je levais tribut. Voilà les enfantillages qu'on admirait. J'en rougis.

L'AUTRE.

Maintenant nous prenons les capitales, d'où nous chassons les gouverneurs et les rois; nous nous y installons en force, nous y soutenons des siéges; et la maréchaussée combat sous nos drapeaux, après nous avoir prêté serment de fidélité.

MANDRIN.

Où mettez-vous vos prises? quelle forêt, quelles cavernes assez grandes peuvent les contenir?...

L'AUTRE.

Nous les laissons dans le trésor public, puisque nous en avons la clef, et que les percepteurs du gouvernement, ayant levé l'impôt, nous le remettent... Quand je dis que nous les laissons, tu comprends que nous thésaurisons peu, et que nous n'imposons aucune privation à nos gens ni à nous-mêmes.

MANDRIN.

On vous paye l'impôt ?

L'AUTRE.

Ordinaire et extraordinaire. Ainsi, par exemple, e trésor est à sec et j'ai besoin d'une trentaine de millions...

MANDRIN.

Une trentaine de millions!

L'AUTRE.

Oui ; une bagatelle. Je fais venir mon ministre des finances...

MANDRIN.

Son ministre des finances !

L'AUTRE.

Sans doute. J'ai des ministres, puisque je gouverne l'État. Je dis à ce ministre d'emprunter aux citoyens aisés ou autres, la somme dont j'ai besoin.

MANDRIN.

Vous appelez cela un emprunt?

L'AUTRE.

Qu'importe le mot?... Et sans que je sorte de mon palais, ni mon ministre du sien, les citoyens apportent eux-mêmes leur argent, leur vaisselle, leurs bijoux, ils engagent leurs terres; le ministre vend quelque propriété nationale. On donne aux prêteurs de légers papiers, et j'ai ma petite somme.

MANDRIN.

Cela passe l'imagination. Quel progrès!

L'AUTRE.

Aussi le siècle s'appelle-t-il le siècle du progrès.

MANDRIN.

Malheureux Mandrin, de n'être pas né cent ans plus tard!

L'AUTRE.

Je t'aurais fait ministre des finances, ou de la guerre. Ce sont deux administrations qui se tiennent dans nos gouvernements.

MANDRIN.

J'aurais préféré le ministère de la guerre. Pour

les finances, de la façon que vous les entendez, M. Cartouche aurait mieux convenu. Vous me permettrez de vous présenter cet homme fameux. Hélas! il va savoir qu'il n'est, comme moi, qu'un carabin. Néanmoins, j'ose dire qu'il n'y songera pas, et que vos discours le mettront dans la dernière admiration... s'il peut y ajouter foi.

L'AUTRE.

Pourquoi douterait-il?

MANDRIN.

Tout ce que vous m'apprenez est tellement extraordinaire... Mille pardons, seigneur; mais, franchement, ne voulez-vous point vous égayer de la crédulité d'une ombre? Avouez que vous me contez une fiction agréable, le rêve de quelque gentilhomme de grand chemin devenu captif, et qui forge un monde à sa fantaisie, en attendant la hart.

L'AUTRE.

Je te dis la vérité. Quoique nos pareils tiennent aujourd'hui le haut du pavé, tu les verras prochainement arriver par troupes, car ils sont nombreux et courent volontiers le hasard des armes. Questionne-les; tu te convaincras que je n'invente rien. Tous te parleront comme moi; beaucoup t'apparaîtront revêtus des plus hautes dignités, et quelques-uns même de la magistrature suprême.

MANDRIN.

Ainsi, c'est bien vrai : nous que l'on emprisonnait, que l'on fouettait, que l'on pendait, que l'on rouait, nous sommes arrivés à ce degré de puissance, de fortune et d'honneur?

L'AUTRE.

Oui, mon vieux.

MANDRIN.

Je m'y perds. J'ai cru d'abord, malgré votre mine, que vous étiez quelque prince révolté, et que cette haute naissance avait rendu vos commencements faciles. Mais votre langage m'avertit qu'au contraire vous êtes parti de bas.

L'AUTRE.

De très-bas.

MANDRIN.

Ne vous fâchez point; plus grand en est le mérite.

L'AUTRE.

J'étais avocat. Nous le sommes presque tous.

MANDRIN.

Cette profession nous a toujours été utile. Plus

d'une fois le salut nous est venu de là ; cependant je ne pensais pas que de là aussi nous viendraient l'accroissement et la gloire.

L'AUTRE.

Les avocats ont porté le premier coup au préjugé qui nous repoussait. Ils ont énervé les lois, éteint les supplices, et considérablement apprivoisé les mœurs. Les gens de lettres et philosophes ont fait le reste. Cette espèce nous a donné aussi plusieurs chefs remarquables, et beaucoup d'auxiliaires des plus précieux. Ils nous ont d'abord réhabilités, puis célébrés, puis ouvertement admirés. Après qu'ils eurent écrit quantité d'histoires et de pièces de théâtre en l'honneur de notre audace, de notre esprit et de nos vertus, ils ont abordé le principe même qui nous fait agir, et discuté la question de savoir si ce principe est mauvais, comme nous l'avions trop laissé croire. Ils ont prouvé que le principe est en soi parfaitement légitime. Dès lors nous avons fait des pas de géants.

MANDRIN.

Mais le gouvernement? mais la police?

L'AUTRE.

Le gouvernement honorait les gens de lettres

qui écrivaient ces choses, et payait les professeurs qui les enseignaient au public. La police veillait à ce qu'on ne fît pas de bruit autour de leurs chaires.

MANDRIN.

Mais les bourgeois, les marchands, le bon peuple, tous ceux enfin dont ces doctrines menaçaient le manteau et forçaient la serrure, que disaient-ils?

L'AUTRE.

Ils étaient enchantés. Ils se joignaient à nous pour honnir les gendarmes, et pour bafouer quelques cafards qui essayaient encore de crier que l'on corrompait les mœurs. Ces excellents bourgeois font depuis soixante ans, comme tu le sais, leurs lois eux-mêmes. Ils ont poussé la candeur jusqu'à en fabriquer je ne sais combien, autant que nous en avons voulu, dans l'unique but d'entraver l'enseignement du catéchisme, qui était la seule chose qui nous gênât.

MANDRIN.

Oh! les bonnes têtes!

L'AUTRE.

Ils ont fait mieux. Plusieurs fois on les a vus sortir en armes de leurs maisons et renverser le gouvernement, qui trouvait que certains principes purement à nous, ou d'autres dont nous tirions bon parti, l'envahissaient trop vite. Sais-tu ce que sont les journaux?

MANDRIN.

Vaguement. Il y en avait peu de mon temps, et je ne les lisais guère, à cause de la bassesse du style. J'y voyais des polissons insulter aux plus beaux génies. Cette insolence me choquait.

L'AUTRE.

Nous avons singulièrement perfectionné cela. Aujourd'hui, le journal est une feuille de papier qu'on jette tous les matins dans les rues, que tout le monde ramasse, que tout le monde lit, et où chacun absolument peut écrire tout ce qui lui plaît. Celui-là soutient que la famille est un abus et une prostitution; celui-ci, que la propriété est un vol et que chacun a droit au bien de chacun; un troisième nie en forme l'existence de Dieu.

MANDRIN.

Oh! oh! Je commence à m'étonner moins de vos succès. Vous faites de grandes choses, mais vos moyens ne sont pas petits.

L'AUTRE.

On a voulu parfois nous les ravir : le bon bourgeois nous les a conservés. C'est à lui que nous devons particulièrement toutes les facilités que nous donne le journal, cet engin si supérieur au rossignol, à la fausse-clef et au *monseigneur* des virtuoses vulgaires. Le journal défait les armées, force les portes des villes, ouvre les consciences, et nous amène par milliers les recrues ignorantes qui servent à nos coups de main. Nos bourgeois tiennent par-dessus tout à ce que cette admirable machine puisse fonctionner sans entraves. Ils la regardent comme la plus précieuse des libertés, le palladium des autres, et celle qui est, disent-ils, le prix du sang de leurs pères. Véritablement, sans parler du reste, cela leur a déjà coûté beaucoup de sang.

MANDRIN.

Et rien ne les désabuse?

L'AUTRE.

Tu ne les connais pas ! On leur dit que la presse, comme la lance d'Achille, guérit les blessures qu'elle a faites; et ils se rassurent ainsi, depuis cinquante ans, sur la parole d'Homère. D'ailleurs, le journal les flatte, les caresse, et leur conte beaucoup de drôleries qui les amusent. Ils aimeraient mieux perdre la vie que de ne pas recevoir tous les matins ce chiffon, où ils ont le plaisir de lire que tous les chefs de l'État sont des intrigants, des lâches, des traîtres, des sots et des voleurs.

MANDRIN.

Comment ! ce dernier titre n'est donc pas encore en vénération?

L'AUTRE.

Nous l'avons laissé aux adeptes de la vieille école, pour en prendre d'autres qui sont plus politiques et qui sonnent mieux à l'oreille des bourgeois.

MANDRIN.

C'est une hypocrisie dont nous aurions rougi.

L'AUTRE.

Il faut bien faire quelques concessions. Ne t'est-il jamais arrivé de prendre un déguisement d'honnête homme? Le déguisement est si bien passé dans nos habitudes que nous n'y songeons plus, et beaucoup d'entre nous croient très-sincèrement qu'ils forment un parti politique. Moi-même j'ai à peine soupçonné ce que j'étais. J'en ai eu quelque faible idée lorsque j'ai commencé à rédiger mon code et à récompenser mes lieutenants. Cependant, je n'ai bien su la chose qu'en arrivant ici.

MANDRIN.

Et dites-moi, au milieu de tous vos triomphes, que devient là-haut l'espèce des honnêtes gens?

L'AUTRE.

Elle disparaît. Ce qu'on en voit se divise en deux classes : les uns, fatigués de misère et qui penchent vers nous ; les autres, fatigués de rapines et qui voudraient nous quitter. Les premiers cesseront d'être honnêtes gens, et les autres ne réussiront pas à le devenir. J'ai entendu parler de quelques individus formant une troisième classe, plus tenace, mais si abîmée, si avilie et si sotte, que ce n'est pas la peine d'en tenir compte.

MANDRIN.

Je te remercie du plaisir que ta conversation m'a donné.

L'AUTRE.

Ah! tu te familiarises enfin.

MANDRIN.

Je reprends ma fierté, qui s'était un peu abaissée au fracas de tes victoires ; mais mon carcan ne s'humiliera pas davantage devant ta couronne. Si je n'ai été qu'un petit voleur, j'ai été du moins un franc voleur. J'ai vécu aux dépens du public, je ne lui ai pas demandé son estime ; j'ai détroussé les honnêtes gens, je n'ai point fait la guerre à l'honneur ; et je me serais fait homme de bien, si je l'avais pu. Le courage m'a manqué ; j'en ai senti souvent de vifs regrets. On m'aurait plutôt pilé que de me faire avouer que j'exerçais un métier légitime. Juste pour les miens, partout à leur tête, j'ai toujours pris ma part de capitaine dans le péril, je ne l'ai pas toujours prise dans le butin. Tel fut Mandrin, et telle était la vieille école. Vos hauts faits n'ébranleront pas notre gloire. La postérité vous reconnaîtra plus d'habileté, des conceptions plus vastes, des succès plus étonnants; elle nous reconnaîtra plus de courage et plus de moralité. (*Il s'éloigne.*)

L'AUTRE.

Aristocrate ! s'il avait vécu de notre temps, il eût été girondin.

NOTES.

NOTE I.

Page 14. *Leurs systèmes, leurs chimères se résumeront à détruire autour d'eux.*

C'est l'opinion de M. Proudhon lui-même. On n'ignore pas qu'il a de tout temps parlé avec une grande franchise de tous les docteurs et de toutes les écoles socialistes. Un jour qu'il était d'humeur pacifique, il se prononça hautement dans son journal contre un projet d'entreprise dont les autres feuilles démocratiques s'occupaient beaucoup. On le gourmanda vertement sur son modérantisme. Il répondit à ses confrères qu'il n'était pas pressé de leur donner l'occasion d'exercer « leurs petits talents; » et, sans se faire prier, il expliqua ce qu'il entendait par ces paroles :

« Ce qu'il faut à *la Révolution démocratique et sociale*, c'est une perpétuelle et fatigante agitation, qui, éclatant tout à coup, se termine par la création d'un comité de salut public, où certains patriotes trouvent une occupation digne de leur génie.

« Voilà ce qu'entendent ces messieurs par *tradition de* 93.

« Eh bien! que *la Révolution démocratique et sociale* soit satisfaite; ce qu'elle veut, elle l'aura. Il n'est désormais au pouvoir de personne d'y faire obstacle. Certains signes nous avertissent que notre belle patrie doit bientôt recevoir une petite visite de la Providence, comme dit la Bible. Le peuple a soif d'expérience ; la bourgeoisie veut qu'on lui force la main. Il faut à cette race blasée un mardi-gras révolutionnaire de six mois. Que la volonté de Dieu s'accomplisse ! »

(*Le Peuple*, n° du 1er juin.)

M. Marrast pense sur ce point comme M. Proudhon. Il parle en ces termes des insurgés, dans une proclamation adressée aux citoyens de Paris le 23 juin :

« Ce n'est pas seulement la guerre civile qu'ils voudraient allumer parmi nous, c'est LE PILLAGE, la désorganisation sociale.

« Si la garde nationale s'abandonnait, c'est la patrie entière qu'elle livrerait à tous les hasards, ce sont les familles et les propriétés qu'elle laisserait exposées aux calamités les plus affreuses. »

Et M. Sénard pense comme M. Marrast :

« Si l'on a pu se demander un moment quelle est la cause de l'émeute qui ensanglante nos rues, et qui tant de fois depuis huit jours a changé de prétexte et de drapeau, aucun doute ne peut plus rester aujourd'hui, quand déjà l'*incendie désole la cité*, quand les *formules du communisme et les excitations au pillage* se produisent audacieusement sur les barricades. »

«.... Que veulent-ils donc ? ils veulent l'anarchie, L'INCENDIE, LE PILLAGE ! » (*Proclamation à la garde nationale.*)

NOTE II.

Page 35. *Peuple, nous avons foi en ta sagesse...*

Cette proclamation est authentique et historique ; je l'ai copiée textuellement dans un journal socialiste.

NOTE III.

Page 36. *Je dis que quand tout le monde fait faillite, il n'y a plus de honte à déposer son bilan.*

Le maréchal Bugeaud m'honorait de son amitié. Voici une lettre que m'écrivit cet homme illustre, au moment de quitter Lyon, quartier général de l'armée des Alpes, pour venir à Paris où l'attendait une mort si prompte.

« Lyon, 17 mai 1849.

« Mon cher Veuillot,

« Vos brochures, les miennes, celles de beaucoup d'autres, n'ont pu lutter contre la folie et les mauvaises passions prêchées dans les clubs, dans la presse, et surtout dans les cabarets et les banquets. Dans ces contrées-ci du moins nous sommes complétement vaincus; et ce qu'il y a de pis, c'est que l'armée en grande partie a voté pour les socialistes. C'est une épidémie enragée. Je prévoyais cette réaction. On n'a pas su profiter des circonstances pour la prévenir. Le gouvernement a été sans résolution, et la bourgeoisie, comme toujours, a été molle, égoïste, imprévoyante et lâche. Elle méritera, au fond, le sort qui lui est réservé; elle ne tardera pas à être punie de son apathie, honteuse sous tous les rapports. Les vainqueurs seront également punis, et une autre réaction ne tardera pas à se faire, si, comme je le crains fort, les rouges et les socialistes ont une grande majorité dans l'assemblée.

« Quoi qu'il en soit, je désire lire la brochure de votre frère, intitulée *les Conclusions du socialisme*. Pourquoi ne me l'avez-vous pas envoyée?

« Je suis bien affligé, mon cher Veuillot; mais je ne désespère pas encore du salut de mon pays. Quoique moins religieux que vous, j'ai foi dans la Providence. Si nous sommes minorité, nous aurons plus beau jeu qu'auparavant pour faire de la propagande: les faits et gestes du socialisme nous aideront puissamment.

« La France n'a pas encore été assez secouée pour revenir sérieusement à la raison. Les campagnes, faisant mal leurs affaires, se sont imaginé follement qu'un changement leur amènerait une autre situation ; que les grains, le vin, les bestiaux, et toutes les denrées, se vendraient mieux. Elles verront le contraire, et elles maudiront leurs œuvres.

« Une foule d'éléments ont contribué au résultat électoral des huit petits départements qui avoisinent Lyon. Croiriez-vous que les rues les plus commerçantes de la seconde ville du royaume ont voté pour les socialistes? Cela vous étonnera. En voici la cause ; elle est bien triste, car elle prouve une démoralisation profonde de tout point. Les négociants et les marchands de ces rues, par suite de la secousse de février, sont très-mal dans leurs affaires ; ils doivent beaucoup ; ils espèrent qu'un bouleversement les dispensera de payer leurs dettes, et leur permettra de faillir avec avantage. Voilà les motifs qui m'ont été donnés par des hommes très-versés dans les affaires de cette ville. Il y a parmi les hommes qui ont fait ce calcul un industriel très-habile, qui a refait cinq ou six fois sa fortune à force de talent et d'activité. Il s'était toujours montré ami de l'ordre, et il s'est présenté chez moi dans les premiers jours de mon arrivée, pour me féliciter avec tout le monde de l'attitude que j'avais prise. Eh bien! il vient d'employer toute son influence, qui est grande, à faire voter pour la république rouge et socialiste : c'est qu'une sixième ou septième fois il est mal dans ses affaires.

« Adieu, mon cher Veuillot; redoublons d'ardeur pour la cause de la raison, et appuyons-nous sur la constitution et le président.

« Mille amitiés.

« Maréchal BUGEAUD D'ISLY. »

NOTE IV.

Page 87. *Bravo! Vive Galuchet!*

La harangue de Galuchet et les applaudissements

qu'elle excite ne sauraient malheureusement être taxés d'invraisemblance. Il est admis, reconnu, décrété, que c'est un acte d'héroïsme de tuer un soldat, à plus forte raison un général. Le soldat s'avance à découvert dans les rues, pour obéir au gouvernement établi, et qui représente la plus grande partie et la presque totalité de la nation ; il vient faire respecter les lois, l'ordre, maintenir la justice et la sécurité ; il est citoyen, il a bien servi la patrie, il est homme d'honneur, il a une famille ; s'il est revêtu d'un grade, il l'a gagné difficilement et laborieusement par une longue soumission à la discipline, par des blessures, par des actions d'éclat. De l'autre côté, il y a des factieux cachés sur les toits, abrités derrière des barricades, embusqués au coin des murs, à peine visibles. Ces factieux sont inconnus, ils n'ont de mandat que d'eux-mêmes ; ils veulent, par surprise et violemment, changer l'ordre que la majorité nationale accepte. Les lois auxquelles ils obéissent sont des lois qu'ils ignorent eux-mêmes, et qui ont été faites en secret dans de mystérieux conciliabules. L'ordre qu'ils veulent établir est un mystère pour eux, et souvent pour ceux qui les conduisent. Ils sont personnellement tout ce qu'ils veulent être. Beaucoup parmi eux ont des antécédents qu'ils cachent avec plus de soin encore que leurs plans et leurs doctrines. Ils tirent sur le soldat, le soldat tombe ; on les récompense et on les décore : ils ont bien mérité de la patrie.

J'ai pu supposer que Galuchet était convive à ce banquet démocratique où un misérable, au milieu de six cents lâches qui ne firent entendre aucune protestation, porta un *toast* au choléra qui venait de délivrer la France du maréchal Bugeaud.

NOTE V.

Page 92. *A bas les maîtres! A bas les riches! A bas la pauvreté!*

Voici ce que M. Lachambaudie, poëte populaire, ci-devant lauréat de l'Académie monarchique, fait chanter au peuple :

Tant que tu traîneras, de rivage en rivage,
Le boulet du mépris et de la pauvreté,
Ne parle pas de liberté :
La pauvreté, c'est l'esclavage.

Ainsi, quiconque n'est pas riche est esclave. La liberté n'habite pas le cœur de l'homme, elle est dans son gousset; et celui qui ne peut pas acheter tout ce que l'on achète avec de l'argent n'est pas libre. Un homme d'esprit disait que Fourier avait conçu le plan du phalanstère un soir qu'il se promenait dans les galeries du Palais-Royal, l'estomac creux et la poche vide. Il n'était pas libre d'entrer chez les marchands de comestibles et ailleurs, et il déclara la société mal organisée et mauvaise pour cela seulement. Quand on estime que la vertu c'est la jouissance, on doit professer en effet qu'il n'y a d'autre liberté que la richesse, c'est-à-dire la domination sur quiconque n'est pas riche. Il faut être riche pour faire travailler les artistes, les cuisiniers, les acteurs, pour embellir les danseuses, etc.

Un autre poëte, encore plus populaire que M. Lachambaudie, car il parle encore moins français, chante les mêmes doctrines en indiquant le moyen pratique.

Déshérités de tous les biens du monde,
Pauvres parias qui vivez sans *avoir*,
Pour prendre place au banquet qui féconde,
Pour être libre, il ne faut que vouloir.

L'auteur de ces vers est un ex-détenu de juin. Il pense, comme M. Lachambaudie, que sans *avoir* le peuple n'est pas libre; mais il *aura* quand il *voudra prendre*.

Allons, place à Némésis!...
Dieu, recevez notre plainte;
Protégez la cause sainte
Des soldats du désespoir!

NOTE VI.

Page 122. *Mais comment cela s'est-il fait? — Eh! mon Dieu, comme toujours*, etc.

Il suffit de rappeler ici la théorie de M. Ledru-Rollin, si heureusement mise en pratique en février 1848, et qui n'a échoué, seize mois après, en juin 1849, que par des circonstances indépendantes de la volonté des mêmes héros.

« Croyez-vous donc, dit-il, que les révolutions se fassent en disant le *mot* pour lequel elles se font?... pas le moins du monde! On s'empare de toutes les circonstances qu'on juge propres à émouvoir l'opinion publique, et, *à l'aide d'un tour de main, le gouvernement sera renversé!...* »

(*Déposition devant la haute-cour, à Bourges.*)

NOTE VII.

Page 146. *Vous croyez parler à un humanitaire, à un philosophe, à un démocrate, à un socialiste, et vous vous trompez étrangement.*

Quelle est la doctrine de l'homme le plus considérable aujourd'hui parmi les socialistes, et du seul d'entre eux, à vrai dire, qui ait fait preuve d'audace d'esprit et de talent? Il n'est ni philosophe, ni socialiste, ni même démocrate. Il a attaqué successivement tous ces systèmes et tous ces révélateurs, et il les a tous convaincus, sans en excepter un seul, d'immoralité et d'ineptie. Mais en même temps qu'il les combat tous, il les résume tous, et ne propose lui-même que ce qu'il vilipende et bafoue en eux. Son impuissance éclate dès qu'il veut affirmer. C'est qu'il n'est qu'une négation, la négation la plus ample et la plus cynique sans doute, mais aussi par là même la plus stérile. C'est l'orgueil et le délire du mal, fier et content d'être le mal.

NOTE VIII.

Page 169. *Quand nos ci-devant exagérés entendront cela, ils se trouveront mal.*

Que ceux qui seraient tentés de trouver de l'exagération dans le caractère de Galuchet se rappellent Henriot, Rossignol, etc. ; et, sans aller si loin, tant d'autres grands personnages de la dernière révolution, qui ont touché aux plus hautes positions de l'État, qui s'y sont établis, qui ont pû y rester, qui ont eu même la fatuité de donner leur démission afin de se faire réélire par les bourgeois, et à qui cette audace a réussi. Après leur triomphe, ils ont eu l'occasion de parler les uns des autres devant la justice, et les procès-verbaux ne manquent pas à qui veut étudier leur vie intime. Je ne cite qu'une phrase d'une déposition qui a fait quelque bruit en son temps. Il s'agit de l'un des vainqueurs de février qui ont joué le plus grand rôle, et que l'opinion a le plus ménagés : — « Je l'ai « assez connu, » dit le témoin, « pour savoir qu'avant la « révolution de Février il était absolument sans ressources, « et qu'il vivait *par des moyens répréhensibles.* »

NOTE IX.

Page 204. *Le curé entonne l'*In exitu Israël, *et tous se rendent processionnellement à l'église.*

Ce trait a paru excessif à beaucoup de personnes. Il est tout simplement historique. Vingt fois les Vendéens ont marché au combat en chantant le psaume *In exitu.* C'était leur *Marseillaise;* et, franchement, je crois qu'elle vaut l'autre. Celle-là aussi a gagné des batailles. Par elle, des paysans armés de bâtons ont défait de vieilles bandes admirablement disciplinées, bien commandées, bien pourvues d'artillerie, et enflammées de tout le fanatisme révolutionnaire. En outre, ils se sont contentés souvent, après ces admirables victoires, d'exiger des prisonniers, pour toute rançon, un engagement de ne plus les combattre, que ces prisonniers ont fort bien pris, mais n'ont pas toujours su tenir.

NOTE X.

Page 254. *Le ministre de la justice.*

Quelques lignes du citoyen Proudhon nous apprennent comment devra parler un ministre de la justice sous la république sociale.

« La propriété est immorale par principe et par essence!... Le code qui la protége est un code d'immoralité! La jurisprudence, cette prétendue science du droit, qui n'est autre que la collection des rubriques propriétaires, est immorale! Et la justice, instituée pour protéger le libre et paisible abus de la propriété; la justice, *qui ordonne de prêter main-forte contre ceux qui voudraient s'opposer à cet abus, qui afflige et marque d'infamie quiconque est assez osé que de prétendre réparer les outrages de la propriété*, la justice est infâme!... *La propriété, c'est le vol!* Cette définition est la mienne, et toute mon ambition est de prouver que j'en ai compris le sens et l'étendue. »

On voit qu'avec ces idées-là les républicains socialistes ne peuvent manquer de vider les bagnes, et on sait qu'ils se piquent d'être conséquents.

Ils l'ont été à Rome. Le triumvirat, quoiqu'il ne fût pas précisément socialiste, fit vider les prisons, et, comme l'a dit M. de la Rosière, « les condamnés furent réin-
« troduits dans la liberté civile par la liberté poli-
« tique (1). »

Si ces témoignages ne suffisent pas, je demande qu'on veuille bien se rappeler un toast porté dans un banquet politique : « A nos frères et à nos sœurs de Saint-Lazare! » Mais, dira-t-on, ce trinqueur était ivre. Qu'on se rappelle alors les gémissements quotidiens des phalanstériens sur les *faits de subversion*, c'est-à-dire les vols et les autres crimes qu'engendre seule, suivant eux, la déplorable organisation de la société. Ces déclamations font leur chemin dans la foule, et, depuis la révo-

(1) Assemblée nationale législative, séance du 19 octobre 1849.

lution de Février, plus d'un poëte populaire a demandé l'abolition des prisons. Je ne cite que le citoyen Robineau :

Détruisons ces murailles
Et ces barreaux de fer
Que des lois sans entrailles
Transforment en enfer !
Notre âge se ravise,
Et déjà nous lisons
Une triple devise
Au fronton des prisons.

NOTE XI.

Page 252. *L'instituteur est le curé*, etc.

Cela se trouve à peu près textuellement dans le prospectus de je ne sais quelle association des instituteurs communaux. Je n'ai pas sous la main cette pièce, qui a couru partout et que j'ai lue plus d'une fois. Elle est signée, entre autres personnages, d'une citoyenne Pauline Roland, qui me semble n'être pas moins digne de considération que la citoyenne Niboyet et le vieux Georges Sand.

NOTE XII.

Tout ce que disent Baisemain, le Vengeur et les autres, dans la scène du conseil des ministres, est formulé à l'état de vœux prochainement réalisables par les journaux et les publications démagogiques de l'Europe.

« Le moment est arrivé pour la Suisse libre de réclamer, les armes à la main, l'organisation de la république pour l'Europe entière, et *la destruction de toutes les institutions sociales pouvant servir d'appui* à la monarchie, à la religion, à la propriété, à la famille. »

Le journal suisse qui parle ainsi se nomme *l'Alliance des peuples*. On ne dira point qu'un parti n'est pas responsable de ce que peuvent écrire quelques fous. Ces fous sont précisément la pensée, la voix et la main du parti, et ceux à qui la victoire doit donner le pouvoir.

Le citoyen Struve est presque aussi estimé des démocrates que le citoyen Mazzini. Il a joué un rôle analogue, et il a su, comme la plupart des meneurs de populace, échapper sain et sauf de la bagarre où tant de niais ont trouvé la ruine et la mort. Le citoyen Struve s'est retiré en Amérique; mais avant de partir il a jugé bon de laisser quelques espérances et quelques encouragements à ses soldats. Un journal français, *la Réforme*, cite en ces termes un passage des adieux du citoyen Struve :

Nous trouvons dans le NOUVELLISTE VAUDOIS *quelques passages d'une lettre de Struve à un ami...* NOUS SOMMES HEUREUX *de citer ces* BELLES *paroles du démocrate proscrit... Voici comment s'exprime Struve :*

« *Je m'éloigne de ma patrie allemande avec la ferme espérance d'y rentrer bientôt, pour recommencer la lutte contre les six fléaux de l'humanité : la royauté, la noblesse, la bureaucratie, les armées permanentes, la prêtraille et l'usure... Je quitte le continent de l'Europe sans haine et sans esprit de vengeance, mais avec la conviction que,* SI LE COMBAT RECOMMENCE, LES ENNEMIS DE LA LIBERTÉ DEVRONT ÊTRE ANÉANTIS SANS MÉNAGEMENT !... »

Demandons maintenant aux poëtes quels sont ces ennemis de la liberté qui *doivent être anéantis sans ménagement.*

M. Gustave Leroy, auteur de la chanson intitulée *le Bal et la Guillotine*, chante, sur l'air du *Cabaret de Ramponneau :*

Moi je voudrais être utile,
Si j'étais le choléra.

On promit en plac' publique,
Aux grands jours de février,
De sout'nir la république
Et d' protéger l'ouvrier.
Comm' toutes nos lois se taisent,
Et qu' c'est à qui mentira,
J'emport'rais ceux qui m' déplaisent,
Si j'étais le choléra.

J'emport'rais les royalistes,
J'emport'rais les malthusiens,
J'emport'rais les régentistes
Et les napoléoniens,
J'emport'rais le ministère,
J'emport'rais... C' nom, qui l' dira?
J'emport'rais tout c' qu'il faut taire,
Si j'étais le choléra.

Mais M. Leroy ne semble pas assez sérieux ; c'est un honnête garçon qui veut rire. Voici M. Turgard, ouvrier poëte, qui ne rit pas. Il fait des satires :

Mon glaive est aiguisé, mon bras nerveux et fort.
Tremble pour tes instants, monstre, je veux ta mort!

Ce monstre, c'est la réaction, le capital, le privilége, et, par extension, les exploiteurs :

Vous qui, pour contenter vos goûts sur la luxure,
Épuisez des trésors appartenant à tous,
Je ne suis pas sorcier; mais pourtant, je l'assure,
Une mort, mais affreuse, est bien proche de vous!

M. Delaire fait encore moins de façon. Il écrit des euménides :

Doucement, doucement, messieurs du monopole!
Vous n'êtes point taillés pour jouer un tel rôle...
A force d'aggraver la misère publique,
Vous espérez un jour tuer la république :
Vous n'y parviendrez pas! Et songez qu'à ce jeu
Vos têtes pourraient bien devenir un enjeu!...

Encore un peu de poésie sociale. Voici maintenant un couplet de la chanson anonyme *Canaille et canaille*, qui sort du « *grand dépôt de chansons et canards en tous genres*, 97, rue Neuve-des-Petits-Champs : »

Faut-il, pour qu'il (le peuple) soit à *son aise*,
Qu'il use de l'ancien moyen?
Faut-il que de quatre-vingt-treize
Il suive l'art républicain?
Faut-il qu'en un mot, sur la paille,
Il voie dégringoler vos cous?
Répondez-nous!
Dépêchez-vous, tas de canaille,
Soyez sage, ou débinez-vous;
Allez-vous-en chacun chez vous!

On voit que la pensée des chefs ne manque pas d'échos dans la foule, et qu'il serait difficile de prêter quelque chose à ces gens-là.

NOTE XIII.

Page 279.

Tu vas voir donner un joli coup de couteau... J'ai pris des leçons d'un Italien.

Voici l'histoire d'un coup de couteau assez célèbre. Je la trouve dans les fastes de la dernière république romaine.

Quand la voiture de M. Rossi arriva à la porte de la Chancellerie, une grande affluence encombrait la rue et la porte même. La foule n'était pas moins compacte dans la cour intérieure, où commence l'escalier qui conduit dans les étages supérieurs. Dans cette foule il y avait quelques curieux ; mais la plupart des assistants portaient le costume des *reduci di Vicenza*, c'est-à-dire des patriotes vicençais, qui avaient été récemment reçus avec enthousiasme dans Rome. C'était le signe de ralliement des conjurés.

« A l'aspect de la voiture du ministre, des cris éclatèrent. Quelques minutes auparavant, l'arrivée d'un personnage dont les traits offraient une grande ressemblance avec ceux de M. Rossi avait excité les mêmes manifestations. Mais ce personnage avait été reconnu à temps par les chefs de la conspiration, et le silence s'était rétabli à l'instant. En entendant des huées et des clameurs, le cocher de M. Rossi avait hésité ; il demanda à son maître ce qu'il fallait faire. D'un geste, M. Rossi lui avait intimé l'ordre de passer outre. La voiture fendit la foule, entra dans la cour du palais, et alla s'arrêter au pied de l'escalier, sous les arceaux de la galerie.

« Les conjurés avaient entouré la voiture, et se pressaient autour de la portière. M. Rossi descendit ; il était accompagné de deux personnes. Il mit le pied sur la première marche. A ce moment il fut touché à l'épaule par une canne. Il se retourna, et promena autour de lui un regard fier et dédaigneux. Un ouvrier sculpteur le frappa alors, à l'endroit convenu, d'un poignard étroit, et tranchant des deux côtés.

« M. Rossi ne prononça pas une parole. Ceux qui l'accompagnaient le virent monter rapidement une dizaine de marches. On a conjecturé, non sans vraisemblance, qu'il ne croyait pas avoir été frappé d'un coup de poignard. Il sembla en effet surpris de sentir couler sur son cou un liquide tiède. Il y porta sa main droite, qui tenait un gant, et parut étonné d'y voir du sang. Mais aussitôt il chancela et s'affaissa sur lui-même. On accourut : il fut transporté dans une chambre voisine. Ses yeux s'étaient éteints : il expira sans dire un mot.

« Ce qu'il faut ajouter, c'est que l'ouvrier sculpteur qui avait porté le coup fut pendant plusieurs jours fêté et admiré ; c'est que, le soir même, des cannibales allèrent chanter sous les fenêtres de la veuve de M. Rossi ; c'est que la vie du fils de M. Rossi fut mise en péril le lendemain ; c'est que, durant l'existence de la république romaine, l'un des refrains favoris des agitateurs était : *Bénie soit la main par qui Rossi fut poignardé !*

« L'assassin de M. Rossi n'a été alors ni recherché ni puni. On le connaît, on le nomme : mais il a disparu. Reproche vivant pour le triumvirat, embarras permanent pour son parti. Il a passé, dit-on, en Amérique, en changeant de nom. »

Je pense que, voyant quelque part en Europe une république vraiment démocratique et sociale, le meurtrier de Rossi n'aura pas manqué d'y venir, assuré d'être reçu avec estime et considération ; et je suppose que des personnages politiques intelligents se seront empressés de prendre auprès de lui quelques leçons dans l'art si utile et si glorifié du saint poignard.

NOTE XIV.

Page 308. *Tu as conspiré sourdement.*

Ce trait historique suffit pour expliquer toute la scène.

NOTE XV.

Page 321. *Une dernière absolution.*

Le fait que j'attribue au père Alexis s'est renouvelé souvent pendant la première révolution.

NOTE XVI.

Page 366. *Laissons naître la liberté de la corporation.*

Rien ne démontre mieux l'utilité morale et politique des corporations, que le spectacle de celles qui existent encore. Voici une note que les journaux de Marseille ont publiée dernièrement, sur la corporation des portefaix de cette ville :

« Marseille ne compte pas moins de 40,000 habitants dans cette classe laborieuse, qui forme la partie la plus compacte de sa population. Les 10,000 adultes du sexe masculin que donnent ces 40,000 habitants ne sont pas un chiffre indifférent en politique; car, dans ces 10,000 adultes, il y a 10,000 électeurs, et Marseille, à ses dernières élections, n'a pas compté plus de 35,000 votants. Le parti politique qui fera peser sur le plateau de la balance qui le porte ce corps solide, gravitera donc bien vite vers la majorité.

« Ces 10,000 hommes, qui représentent 40,000 personnes, femmes et enfants compris, sont unis entre eux par le fort lien des associations de secours mutuels. Ces sociétés sont au nombre de 120, ce qui constitue une diversité; mais leur unité résulte de la création du conseil général électif, dont le premier magistrat porte le nom de président du grand conseil, conseil spécial sous certains rapports que ce n'est pas ici le lieu de développer, mais dont l'action pourrait être, à un jour donné, universelle.

« La corporation des portefaix de Marseille a vraisemblablement plus de dix-huit siècles. Elle plonge ses racines dans le droit romain. Dotée du privilége du déchargement des blés, elle ne compte pas moins de 2,900 personnes. Il y a tel portefaix de Marseille qui possède une fortune de 300,000 fr. Un nombre considérable a accumulé un capital de 60 à 80,000 fr. Beaucoup de fortunes intermédiaires existent entre ces deux chiffres de 80 et 300,000 fr., puisque les portefaix de Marseille donnent fréquemment de 25 à 60,000 fr. de dot à leurs filles.

« Quand la foudre révolutionnaire tomba, au lieu d'en être atterrée, la brave corporation des portefaix alla offrir au comptoir national qui surgit dans la tourmente une souscription de 100,000 fr.; il fallut insister pour qu'elle réduisît sa patriotique offrande à 50,000 fr.

« Un négociant qui a besoin de se concerter avec un portefaix, le dimanche ou un jour de fête, prend le chemin d'Endoûme, aux portes de Marseille. Endoûme est la villégiature du peuple. Tout maître portefaix y est propriétaire d'une bastide. Il y verse au patron d'excellent vin vieux, sans faste, mais aussi sans servilité. Celui-ci trouve le portefaix au milieu d'une famille au front de laquelle la candeur est inscrite; jamais le concubinage n'est venu s'y asseoir : la pudeur même y est presque farouche.

« La sœur d'un militaire n'oserait pas donner sur le Cours le bras à son propre frère. La femme du portefaix met son orgueil à combler ses armoires de linge bien blanc; chez les filles de l'ouvrier marseillais, les bijoux, qui abondent aussi, ne sont que le signe de l'aisance, et servent à en marquer le niveau.

« Jamais portefaix n'a manqué à ses engagements; jamais non plus il ne meurt à l'hôpital : la corporation y pourvoit. Cette profession s'élève, il faut bien le dire, au-dessus du rang que nous lui assignons à Paris ou ailleurs. Quand un bâtiment entre dans le port, le négociant à qui il appartient n'a qu'à en faire avertir le maître portefaix. Celui-ci a sous ses ordres une armée ; il commande dix, vingt, cinquante, cent hommes, choisit un magasin et y transporte les marchandises, sans que le négociant s'en occupe.

« Non-seulement le négociant confie ainsi sa marchandise à la foi du portefaix, mais il laisse son portefeuille, sa caisse à sa merci. Jamais portefaix, de mémoire commerciale, n'a commis un vol ; jamais portefaix n'a figuré sur les bancs de la police correctionnelle ; jamais vous ne rencontrerez un portefaix ivre. La vertu est communicative, héréditaire, indélébile chez cette race d'hommes. »

FIN.

TABLE.

www.ingramcontent.com/pod-product-compliance
Lightning Source LLC
LaVergne TN
LVHW020557110826
845149LV00002B/293

* 9 7 8 2 3 2 9 1 6 5 5 0 9 *